Vandor Roberto Vilardi Rissoli
(Organizador)

Metodologias e Tecnologias de Apoio a Processos Educacionais em Transformação

EDITORA
CIÊNCIA MODERNA

Metodologias e Tecnologias de Apoio a Processos Educacionais em Transformação

Editor: Paulo André P. Marques
Produção Editorial: Dilene Sandes Pessanha
Capa: Maíra Rocha Santos
Diagramação: Daniel Jara
Copidesque: Equipe Ciência Moderna

FICHA CATALOGRÁFICA

RISSOLI, Vandor Roberto Vilardi. (Org.)

Metodologias e Tecnologias de Apoio a Processos Educacionais em Transformação

Rio de Janeiro: Editora Ciência Moderna Ltda., 2022.

1. Tecnologias da Informação 2. Professor 3. Tecnologia 4. Ensino e Aprendizagem
I — Título

ISBN: 978-65-5842-168-9 CDD 372.358

Editora Ciência Moderna Ltda.
R. Alice Figueiredo, 46 – Riachuelo
Rio de Janeiro, RJ – Brasil CEP: 20.950-150
Tel: (21) 2201-6662/ Fax: (21) 2201-6896
E-MAIL: LCM@LCM.COM.BR
WWW.LCM.COM.BR **05/22**

Sumário

Capítulo 1

Pensamento Crítico e Criativo em Matemática: transformando a teoria em prática na sala de aula

Cleyton Hércules Gontijo
Departamento de Matemática (MAT) – Universidade de Brasília (UnB)
Campus Darcy Ribeiro – Brasília – D.F. - 73345-010
cleyton@unb.br

Mateus Gianni Fonseca
Instituto Federal de Educação, Ciência e Tecnologia de Brasília (IFB)
Campus Ceilândia – Ceilândia – D.F. - 72220-260
mateus.fonseca@ifb.edu.br

Alexandre Tolentino de Carvalho
Secretaria de Estado de Educação do Distrito Federal (SEEDF)
Regional Gama – Gama – D.F. - 72405-000
alexandre.tolenca@gmail.com

Resumo

Este capítulo apresenta, a partir de um diálogo teórico-prático, bases teóricas sobre pensamento crítico e criativo em matemática e formas para avaliar esse tipo de pensamento. Apresenta, também, estratégias para estimular o pensamento crítico e criativo dos estudantes a partir de um modelo de oficinas pedagógicas, ilustrando o funcionamento dessas oficinas por meio de um problema do mundo real que envolve conhecimentos do campo da geometria e de grandezas e medidas. Além disso, sugere algumas formas para transformar materiais didáticos em instrumentos de estímulo ao pensamento crítico e criativo em matemática. Ressalta-se que as práticas pedagógicas que serão apresentadas neste capítulo foram estruturadas de modo que possam ser desenvolvidas com estudantes de diferentes etapas de escolarização, desde os anos iniciais da educação básica até a educação superior. Além disso, as atividades descritas oferecem ao leitor condições para construir novas e diferentes atividades ligadas ao estímulo ao pensamento crítico e criativo em matemática. Trata-se de uma abordagem inovadora no campo da educação matemática no cenário brasileiro, centrada em colocar o estudante no papel de protagonista do processo de ensino e aprendizagem da matemática, de forma ativa, crítica e criativa.

Palavras-chave: *Pensamento crítico e criativo em matemática, Oficinas, Avaliação, Materiais didáticos.*

1.1. Introdução

Existem muitas circunstâncias e eventos que impactam nosso mundo hoje, configurando-o de forma completamente diferente do que vimos num passado relativamente recente. E ele continuará a sofrer modificações significativas nos próximos anos, abrangendo as mais variadas esferas da vida humana. Tais modificações demandam novas necessidades de formação, novas habilidades profissionais e novas competências para lidar com os desafios da contemporaneidade.

Para ilustrar essas modificações, recorremos a dois desenhos animados de sucesso na década de 1960: *Flinstones* e *Jetsons*. Enquanto o primeiro retratava de forma bem-humorada a idade da pedra, caricaturizando utensílios, ferramentas e rotinas supostamente utilizados àquela época; o segundo mostrava uma realidade composta por esteiras rolantes, vídeo-chamadas e carros voadores – uma premonição de algumas das inovações que utilizamos em nosso dia a dia. Ainda que esses desenhos tenham sido produzidos num mesmo período, revelavam perspectivas bem diferentes e que apontavam para elementos culturais que marcam a forma de ver a vida e de vivê-la. O que poderíamos apontar de comum às duas animações? Possivelmente o uso específico de uma determinada capacidade humana para aproveitar os recursos disponíveis e transformá-los em ideias e produtos originais e úteis para as necessidades de cada grupo, em cada momento da história retratado. Essa capacidade é o que chamamos de criatividade e que pode ser considerada como o resultado da interação entre aptidão, processo e ambiente pela qual um indivíduo ou grupo produz algo que é considerado inovador e útil dentro de um determinado contexto social (PLUCKER; BEGHETTO; DOW, 2004).

A importância do estímulo à criatividade no contexto educacional foi reconhecida como uma característica relevante para o desenvolvimento humano e para o progresso econômico pela Organização para a Cooperação e Desenvolvimento Econômico – OCDE, que publicou em 2019 o estudo *Fostering students' creativity and critical thinking: What it means in school, educational research and innovation* (VINCENT-LANCRIN *et al.*, 2019). Além da criatividade, o estudo também enfatiza o pensamento crítico. Argumentam que as escolas precisam ensinar os alunos a se tornarem melhores em imaginar novas soluções, em ver novas possibilidades, novas conexões e transformá-las em novos produtos ou maneiras de viver melhor. O documento destaca que não basta preparar as pessoas para exercer funções repetitivas e mecânicas. Hoje são necessárias outras habilidades, envolvendo a capacidade de resolução de problemas, de trabalho em equipe, de liderança, de comunicação, de adaptabilidade etc., visto que novos equipamentos estão a nosso dispor e, com isso, novos problemas surgem para serem solucionados.

Dentre as habilidades que colaboram para a resolução de problemas, destacamos o pensamento crítico e criativo, pois, é necessário ser criativo na produção de ideias e crítico na análise dessas em favor da seleção daquela que é a mais apropriada para resolver o problema. Abordaremos o pensamento crítico e criativo no campo da matemática, por considerar que no mundo em que vivemos essa área do conhecimento é essencial para o impulsionamento tecnológico (KANHAI; SINGH, 2014) e que é necessário estimular práticas pedagógicas inovadoras no campo da matemática para favorecer a aprendizagem nesta área (GONTIJO; CARVALHO; FONSECA; FARIAS, 2019).

A partir deste entendimento, temos pesquisado acerca da temática e desenvolvido práticas que colaboram com o desenvolvimento dessas habilidades. Eis o cerne deste capítulo, apresentar práticas fundamentadas em pesquisas empíricas que comprovam efeitos positivos sobre a aprendizagem, motivação e criatividade em matemática.

1.2. Bases teóricas sobre pensamento crítico e criativo em matemática

Poincaré foi, talvez, o primeiro matemático que se ocupou a investigar o ato criativo a partir de observação de sua própria prática. Ele disse:

> O que é, de fato, a criação matemática? Não consiste em fazer novas combinações com entes matemáticos já conhecidos. Qualquer um poderia fazer isso, mas as combinações que se conseguiriam obter assim seriam em número limitado e, na sua maioria, totalmente desprovidas de interesse. Criar consiste, precisamente, não em construir as combinações inúteis, mas as que são úteis e que estão em ínfima minoria. Criar é discernir, escolher. (POINCARÉ, 1911/1995, p. 8).

Nessa concepção, o autor defendeu a ideia de que criar em matemática consiste em tecer associações que colaborem para o objetivo que se tem – o que pode ser o encontrar do resultado de uma expressão ou a resolução de diferentes problemas.

Com o passar dos anos, outros autores propuseram refinamentos e até novos conceitos acerca da criatividade em matemática, tais como Hadarmard (1954), Krutetskii (1976), Livne, Livne e Milgran (1999) e Gontijo (2007). Vale destacar que embora o construto possua várias definições, elas convergem na essência, indicando que se trata de uma capacidade de produção de diferentes ideias para solucionar problemas matemáticos.

E em tempos atuais, o construto ainda tem sido aprimorado, sobretudo, com a associação do pensamento crítico. Afinal, como diz Lipman (2003), o ato de pensar deriva de uma alternância entre a criatividade (no que tange à geração de ideias) e a criticidade (no que tange à análise e julgamento das ideias geradas). Dessa forma, o termo pensamento crítico e criativo tem se tornado mais recorrente tanto em pesquisas da área educacional quanto em documentos norteadores da educação, como o documento produzido pela OCDE (VINCENT-LANCRIN et al., 2019).

O conceito de criatividade em matemática que tem sido utilizado em nossas pesquisas foi proposto por Gontijo (2007). Tal conceito tem se mostrado útil tanto para a pesquisa empírica, voltada para a investigação da criatividade de estudantes e de outros públicos interessados no campo da matemática quanto para o desenvolvimento de atividades práticas para serem desenvolvidas no cotidiano escolar. O conceito evidencia três dimensões que permitem a sua operacionalização: características do pensamento criativo (fluência, flexibilidade e originalidade), estratégias para estimular a criatividade (resolução de problema, elaboração de problemas e redefinição) e, formas de expressão do pensamento criativo (produção textual, numérica, gráfica ou sequência de ações). Para Gontijo (2007, p. 38), a criatividade em matemática se caracteriza como

> a capacidade de apresentar inúmeras possibilidades de solução apropriadas para uma situação-problema, de modo que estas focalizem aspectos distintos do problema e/ou formas diferenciadas de solucioná-lo, especialmente formas incomuns (originalidade), tanto em situações que requeiram a resolução e elaboração de problemas como em situações que solicitem a classificação ou organização de objetos e/ou elementos matemáticos em função de suas propriedades e atributos, seja textualmente, numericamente, graficamente ou na forma de uma sequência de ações.

Acerca desse conceito, destaca-se que a capacidade de apresentar muitas respostas para uma mesma situação é o que denominamos por fluência de pensamento. A capacidade de apresentar respostas que podem ser classificadas em categorias diferentes, por focalizarem aspectos distintos do problema ou formas diferenciadas de solucioná-los é o que denominamos por flexibilidade de pensamento. A originalidade corresponde à capacidade de apresentar respostas infrequentes ou incomuns. A caracterização de uma resposta como original depende do grupo onde essa resposta foi produzida, observando um conjunto de variáveis. No contexto escolar, seriam observadas a idade dos estudantes, a série, o tipo de escola etc.

No Brasil, assim como em outros países, pesquisas e documentos nacionais têm indicado um movimento que demarca a importância do pensamento crítico e criativo em matemática (FONSECA; GONTIJO, 2020a). Fonseca e Gontijo (2020a) chamam a atenção para o fato de que os termos criatividade e criticidade são mencionados tanto nos Parâmetros Curriculares Nacionais - PCN (BRASIL, 1997, 1998, 1999) quanto na Base Nacional Comum Curricular – BNCC (BRASIL, 2017, 2018). Todavia, não há definição operacional desses termos e o seu uso restringe-se à qualificação dos objetivos educacionais. Também não há a sua inclusão no extenso rol de habilidades a serem desenvolvidas ao longo do período de escolarização. Dada a lacuna nos documentos oficiais e em produções acadêmicas no campo da matemática, Fonseca e Gontijo (2020a, p. 971) propuseram uma definição para pensamento crítico e criativo em matemática, considerando-o como:

> a ação coordenada de geração de múltiplas e diferentes ideias para solucionar problemas (fluência e flexibilidade de pensamento) com o processo de tomadas de decisão no curso da elaboração dessas ideias, envolvendo análises dos dados e avaliação de evidências de que os caminhos propostos são plausíveis e apropriados para se chegar à solução, argumentando em favor da melhor ideia para alcançar o objetivo do problema (originalidade ou adequação ao contexto). Em outras palavras, o uso do pensamento crítico e criativo se materializa por meio da adoção de múltiplas estratégias para se encontrar

> resposta(s) para um mesmo problema associada à capacidade de refletir sobre as estratégias criadas, analisando-as, questionando-as e interpretando-as a fim de apresentar a melhor solução possível.

Ressaltamos que tal definição também contempla as características do pensamento criativo e as formas de estimular esse tipo de pensamento, associando as características do pensamento crítico, numa perspectiva integradora, de modo a favorecer a mensuração desse tipo de pensamento a partir de pesquisas psicométricas. A definição pode ainda colaborar com a implementação dos objetivos contidos nos documentos oficiais da área de educação, bem como com a estruturação e organização do trabalho pedagógico docente.

Destacamos que as atividades com maior potencial para favorecer o desenvolvimento do pensamento crítico e criativo em matemática são as que contemplam problemas abertos, isto é, os problemas que possibilitam ao aluno a geração de inúmeras formas de resolvê-los (GONTIJO, 2020).

Na resolução de problemas abertos, os estudantes devem ser os responsáveis pelas tomadas de decisão, não confiando esta responsabilidade ao professor ou às regras e modelos apresentados nos livros didáticos (GONTIJO, 2015). Gontijo (2020, p. 157), destaca que

> A decisão sobre o tipo de método e/ou procedimento que será utilizado poderá ser tomada a partir dos conhecimentos e das experiências anteriores que os alunos apresentam, especialmente aqueles decorrentes do trabalho já desenvolvido para resolver problemas similares ou com os quais tiveram contato. Salientamos a necessidade de propiciar aos alunos a oportunidade de construírem os seus próprios modelos, testá-los para, então, chegar à solução. Será necessário também construir uma estratégia para comunicar aos colegas e ao professor a sua experiência de resolver o problema, explicando o processo mental utilizado e a forma como revisou as estratégias selecionadas para chegar à solução

Apresentamos na ilustração 1.1 um exemplo de problema para ilustrar o conceito de pensamento crítico e criativo em matemática. Trata-se de um problema aritmético simples, mas que permite inúmeras formas de resolvê-lo. O problema e o processo de geração de soluções serão apresentados por meio de um infográfico, que representa o caminho percorrido por um estudante que, mediante problematizações apresentadas pelo professor, coloca em ação o pensamento crítico e criativo para elaborar muitas e variadas respostas.

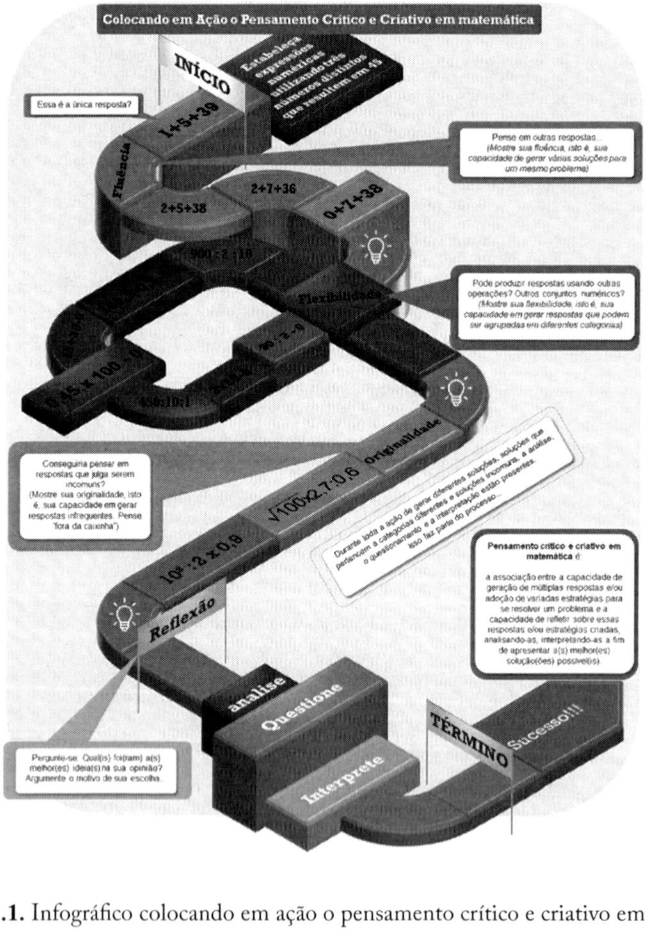

Ilustração 1.1. Infográfico colocando em ação o pensamento crítico e criativo em matemática. Fonte: Fonseca e Gontijo (2020b).

Para estimular o pensamento crítico e criativo, faz-se necessário a intervenção docente, apresentando questionamentos apropriados para que os estudantes possam refletir acerca de suas escolhas e tomadas de decisões. Nesse sentido, perguntas como: (a) Esse é o único caminho para alcançar a solução?; (b) Você poderia encontrar outras respostas?; (c) O que você observa em suas respostas?; (d) Elas apresentam um mesmo padrão?; (e) Você poderia propor uma resposta completamente diferente das anteriormente apresentadas?; (f) Conseguiria pensar em uma resposta incomum?; (g) Dentre as respostas que você criou, qual você considera a melhor e por quê? Além de questionamentos dessa natureza, o uso de técnicas de criatividade no cotidiano escolar pode, em algum grau, favorecer a motivação dos estudantes em matemática e, consequentemente, proporcionar um maior envolvimento com as tarefas e com a resolução de problemas (FONSECA, 2019).

1.3. Avaliação do pensamento crítico e criativo em matemática

A avaliação tem por finalidade apoiar o trabalho do professor e do aluno, orientando as ações pedagógicas necessárias para o desenvolvimento das aprendizagens e de um conjunto de habilidades necessárias para a progressão nos estudos, para a realização pessoal e para a inserção social, numa perspectiva processual. Nesse sentido, são avaliadas diferentes dimensões no processo educacional: aprendizagem, desenvolvimento psicomotor, habilidades socioemocionais, criatividade e pensamento crítico entre outras.

Por que avaliar a criatividade e o pensamento crítico? Avaliamos essas habilidades para melhor compreendê-las e, assim, propor formas que contribuam para os seus desenvolvimentos. Consideramos importante que a equipe gestora da escola, juntamente com o corpo docente, desenvolva ações planejadas sistematicamente para favorecer o pensamento crítico e criativo dos estudantes e, para isso, a avaliação dessas habilidades pode fornecer informações relevantes para tal ação.

Pesquisadores de diferentes países têm se dedicado a elaborar instrumentos de medida que possibilitem avaliar a criatividade e o pensamento crítico. Alguns testes de pensamento crítico são exemplificados no quadro 1.1.

Quadro 1.1. Instrumentos de avaliação de pensamento crítico. Fonte: Franco e Almeida (2017, p. 124).

Instrumento	Dimensões	Formato dos itens
Watson-Glaser Critical Thinking Appraisal **(Watson & Glaser, 1980, 2005)**	Inferência; Reconhecimento de suposições; Dedução; Indução; Avaliação de argumentos	Escolha múltipla
Ennis-Weir Critical Thinking Essay Test (Ennis & Weir, 1985)	Capacidade geral para pensar criticamente	Resposta aberta
The California Critical Thinking Skills Test: College Level (Facione, 1990)	Análise; Inferência; Avaliação; Raciocínio dedutivo; Raciocínio indutivo	Escolha múltipla
Cornell Critical Thinking Tests – Level X (Ennis & Millman, 2005a)	Indução; Dedução; Credibilidade; Identificação de suposições	Escolha múltipla
Cornell Critical Thinking Tests – Level X (Ennis & Millman, 2005b)	Indução; Dedução; Credibilidade; Identificação de suposições; Falácias; Definição; Previsão; Planejamento experimental; Raciocínio verbal; Análise de argumentos; Pensamento enquanto teste de hipóteses; Probabilidade e incerteza; Tomada de decisão e resolução de problemas	Escolha múltipla
Halpern Critical Thinkink Assessment (Halpern, 2012)		Escolha múltipla + Resposta aberta
PENCRISAL (Rivas & Saiz, 2012)	Raciocínio dedutivo; Raciocínio indutivo; Raciocínio prático; Tomada de decisão; Resolução de problemas	Resposta aberta

E de forma similar, o quadro 1.2 apresenta alguns testes de criatividade em matemática, sendo o terceiro e os três últimos produzidos no Brasil.

Quadro 1.2. Instrumentos para avaliação da criatividade em matemática. Fonte: Gontijo e Fonseca (2020a).

Instrumento	Dimensões	Formato dos itens
Creative Ability in Mathematics Test (BALKA, 1974)	Fluência, flexibilidade e originalidade	Problemas abertos
Open-ended Test (LEE; HWANG; SEO, 2003)	Fluência, flexibilidade e originalidade	Problemas abertos
Teste de Criatividade em Matemática (Gontijo, 2007)	Fluência, flexibilidade e originalidade	Problemas abertos
Multiple Solutions Tasks (LEIKIN, 2009)	Fluência, flexibilidade e originalidade	Múltipla escolha + Problemas abertos
Mathematical Abilities and Mathematical Creativity Tests (KATTOU et al., 2013)	Fluência, flexibilidade e originalidade	Problemas abertos
Teste de Desempenho em Criatividade em Matemática (CARVALHO, 2015)	Fluência, flexibilidade e originalidade	Problemas abertos
Teste de Desempenho Criativo no Campo da Matemática (FONSECA, 2015)	Fluência, flexibilidade e originalidade	Problemas abertos
Teste de Desempenho em Criatividade em Matemática (CARVALHO, 2019)	Fluência, flexibilidade e originalidade	Problemas abertos

Levando em consideração o trabalho de Lipman (2003), que considera que o pensamento é intrinsecamente crítico e criativo, visto que existem fases nas quais se requer criatividade para gerar ideias novas e diferentes para a resolução de problemas e, essas fases são seguidas de etapas que exigem avaliação e tomadas de decisão no curso das ações, exigindo, assim, pensamento crítico, inferimos que os testes que avaliam a criatividade em matemática exigem a utilização do pensamento crítico, embora este não seja um construto mensurado nestes instrumentos.

A relevância de estimular e avaliar habilidades de pensamento crítico e criativo no contexto escolar levou a OCDE a incluir no seu Programa Internacional de Avaliação de Estudantes – PISA, edição de 2021, a avaliação do pensamento criativo, considerando quatro domínios, sendo que em um deles a matemática pode se fazer presente.

Para o PISA 2021 (OCDE, 2019), o pensamento criativo é definido como a competência para se engajar produtivamente na geração, avaliação e aprimoramento de ideias, que podem resultar em soluções originais e eficazes, avanços no conhecimento e expressões impactantes da imaginação. Afinal, justificam o interesse em avaliar essa capacidade alegando que

> Estudantes em todos os contextos e em todos os níveis da educação precisam aprender a se engajar produtivamente na prática de gerar ideias e a refletir sobre elas, tanto em relação à sua relevância quanto à sua novidade, buscando alcançar um resultado satisfatório (OCDE, 2019, p. 7).

Os domínios que serão considerados para a avaliação do pensamento criativo são: Expressão escrita; Expressão visual; Resolução de problemas sociais e; Resolução de problemas científicos. Em todos esses domínios serão analisadas as seguintes habilidades: geração de diferentes ideias (fluência e flexibilidade de pensamento); geração de ideias criativas (originalidade de pensamento) e; avaliação e melhoramento de ideias. A ilustração 1.2 apresenta a relação entre os domínios e as habilidades de pensamento criativo avaliados.

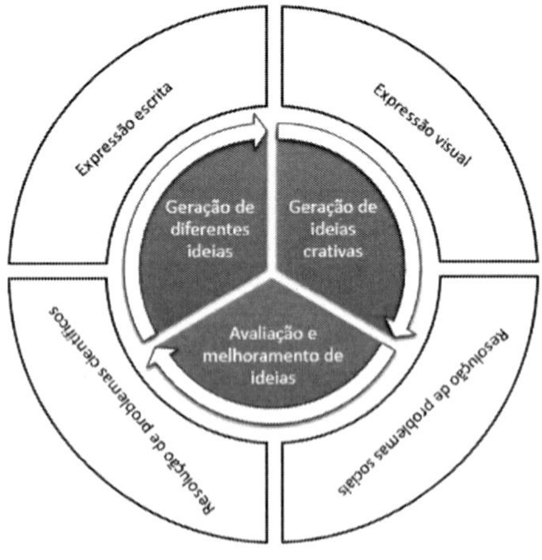

Ilustração 1.2. Esquema de avaliação da criatividade para o Pisa 2021. Fonte: OCDE (2019, p. 22).

Esse esquema evidencia que a avaliação do pensamento criativo proposta pelo PISA 2021 é coerente com as teorias de pensamento crítico e criativo em matemática mencionadas anteriormente, contemplando a geração de ideias e a capacidade de avaliá-las e melhorá-las. Merece destaque na proposta do PISA a inclusão da produção escrita e da produção visual (desenhos) como habilidades a serem avaliadas no contexto do pensamento criativo. Da mesma forma merece ser destacada a inclusão da resolução de problemas, sociais e científicos, como elementos de preocupação e que requerem dos estudantes propostas criativas para solucioná-los.

A nossa experiência no campo de pesquisa tem evidenciado que avaliar o pensamento crítico e criativo não é suficiente para alterar a realidade escolar. Faz-se necessário alternativas metodológicas que permitam aos estudantes aprimorar e expressar a criatividade e colocá-la à prova, usando o pensamento crítico para comunicar os seus resultados e para julgá-los. Uma alternativa que encontramos e que tem mostrado bons resultados são as oficinas pedagógicas de pensamento crítico e criativo em matemática.

1.4. Oficinas pedagógicas de pensamento crítico e criativo em matemática

Na busca por uma metodologia ou mesmo um formato de aula que colabore com o estímulo ao pensamento crítico e criativo em matemática, um modelo de oficinas foi elaborado. Ele é composto por 6 diferentes fases, iniciando com atividades motivacionais, denominadas de "aquecimento", passando por um momento de sistematização dos conteúdos explorados durante resoluções de problemas, finalizando com tarefas que propõem uma continuidade da investigação, chamadas de perspectivas futuras. O infográfico a seguir, sintetiza cada uma das fases das oficinas:

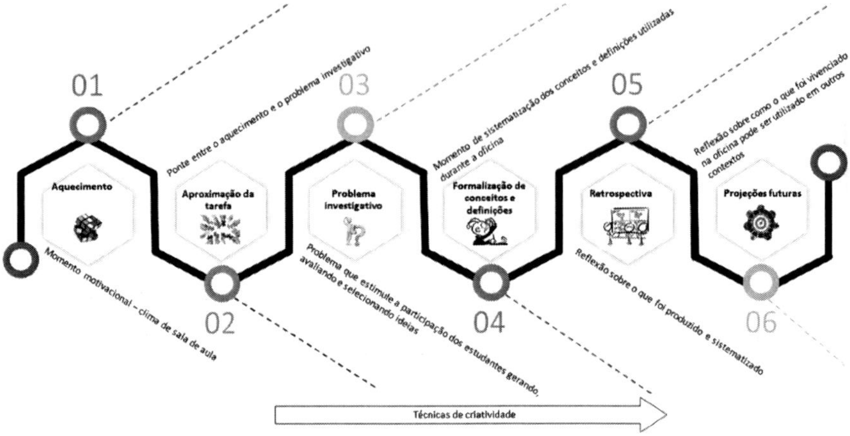

Ilustração 1.3. Oficinas pedagógicas de pensamento crítico e criativo em matemática de Gontijo. Fonte: Fonseca e Gontijo (2020c).

Durante a execução das fases de aquecimento, aproximação com a tarefa e o problema investigativo, técnicas de criatividade são utilizadas. Afinal, é esperada a geração de muitas ideias, de modo a enriquecer o momento com o debate e a construção coletiva do conhecimento, bem como do desenvolvimento do pensamento crítico e criativo em matemática.

Segundo Gontijo (2015, p. 17),

> As técnicas de criatividade visam estimular os estudantes a resolverem problemas favorecendo a criação de soluções originais; regras, princípios e generalizações; novos algoritmos; novas questões e problemas e novos modelos matemáticos. Algumas técnicas possibilitam, também, uma profunda compreensão das concepções matemáticas enquanto os estudantes investigam um problema. [...] Além disso, o uso de técnicas de criatividade pode ser uma maneira muito eficaz para os alunos desenvolverem uma paixão pela aprendizagem da Matemática.

A seguir, apresentaremos um exemplo de oficina planejada com o objetivo de desenvolver habilidades relacionadas ao cálculo de áreas de superfícies de sólidos geométricos. Essa habilidade está prevista na Base Nacional Comum Curricular na área de Matemática, registrada da seguinte forma "(EM13MAT307) Empregar diferentes métodos para a obtenção da medida da área de uma superfície (reconfigurações, aproximação por cortes etc.) e deduzir expressões de cálculo para aplicá-las em situações reais, como o remanejamento e a distribuição de plantações, com ou sem apoio de tecnologias digitais". A oficina tem a seguinte questão investigativa: **Se você pudesse "soltar" a sua pele do corpo e espalhá-la no chão, quantos metros quadrados ela cobriria?**

Essa questão foi formulada levando em conta a recomendação de explorar situações reais. Nesse sentido, buscou-se abordar o conteúdo a partir de uma perspectiva interdisciplinar com o campo das Ciências da Natureza, investigando um tema relacionado à sua saúde humana, especialmente ao tratamento de câncer, que leva em consideração, entre outros aspectos, a área da superfície da pele humana para a dosagem de medicamentos.

A seguir, descreveremos as etapas das oficinas e como podem ser abordados os temas relativos à questão investigativa. Daremos ênfase aos aspectos matemáticos da oficina.

1.4.1. 1ª Fase: Aquecimento

Essa fase corresponde a uma atividade exploratória, de cunho motivacional, a fim de estimular os estudantes a se envolverem com as próximas tarefas. Nessa oficina, sugere-se explorar curiosidades sobre proporção e simetria aplicadas ao corpo humano a partir da obra "O Homem Vitruviano", de Leonardo da Vinci. Técnicas de criatividade como *brainstorming* e dramatização que podem ser utilizadas nesta fase para estimular a participação dos estudantes e para gerar ideias criativas.

1.4.2. 2ª Fase: Aproximação com a tarefa

Nessa fase propõe-se uma atividade que aproxima os estudantes da questão central a ser respondida ao longo da oficina. Ela também tem um caráter motivacional, de baixa complexidade, porém, conectada com as questões matemáticas envolvidas na oficina. Uma sugestão de aproximação com a tarefa é a utilização do Tangram para construções artísticas e exploração da relação entre perímetro e área. Nessa fase, técnicas de criatividade de relaxamento e visualização podem ser úteis para favorecer aos estudantes a identificar e criar formar com o Tangram.

1.4.3. 3ª Fase: Desenvolvimento da tarefa – Problema Investigativo

Essa é a atividade principal desenvolvida junto com os estudantes, tendo como objeto central a ação de resolução de problemas. A partir de algumas questões, os estudantes produzem as suas soluções e argumentam acerca dos resultados encontrados, ou retornam ao início das atividades para reconstruir os caminhos trilhados, testar hipóteses e construir novas soluções. Para essa oficina, propõe-se a questão: Se você pudesse "soltar" a sua pele do corpo e espalhá-la no chão, quantos metros quadrados ela cobriria? E, complementando a tarefa, sugerem-se mais duas atividades: (a) Registre todas as possibilidades que você encontrar para resolver o problema; (b) Em seguida, entre as possibilidades encontradas, indique aquela que você considera ser a melhor opção, destacando as vantagens em relação às outras alternativas. Ao solicitar o registro de todas as possibilidades, buscamos estimular a fluência, a flexibilidade e a originalidade de pensamento. Ao pedir que indiquem a resposta que consideram a melhor, buscamos estimular o pensamento crítico. Todavia, acreditamos que essas duas ações acontecem simultaneamente. Técnicas de criatividade como SCAMPER (Substituir; Combinar; Adaptar; Minimizar, tornar maior, modificar; Pensar em outros usos; Eliminar; Reverter, rearranjar) podem ser muito úteis, pois apresentam perguntas para os estudantes solicitando alterações em suas produções, de modo a aprimorá-las.

1.4.4. 4ª Fase: Sistematização - Formalização de conceitos e definições

A partir das produções dos estudantes, trabalha-se formalmente, do ponto de vista matemático, como calcular área da superfície de sólidos geométricos e como obter aproximações para a superfície da pele de um ser humano. Recomenda-se apresentar o Método Mosteller de medida da área da superfície da pele comumente usada pelos médicos para dosagem de medicamentos. Após esse momento, sugere-se que os estudantes analisem os resultados obtidos por eles com os resultados obtidos a partir da aplicação do Método Mosteller.

1.4.5. 5ª Fase: Retrospectiva

Essa fase se caracteriza pela revisão de todas as atividades realizadas ao longo da oficina, levando os estudantes a refletirem sobre todas as suas ações, destacando as aprendizagens ocorridas. Busca-se nessa fase, recolher depoimentos relativos às experiências de aprendizagem, como as atividades que mais apreciaram e as que menos apreciaram e os motivos relacionados a essas experiências.

1.4.6. 6ª Fase: Projeções futuras

Essa fase consiste em possibilitar aos estudantes continuar explorando os temas trabalhados na oficina nos demais contextos em que estão inseridos. Uma tarefa que pode ser sugerida para os alunos é: Solicitar que escolham, no mínimo, 15 pessoas do sexo masculino e 15 pessoas do sexo feminino, de idades variadas, desde crianças até adultos, e efetuar o cálculo para determinar a área da pele de um cada um. Em seguida, os estudantes devem: (a) Organizar tabelas com os dados obtidos: idade X área, por sexo; (b) Construir um gráfico comparativo com os dados obtidos para ambos os sexos; (c) Apresentar conclusões a partir da análise desses gráficos; (d) Montar uma planilha no Excel que forneça a área do corpo a partir da altura e da massa de uma pessoa. Por fim, pode-se solicitar aos estudantes que criem um comercial ou propaganda "vendendo" a importância (função) da pele humana. Em grupos, poderão compartilhar anúncio / comercial (podem usar a câmera do telefone celular ou criar uma apresentação do PowerPoint).

1.5 Transformação de materiais didáticos em instrumentos de estímulo ao pensamento crítico e criativo em matemática

Outro aspecto que queremos destacar neste texto, que consideramos relevante no planejamento de atividades, é a transformação de materiais didáticos disponíveis no ambiente escolar em instrumentos que podem favorecer o pensamento crítico e criativo em matemática. Chamamos a atenção para este ponto justamente para não deixar a impressão de que o trabalho de estímulo ao pensamento crítico e criativo carece sempre de uma publicação para este fim.

A seguir, apresentamos um problema de probabilidade extraído de um livro didático do 3º ano do Ensino Médio, publicado em 2016. O problema é similar aos encontrados em outros livros didáticos. A partir da formulação inicial, acrescentamos alguns questionamentos que tornam o problema em uma situação aberta e que convida os estudantes a refletirem sobre o conteúdo abordado.

> No lançamento de um dado, qual é a probabilidade de a face superior apresentar:
>
> a) O número 3?
> b) Um número menor que 7?
> c) Um número menor que 1?
> d) Um divisor da soma dos pontos de todas as faces do dado?
>
> Reflita:
>
> I) Qual é a soma das probabilidades de todos os eventos simples no lançamento de um dado?
>
> II) Podemos registrar a probabilidade de um evento nas formas fracionária, decimal ou percentual?

Embora os quatro primeiros itens demandem resoluções tradicionais e sem muito apelo para a manifestação da criatividade, os dois questionamentos de reflexão avançam nesse sentido, pois, são provocações para analisar padrões e outras formas de representação. Ressaltamos que os quadros "reflita", nos livros didáticos, não costumam receber a devida atenção, entretanto há neles questionamentos interessantes que oportunizam a manifestação do pensamento crítico e criativo.

O problema de probabilidade apresentado anteriormente poderia ser enriquecido com itens adicionais, por exemplo:

> a) Elabore perguntas sobre possíveis respostas que poderiam ser obtidas na face superior dos dados e passe ao seu colega mais próximo.
>
> b) Pense em outras situações que se aplique o estudo da probabilidade. É possível calcular?
>
> c) Em que outros contextos poderiam ser aplicados o estudo da probabilidade?

Acreditamos que estes itens têm potencial para provocar a geração de ideias nos estudantes. E, poderiam estimulá-los a produzir diferentes respostas matemáticas para o problema.

A seguir, apresentamos outro problema para ilustrar como transformar situações tradicionais de livros didáticos em problemas abertos e de caráter investigativo. Esse exemplo refere-se ao cálculo de áreas e volumes.

> Um retângulo tem uma área de 120 cm^2. Sabendo que seu comprimento e sua largura são números inteiros, responda:
>
> a) Quais são as possíveis medidas do comprimento e da largura do retângulo?
>
> b) Qual a possibilidade que resulta no menor perímetro?

Este problema apresenta dois itens distintos em estruturas e, consequentemente, tipos de respostas. A letra "a" apresenta um questionamento que admite múltiplas respostas. Consideramos esse tipo de atividade favorável à expressão do pensamento criativo (fluência, flexibilidade e originalidade).

A letra "b" solicita as medidas que resultam em menor perímetro, portanto, resposta única. Essa solicitação coloca o estudante frente a um processo de julgamento e tomada de decisão, isto é, coloca o pensamento crítico em ação.

Como último exemplo, apresentamos uma atividade envolvendo o uso de calculadora. Um acessório cada vez mais presente na sala de aula e que, portanto, pode ser utilizado a favor da proposta de ensino aqui defendida. A atividade pode ser iniciada solicitando aos estudantes:

> a) Invente funções para sua calculadora ser ainda mais útil.
>
> b) Como cada função proposta funcionaria?

Trata-se de questões abertas, que admitem múltiplas respostas e que estão ligadas com as ideias que o estudante conseguirá gerar no dado momento. Obviamente que ideias de algumas funções mais complexas podem surgir a depender da familiaridade que cada estudante possui com a matemática. Mas tentando estimular a geração de muitas ideias, de ideias diferentes e de ideias incomuns, os estudantes vão desenvolvendo seus pensamentos críticos e criativos em matemática – o que pode ser realizado em diferentes níveis escolares.

1.6 Considerações Finais

No campo da Matemática, as discussões acerca de estratégias de ensino que podem favorecer o desenvolvimento do pensamento crítico e criativo ainda são, infelizmente, escassas, apesar desta área do conhecimento desempenhar um importante papel na formação dos indivíduos. Possivelmente, a forma como o ensino de Matemática tem sido conduzida nas escolas, não tem estimulado professores e estudantes a pensar outras maneiras para organizar o trabalho pedagógico com essa disciplina. Essa realidade tem gerado desinteresse e indiferença em relação a este componente curricular, produzindo ao longo da história escolar dos estudantes um sentimento de fracasso e incapacidade para compreender e resolver problemas matemáticos.

O modelo de oficinas apresentado e as técnicas de criatividade citadas podem contribuir para o engajamento dos estudantes nas tarefas matemáticas, especialmente quando as atividades são guiadas por problemas do mundo real, pois, estimulam a capacidade de transformar ideias em ações, de assunção de riscos, de planejar e gerenciar projetos de estudo para atingir objetivos. Ao longo do processo de escolarização, poderá ajudar os estudantes não apenas na progressão entre os anos escolares, mas também em suas vidas cotidianas em casa e na sociedade, preparando-os para a vivência cidadã e para o exercício profissional.

Ao estimular o pensamento crítico e criativo em matemática, proporcionamos aos estudantes envolvimento e compreensão mais profundos, pois, incentivamos a "ligarem" seus cérebros e se envolverem ativamente na aprendizagem da matemática por meio da investigação, da resolução de problemas. Isso colabora para uma maior independência e autorregulação, bem como para o desenvolvimento de um autoconceito positivo em relação à matemática.

Ao longo do texto, buscamos abordar algumas bases teóricas sobre pensamento crítico e criativo em matemática, apresentando algumas formas de avaliar esse tipo de pensamento e como estimulá-lo por meio de oficinas pedagógicas. Buscamos ainda mostrar, por meio de alguns exemplos, com transformação de materiais didáticos em instrumentos de estímulo ao pensamento crítico e criativo em matemática. Esperamos que essa abordagem tenha sido inspiradora para novas práticas pedagógicas no campo da matemática.

Referências

BRASIL. **Parâmetros curriculares nacionais**: matemática (1ª a 4ª séries). Brasília: MEC/ SEF, 1997.

BRASIL. **Parâmetros curriculares nacionais**: matemática (5ª a 8ª séries). Brasília: MEC/ SEF, 1998.

BRASIL. **Parâmetros curriculares nacionais**: ensino médio: ciências da natureza, matemática e suas tecnologias. Brasília: MEC/SEMT, 1999.

BRASIL. **Base Nacional Comum Curricular** (Ensino Fundamental). Brasília: MEC/SEB, 2017.

BRASIL. **Base Nacional Comum Curricular** (Ensino Médio). Brasília: MEC/SEB, 2018.

FONSECA, Mateus Gianni. **Aulas baseadas em técnicas de criatividade: efeitos na criatividade, motivação e desempenho em matemática com estudantes do ensino médio**. 2019. 175f. Tese (Doutorado em Educação) – Faculdade de Educação, Universidade de Brasília, Brasília.

FONSECA, Mateus Gianni; GONTIJO, Cleyton Hércules. Pensamento crítico e criativo em Matemática em diretrizes curriculares nacionais. **Ensino em Re-Vista**, Uberlândia, v. 27, p. 956-978, 2020a.

FONSECA, Mateus Gianni; GONTIJO, Cleyton Hércules. Abril 2020. Infográfico: Colocando em ação o pensamento crítico e criativo em matemática. Disponível em: <https://bit.ly/pensamentocriticoecriativoemmatematica>. Acesso em 24 set. 2020b.

FONSECA, Mateus Gianni; GONTIJO, Cleyton Hércules. Junho 2020. Infográfico: Oficinas de estímulo ao pensamento crítico e criativo em matemática de Gontijo. Disponível em: <https://bit.ly/pensamentocriticoecriativoemmatematica>. Acesso em 24 set. 2020c.

FRANCO, Amanda; ALMEIDA, Leandro. Definição e medida do pensamento crítico. In: ALMEIDA, Leandro (Org.). **Criatividade e pensamento crítico: conceito, avaliação e desenvolvimento** (p. 107-132). Portugal: Mota e Ferreira Artes Gráficas, 2017.

GONTIJO, Cleyton Hércules. **Relações entre criatividade, criatividade em matemática e motivação em matemática de alunos do ensino médio**. 2007. 194f. Tese (Doutorado em Psicologia) - Instituto de Psicologia, Universidade de Brasília, Brasília.

GONTIJO, Cleyton Hércules. Técnicas de criatividade para estimular o pensamento matemático. **Educação e Matemática**, Lisboa, v. 135, p. 16-20, nov/dez 2015.

GONTIJO, Cleyton Hércules. **Roteiro para Oficinas de Criatividade em Matemática**. Brasília, 2018. Não publicado.

GONTIJO, Cleyton Hércules; CARVALHO, Alexandre Tolentino; FONSECA, Mateus Gianni; FARIAS, Mateus Pinheiro. **Criatividade em matemática**: conceitos, metodologias e avaliação. 1ª. ed. Brasília: Editora da UnB, 2019.

GONTIJO, Cleyton Hércules. Relações entre criatividade e motivação em matemática: a pesquisa e as implicações para a prática pedagógica. In: GONTIJO, Cleyton Hércules; FONSECA, Mateus Gianni. (Org.). **Criatividade em Matemática: lições da pesquisa** (p. 153-172). Curitiba: CRV, 2020.

GONTIJO, Cleyton Hércules; FONSECA, Mateus Gianni. Webinário 2: Avaliação do Pensamento crítico e criativo em matemática. Disponível em: <https://sites.google.com/etfbsb.edu.br/bibliotecapc2m/acervo-audiovisual>. Acesso em 24 set. 2020.

HADAMARD, Jacques. **The Psychology of invention in the mathematical field**. New York: Princenton University Press, 1945

KANHAI, Abhishek.; SINGH, Bhoodev. Some environmental and attitudinal characteristics as predictors of mathematical creativity. **International Journal of Mathematical Education in Science and Technology**. United States, v. 48, n. 3, p. 327-337, 2017.

KRUTETSKII, Vadim A. **The psychology of mathematical abilities in schoolchildren**. Chicago: The University of Chicago Press, 1976.

LIPMAN, Matthew. **Thinking in education.** UK: Cambridge University Press, 2003.

LIVNE, Nava L.; LIVNE, Oren E.; MILGRAM, Roberta M. Assessing academic and creative abilities in mathematics at four levels of understanding. **International Journal of Mathematical Education in Science & Technology**, London, v. 30, p. 227-243, 1999.

OCDE. .**Framework for the Assessment of Creative Thinking in PISA 2021**. Third Draft. OECD Publishing, Paris, 2019.

PLUCKER, Jonathan A.; BEGHETTO, Ronald A.; DOW, Gayle T. Why isn't creativity more important to educational psychologists? Potentials, pitfalls, and future directions in creativity research. **Educational Psychologist**, London, v. 39, n. 2, p. 83–96, 2004.

POINCARÉ, Henri. **O valor da ciência**. Rio de Janeiro: Contraponto, 1995. (trabalho original publicado em 1911).

VINCENT-LANCRIN, Stéphan; GONZÁLEZ-SANCHO, Carlos; BOUCKAERT, Mathias; DE LUCA, Federico; FERNÁNDEZ-BARRERRA, Meritxell; JACOTIN, Gwénaël; URGEL, Joaquin; VIDAL, Quentin. **Fostering Students' Creativity and Critical Thinking**: What It Means in School. Educational Research and Innovation. OECD Publishing, Paris, 2019.

Capítulo 2

Associação de aprendizagem ativa e tecnologias de informação e comunicação para o ensino de Biologia

Christiano Del Cantoni Gati
Faculdade UnB Planaltina (FUP) –
Universidade de Brasília (UnB) Área Universitária 01,
Vila Nossa Senhora de Fátima – Planaltina – D.F. - 73345-010
christianogati@unb.br

Lilian Gimenes Giugliano
Departamento de Genética e Morfologia (GEM)
Universidade de Brasília (UnB)
Campus Darcy Ribeiro – Brasília – D.F.
liliangiu@unb.br

Marcella Lemos Brettas Carneiro
Faculdade UnB Planaltina (FUP)-
Universidade de Brasília (UnB)
Área Universitária 01, Vila Nossa Senhora de Fátima - Planaltina - D.F - 73345-010
marbretas@unb.br

Resumo

O ensino superior no Brasil baseia-se em uma aprendizagem passiva. Também é incipiente o uso de tecnologias de informação e comunicação (TIC) levando a um ensino desmotivador e pouco efetivo. Neste capítulo é apresentada uma proposta que muda essa realidade ao associar metodologia de aprendizagem ativa (Team Based Learning – TBL) com TIC (Plickers e Moodle) no ensino de Biologia. O TBL estimula o aluno a trabalhar em equipe, a estudar antes das aulas e a aplicar o conhecimento. O Plickers permite ao professor ter acesso em tempo real às respostas dos alunos a testes feitos na aula. O estudante tem, então, a oportunidade de correção de suas falhas assim que detectadas. O Moodle permite a realização de testes extraclasse para verificação do estudo discente. Sabendo da compreensão dos alunos sobre o tema no início da aula, o professor pode direcionar suas explicações ao que foi mal compreendido. Isso abre espaço para realização de atividades práticas que ajudam os estudantes a aplicarem os conceitos, levando a uma aula mais participativa e efetiva. Portanto, a associação do TBL, Plickers e Moodle é inovadora e motivadora para todos no processo de ensino-aprendizagem.

Palavras-chave: *Team Based Learning, TBL, Plickers, Moodle, Ensino-Aprendizagem.*

Apoio: *Centro de Educação a Distância (CEAD) e Decanato de Ensino de Graduação (DEG) da Universidade de Brasília (UnB) no âmbito do Programa Aprendizagem para o 3º Milênio (A3M).*

2.1. Introdução

A metodologia de ensino superior no Brasil baseia-se, tradicionalmente, na figura do professor como detentor único do conhecimento e do aluno como figura passiva, levando a uma aprendizagem pouco efetiva, sem crítica e pouco motivadora para discentes e docentes (SOUZA-SILVA; DAVEL, 2005; LAZZARI et al., 2011; HOLANDA; PINHEIRO, 2015). Além disso, ainda é incipiente a apropriação das tecnologias de informação e comunicação

(TIC) pela maioria dos docentes brasileiros, o que torna suas aulas mais desmotivadoras para um alunado que vive e consome inovações tecnológicas (SOARES-LEITE; NASCIMENTO-RIBEIRO, 2012).

Frente aos desafios cotidianos do ensino como desinteresse, desmotivação, falta de autonomia e dedicação de grande parte dos estudantes, faz-se necessária a inclusão de estratégias de ensino-aprendizagem que tornem os alunos mais participativos e envolvidos no processo. Desta forma, as metodologias ativas de ensino e o uso de TIC podem consistir em uma boa estratégia para aumentar o interesse, participação e envolvimento dos discentes em sua educação (SANTOS, 2007; ROSA; CECÍLIO, 2010).

Atualmente, as tecnologias na área educacional vêm sofrendo grandes transformações impactando não somente a evolução do processo ensino-aprendizagem como também todo o setor de educação. Modelos tradicionais estão se tornando cada vez mais obsoletos dando espaço para grandes mudanças. Particularmente, o ensino tem deixado de estar presente exclusivamente em salas de aulas convencionais, passando para um processo baseado em múltiplos recursos educacionais incluindo ambientes de ensino digitais e focado em modernos instrumentos para mediação pedagógica (LAZZARI et al., 2011; FREITAS, 2012).

Portanto, neste capítulo será apresentada uma estratégia que combina ferramentas de ensino para fortalecer o processo ensino aprendizagem frente aos novos desafios educacionais supracitados. A intenção é que o estudante torne-se protagonista de seu processo de aprendizagem, favorecendo sua autonomia e seu senso de cooperação. Essa proposta se constitui pela associação de uma metodologia ativa de ensino e dois recursos tecnológicos voltados para informação e comunicação. A primeira abordagem envolve a aplicação do *Team Based Learning* (aprendizagem baseada em equipes, na tradução para o português). As TIC utilizadas são a plataforma Moodle e o aplicativo Plickers.

Essa estratégia de ensino inovadora tem sido aplicada desde 2017 em três disciplinas da Universidade de Brasília (UnB) que eram ministradas no sistema tradicional de ensino: (1) Saúde e Ambiente 1 do Curso de Ciências Naturais da Faculdade UnB Planaltina, (2) Introdução à Biologia Evolutiva do Curso de Biotecnologia do Instituto de Ciências Biológicas (IB) e (3) Biologia Geral e Evolução do Curso de Ciências Ambientais[1].

Este capítulo foi organizado em duas partes. Na primeira parte (do item 2.2 ao 2.5) serão apresentados a fundamentação teórica do *Team Based Learning* e dois recursos tecnológicos para o ensino. A segunda (item 2.6) descreverá a estratégia de ensino que combinam os três elementos supracitados.

2.2. Aprendizagem significativa

Primeiramente, é importante destacar que o sucesso de qualquer metodologia e/ou estratégia educacional é resultado de um conjunto de fatores interligados e que devem ser considerados neste processo. Por exemplo, o aprendizado torna-se significativo quando aprender faz sentido para o estudante. Portanto, acima de se estabelecer qualquer critério metodológico, deve-se adotar um olhar crítico para o processo de aprendizagem considerando o sujeito como um indivíduo dotado de emoções e trajetórias próprias (AUSUBEL, 1963, 2003; SOUSA et al., 2015).

Neste contexto, destaca-se a relevância da teoria da aprendizagem significativa proposta pelo psicólogo David Ausubel em 1963, o qual muito se destacou na área de Psicologia Educacional. De forma geral essa teoria é caracterizada pela associação entre conhecimentos prévios e conhecimentos novos de modo que esses tenham significado para o sujeito. Essa interação deve ser não arbitrária (relacionando o novo com conhecimentos especialmente relevantes para o indivíduo) e não literal (o que é incorporado é a substância do novo conhecimento e não as palavras que o nomeiam) (MOREIRA, 2011). Além disso, é necessário que o aprendiz tenha predisposição para aprender e se relacionar com novos conhecimentos atribuindo significados a esses. Assim, para que a aprendizagem seja significativa, é necessário o desenvolvimento da capacidade de aplicar o conhecimento em um contexto prático e inclusivo, ou seja, é fundamental que as novas informações passem a dar sentido ao saber e à prática de quem aprende tornando o indivíduo incluso nesse processo (AUSUBEL, 1963, 2003). Portanto, aprender significativamente envolve atribuir

1 O Curso de Ciências Ambientais é resultado de um consórcio entre os Instituto de Ciências Biológicas, Geologia, Química, CDE e o Departamento de Economia da UnB.

significados ao novo conhecimento, com componentes pessoais presentes no sistema cognitivo de cada pessoa (ilustração 2.1, SOUSA et al., 2015).

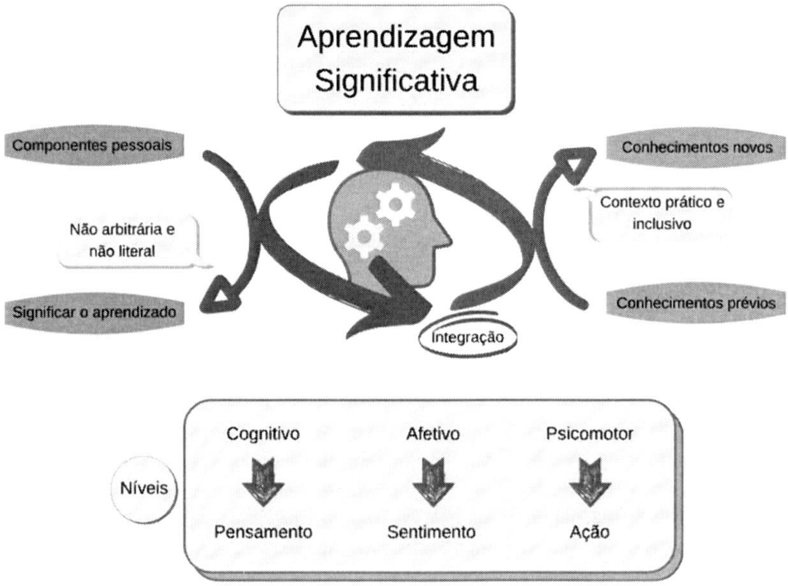

Ilustração 2.1. Processos da aprendizagem significativa. A construção de novos conhecimentos deve ser conduzida a partir do conhecimento prévio e em um contexto inclusivo e prático. Ou seja, o aprendiz precisa atribuir significado prático ao que está aprendendo. Além disso, a integração entre conhecimentos prévios e novos deve ser não literal e não arbitrária. Com isso, destaca-se que há importantes componentes pessoais relacionados a esse processo. O aprendiz precisa ter predisposição para aprender favorecendo a interação entre os níveis cognitivo, afetivo e psicomotor a fim de conduzir o pensamento ao sentimento e, por fim à ação, respectivamente (AUSUBEL, 1963, 2003; SOUSA et al., 2015).

De acordo com a Base Nacional Comum Curricular - BNCC (BRASIL, 2017) a aprendizagem significativa não surge a partir de um conceito novo e sim de uma abordagem do construtivismo em que se entende a parcela da realidade que se conhece. Desta maneira, a compreensão de teorias de ensino-aprendizagem que contribuam para a promoção de transformações no ensino, estruturadas por meio de metodologias ativas, torna-se imperativa a fim de realizar inovações educacionais ancoradas na maneira que ressignifiquemos a forma de ensinar e de aprender. Para se obter uma aprendizagem significativa é fundamental que o aprendiz dê significado aos novos conhecimentos como conceitos, ideias e modelos, transformando seu entendimento em compreensão à medida que ele se torna capaz de explicar situações relacionadas aos conceitos com suas próprias palavras ou resolver problemas novos. Ainda que a BNCC trate da Educação Básica, ela pode servir de orientação para o Ensino Superior.

Outra abordagem da aprendizagem significativa envolve a integração entre pensamento, sentimento e ação. A produção do conhecimento é um dinâmico processo de intercâmbio de experiências nos níveis cognitivo, afetivo e psicomotor. Isso está relacionado a integração de componentes pessoais que são gerados a partir de pensamentos (nível cognitivo), emoções (nível afetivo) e, que posteriormente, impulsionam à ação (retenção do conhecimento, nível psicomotor). Esse processo pode ser obtido por meio de recursos pedagógicos de associação de conhecimento e de experiências prévias que são utilizadas como base para se construir uma nova realidade e/ou ponto de vista acerca do conhecimento prévio. Para isso, o aprendiz precisa apreciar a importância do novo conhecimento contextualizando sua aplicação prática a fim de atribuir-lhe significado. Com isso, fica claro que o conhecimento a ser adquirido tem que fazer sentido para quem aprende. Isso é fundamental para que ele tenha interesse e motivação para formar novos conhecimentos, o que demonstra que o elemento afetivo é de extrema importância para desencadear o processo de aprendizagem (ilustração 2.1, SANTOS, 2007).

Em 1956, Bloom e colaboradores utilizaram a taxonomia para classificar, dentro dos níveis cognitivo, afetivo e psicomotor, os modos de aprendizagem e pensamento em categorias hierárquicas onde há progressão da complexidade sendo do simples para o complexo e do concreto para o abstrato. A estrutura mais conhecida da taxonomia de Bloom inclui seis categorias: 1) conhecimento; 2) compreensão; 3) aplicação; 4) análise; 5) síntese; 6) avaliação. Após revisão e atualização (ANDERSON, 1999), uma nova categorização passou a ser estruturada da seguinte forma: 1) lembrar; 2) entender; 3) aplicar; 4) analisar; 5) sintetizar; e 6) criar. Esta nova taxonomia permite a interpolação das categorias do processo cognitivo, o que vem ao encontro dos diferentes modos de aquisição do conhecimento (FERRAZ; BELHOT, 2010). A delimitação dos objetivos instrucionais cognitivos, e de competências, é um ponto crucial no planejamento e estruturação de disciplinas. A aplicação da taxonomia de Bloom nos instrumentos de avaliação pode ajudar a melhorar o planejamento e a se alcançar os objetivos definidos.

As emoções regulam as interações sociais e desempenham um importante papel no processo de construção de significados em sala de aula estando relacionadas aos interesses e motivações dos estudantes e do professor. Recentemente, a neurociência tem procurado investigar como a emoção integra os processos de raciocínio e de tomada de decisão. Por outro lado, as emoções desempenham uma função na comunicação de significados a nossos interlocutores e apresentam importante papel na orientação cognitiva e na compreensão das mensagens e de seu conteúdo (SANTOS, 2007). Assim, traça-se a importância de se estabelecer afetividade e despertar o interesse no processo de ensino-aprendizagem. Esta proposta de ensino visa alcançar o processo de aprendizagem significativa à medida que envolve os níveis cognitivo, afetivo e psicomotor nas atividades propostas. Por exemplo, buscamos despertar a curiosidade e interesse dos estudantes em aprender por apresentar a eles o conhecimento de maneira aplicada ao seu cotidiano.

2.3. Team Based Learning (TBL)

O protagonismo do aluno é um dos objetivos da metodologia de aprendizagem ativa *Team Based Learning* (MICHAELSEN, 1992). Essa abordagem estimula o estudante a trabalhar em equipe, a estudar antes das aulas e a aplicar o conhecimento em situações práticas (BOLLELA et al., 2014). Além disso, pode ser aplicada em turmas grandes, necessitando de uma única sala e um único professor, o que a difere da *Problem Based Learning* (PBL), que requer múltiplos ambientes e vários docentes (FREITAS, 2012). O TBL ainda permite ao aluno um acesso imediato sobre seu desempenho e uma oportunidade de correção da sua falha de compreensão, assim que detectada pelo professor (BOLLELA et al., 2014).

Existe também uma razão neurobiológica para a aplicação da TBL. Os tipos de informações transmitidas em um curso escolar/universitário formam a memória semântica (TULVING, 1987; CARLSON, 2002). A consolidação desses conhecimentos envolve as seguintes regiões cerebrais: o lobo medial temporal (LMT) e o córtex pré-frontal (CPF) (ver THOMPSON-SCHILL, 2003 para uma revisão). Van Kesteren e outros (2014) constataram que estudantes dos cursos de Biologia e Educação retinham mais os conhecimentos novos se eles eram apresentados associados com conhecimentos antigos, ou melhor, já adquiridos. Exames de ressonância magnética funcional revelaram que o LMT e o CPF eram mais ativados nessas situações do que quando os alunos aprendiam os conceitos isoladamente, sem relação entre eles (VAN KESTEREN et al., 2014). Eles também observaram que maior ativação dessas regiões cerebrais se correlacionava positivamente com o desempenho dos discentes. É exatamente dessa maneira que ocorre a construção do TBL.

Na experiência de aplicação da metodologia baseada em TBL aqui relatada, os temas tratados na disciplina eram organizados em módulos com cinco etapas (tabela 2.1). A primeira etapa envolve a preparação individual do estudante em período de até uma semana antes da aula. Esta preparação deve ser baseada no material enviado previamente pelo professor por meio da plataforma Moodle e que inclui sugestões de leituras, vídeos e resolução de exercícios, em formato de estudo dirigido, sobre o tema a ser tratado. Assim, o discente tinha a oportunidade de se familiarizar com o tema da aula e de elaborar dúvidas. Nessa etapa o estudante preparava-se com antecedência, obtendo conhecimento prévio à realização da aula com o professor.

A segunda etapa (tabela 2.1) da metodologia abrange a realização de um teste individual contendo de cinco a dez questões de múltipla escolha relativas ao tema a ser abordado na semana vigente. Nessa etapa, o estudante, realizava o teste na plataforma Moodle do módulo da disciplina em até duas horas antes do início da aula. O tempo para responder ao teste variava entre 10 a 15 minutos, dependendo da complexidade das questões. Antes de iniciar a aula, o professor avaliava as respostas individuais, lançadas eletronicamente na plataforma Moodle. Isso permitia a análise do desempenho e, consequentemente, das dificuldades de compreensão que os estudantes apresentavam em relação ao tema da aula.

Tabela 2.1. Organização temporal e descrição sucinta das etapas de um módulo.

Módulo				
Etapa 1	Etapa 2	Etapa 3	Etapa 4	Etapa 5
Estudo prévio	Teste individual (TICO)	Teste em equipe (TECO)	Aula direcionada	Atividade de aplicação
O aluno deve estudar o material disponibilizado pelo professor no Moodle	Aluno deve responder um teste de 10 a 15 min no Moodle sobre os conceitos do módulo	Os alunos devem responder em equipe e em sala o mesmo teste da etapa 2. Respostas coletadas usando o Plickers	O professor, guiado pelos resultados dos testes, ministra aula direcionada aos erros dos estudantes	Os estudantes resolvem em equipe uma situação problema para aplicarem os conceitos do módulo
6 a 7 dias antes da aula	2 a 3 dias antes da aula	Nos 40 min iniciais da aula	1 hora	1h 40 min
Antes da aula		Durante a aula		

Em uma terceira etapa (tabela 2.1) os estudantes realizavam o mesmo teste de múltipla escolha, feito previamente em formato individual, em equipes formadas por três a cinco estudantes. Cada equipe respondia um único teste e isso estimulava a discussão das possibilidades de respostas, vinculadas aos conceitos de dada questão, para o alinhamento de um consenso do grupo. Mais adiante, outros aspectos logísticos relativos à coleta, análise e discussão das respostas serão detalhados.

A quarta etapa (tabela 2.1) começava após a coleta das respostas dos estudantes, o professor projetava na tela da sala um gráfico com o desempenho geral da turma (nunca a do discente) em cada questão. Ele, então, ia revelando as alternativas corretas, sempre fazendo comentários e se aprofundando na explicação daquelas que tiveram baixa porcentagem de acerto. Por fim, era permitido aos estudantes, que não concordavam com a resposta do docente, redigirem uma apelação argumentativa e fundamentada em evidências para explicarem seus pontos de vista, reclamando para si o ponto da questão. Ressalta-se que, nesta etapa, o professor identificava partes do conteúdo proposto que não foram compreendidas. Com isso, ele ministrava uma aula direcionada a fim de esclarecer esses pontos.

Por fim, na quinta e última etapa (tabela 2.1), realizava-se uma atividade de aplicação em que as equipes recebiam uma situação-problema relacionada ao tema da aula para discutir e resolver com sua equipe, usando o conhecimento que adquiriram nas etapas anteriores (MICHAELSEN, 1992; BOLLELA et al., 2014).

Ao longo do curso da disciplina, utilizamos este padrão de sequência de etapas em todos os módulos de conhecimento de tal maneira que este é construído em uma ordem sequencial, onde uma etapa se apoia e ratifica as informações trabalhadas na etapa anterior, possibilitando, cada vez mais, a integração do conhecimento (MICHAELSEN, 1992; BOLLELA et al., 2014). Além disso, a atividade de aplicação do TBL, etapa final de um módulo, estimula o aluno a aplicar os conceitos trabalhados nas etapas anteriores em uma situação-problema, dando funcionalidade para o conhecimento recentemente adquirido e fortalecendo o uso desse em situações cotidianas (MICHAELSEN, 1992; BOLLELA et al., 2014). Isso é de grande importância na formação de memória semântica. Lin e outros (2007), por exemplo, observaram que o mecanismo neural de formação de conceitos no LMT de mamíferos é baseado na funcionalidade da informação. Logo, a metodologia por TBL pode levar a uma aprendizagem mais efetiva, pois propõe ao aluno uma rotina de estudo que coincide com a maneira como o cérebro aprende e forma memória.

Um ponto importante para o sucesso do TBL está associado à realização de testes de múltipla escolha. Essas avaliações, realizadas no início de cada módulo de aprendizagem, tem dois propósitos: o primeiro é de funcionar como uma garantia maior de estudo ou preparo dos conhecimentos antes da aula. O segundo é identificar falhas dos discentes na compreensão de conceitos fundamentais. A partir dessas informações, o professor pode ministrar uma aula direcionada e focada para os aspectos mais necessários. Isto torna a aula mais envolvente e objetiva, liberando tempo para trabalhar a atividade de aplicação como parte integradora e prática, permitindo ao estudante um aprendizado mais efetivo (MICHAELSEN, 1992; BOLLELA et al., 2014).

Além disso, questões de múltipla escolha são uma opção atrativa em avaliações online porque podem ser corrigidas automaticamente, possibilitando um acesso quase imediato ao desempenho individual de cada estudante. As questões de múltipla escolha que contêm uma única melhor resposta consistem de um enunciado com duas ou mais alternativas, dentre as quais os estudantes devem descartar as opções erradas (são chamadas distratores) e escolher uma resposta correta, ou melhor resposta. Para o professor, a construção dessas questões é uma etapa crítica, porque demanda conhecimento dos aspectos que podem afetar a qualidade da questão e seu nível de dificuldade. Por exemplo, distratores bem escolhidos podem melhorar a qualidade dos testes de múltipla escolha e se tornarem um diferencial para quem estudou de maneira mais efetiva (CHAUHAN et al., 2015).

2.4. Plickers (uma versão acessível dos Clickers)

A aplicação do TBL pode ser facilitada pelo uso de TIC. Uma dessas tecnologias trata-se do sistema de coleta de dados por meio de radiofrequência conhecido como Clickers e que permite ao professor ter acesso as respostas dos alunos em tempo real (CRUZ; DIAS; KORTEMEYER, 2011). Isso promove uma maior participação discente, pois permite ao professor fazer várias enquetes ao longo da aula (ADDISON; WRIGHT; MILNER, 2009; LLENA; FORNER; CUEVA, 2015). O resultado do uso de tecnologias como essa traz maior engajamento dos alunos, tornando o momento em que estão em sala mais atraente (ADDISON; WRIGHT; MILNER, 2009; SATHE-ESH et al., 2013; MILES; COSTA, 2016).

Por outro lado, o uso do Clickers também facilita a atividade do docente, uma vez que a correção dos testes e a organização das notas em planilhas são feitas automaticamente utilizando o computador. Além disso, cada aluno, em particular, fica ciente do seu desempenho assim que termina o teste (CRUZ; DIAS; KORTEMEYER, 2011). O resultado coletivo de cada questão também pode ser apresentado em sala por meio de gráficos com as respostas de todos de forma anônima para evitar possíveis constrangimentos. Isso permite ao professor comentar as respostas dos alunos, especialmente as incorretas, imediatamente após o fim do teste criando um momento pedagógico para esclarecimentos de dúvidas sobre os conceitos abordados. Estudos têm demonstrado que os estudantes reconhecem que aprendem melhor com o uso de TIC (MILES; COSTA, 2016).

Crossgrove e Curran (2008) e Addison e outros (2009) relataram que o uso de Clickers melhorou o desempenho nos testes bem como a retenção de conhecimento de alunos do curso de Biologia em geral e de bioquímica em específico. Levesque (2011), também constatou que o emprego do dispositivo Clickers levou a uma melhora no desempenho dos estudantes da disciplina de genética na solução de situações-problema. Esses autores relataram que o uso do dispositivo eletrônico de coleta de respostas Clickers funciona bem em turmas com grande número de discentes, mas melhores resultados foram obtidos em turmas com poucos estudantes. Ainda, destaca-se que Smith e outros (2011) usaram os Clickers em uma disciplina de embriologia com turma contendo 11 alunos e observaram que eles estudavam mais antes das aulas, apresentavam maior engajamento e compartilhavam melhor seus pensamentos, aprendendo mais com seus pares.

Contudo, há um custo financeiro para se utilizar o dispositivo Clikers. É necessário comprar os equipamentos que permitem a coleta de dados e do receptor que é acoplado ao computador do professor. Além disso, é necessária a aquisição de emissor de respostas (um tipo de controle) para cada aluno. Com isso, o uso do Clickers torna-se um recurso dispendioso em especial para turmas com grande quantidade de alunos (TURNING TECHNOLOGIES, 2020).

Neste contexto, surge a possibilidade de usar um sistema semelhante em uma versão portátil, de simples uso e gratuita: o aplicativo Plickers. Esse sistema também permite a coleta em tempo real das respostas dos estudantes e isto é feito usando a câmera do *smartphone* do professor, um computador conectado à internet e cartões com códigos semelhantes a *QR codes*. Os arquivos com esses códigos são fornecidos no próprio site do aplicativo e podem ser impressos em qualquer impressora (PLICKERS, 2020).

2.5. Moodle

Novas metodologias de ensino-aprendizagem têm sido cada vez mais alvos de interesse dos educadores no século XXI a fim de mudar o paradigma da posição do aluno como ouvinte e torná-lo ativo e interativo no processo de aprendizagem. Neste contexto, surge o termo *blended learning* ou ensino híbrido que é uma abordagem pedagógica em que se mistura o ensino presencial com o ensino a distância (ALMEIDA JÚNIOR, 2017).

Com a aplicação das relações interdisciplinares e suas integrações é possível criar propostas de trabalho inovadoras, enriquecendo o processo ensino aprendizagem. Nesse contexto, a aplicação de recursos pedagógicos em um Ambiente Virtual de Ensino e Aprendizagem (AVEA) favorece a aprendizagem, especialmente no período extraclasse em que os estudantes podem ter acesso online a materiais e testes relacionados aos conteúdos trabalhados em classe. Dentre os recursos de AVEA destaca-se o uso do Moodle, o qual foi criado para uso em atividades educacionais online a fim de favorecer o acompanhamento do processo pedagógico. Ambientes virtuais como o Moodle estão sendo cada vez mais utilizados no processo educacional (PEREIRA, 2013).

Atualmente, o Moodle é caracterizado como um ambiente virtual de aprendizagem com código aberto, livre e gratuito. O termo Moodle é um acrônimo do resultado da união da primeira letra das palavras em inglês "*Modular Object-Oriented Dynamic Learning Environment*" que pode ser traduzido como ambiente modular de aprendizagem dinâmica orientada a objetos (MOODLE, 2020). A plataforma Moodle foi criada em 2001 por Martin Dougiasmas e sua estrutura foi planejada com uma abordagem construtivista e construcionista da educação e colaborativa (PEREIRA, 2013).

O ambiente virtual do Moodle permite a expansão do espaço de ensinar e aprender flexibilizando o tempo e o espaço da aprendizagem. Essa plataforma também proporciona suporte às atividades pedagógicas possibilitando o uso de um importante conjunto de ferramentas e recursos bastante úteis para o processo ensino-aprendizagem. Além disso, esse programa favorece a acessibilidade, comodidade e comunicação no ensino e aumenta as chances de acessar o conteúdo e expandir as estratégias de aprendizado, visto que pode ser acessado pelo computador ou *smartphone* (MARÇAL et al., 2005). Essa interação online proporciona ensino e treinamento à distância utilizando-se um dispositivo móvel que favorece a portabilidade, conectividade e interação social (MINOVIĆ et al., 2008).

Com a variedade de opções pedagógicas existentes em um ambiente

Moodle, esse recurso foi escolhido para disponibilizar os materiais pedagógicos referentes a cada módulo da disciplina, uma vez na semana. Os testes individuais descritos no item 2.6.4 também foram realizados na mesma plataforma. Neste ambiente configurava-se o controle de tempo de execução dos testes, randomização das questões e de suas alternativas de respostas. Os resultados eram obtidos de forma automática e com opção de se obter a representação gráfica individual e da turma completa.

2.6. Organização da disciplina e execução da estratégia de ensino

Neste tópico será abordada a organização das disciplinas da Universidade de Brasília nas quais foram aplicados a associação de metodologia ativa e o uso de tecnologias de informação e comunicação: Saúde e Ambiente1, Introdução à Biologia Evolutiva e Biologia Geral e Evolução. O emprego de metodologias ativas de ensino estimula a autoaprendizagem, gerando estudantes conscientes da responsabilidade pelo seu desenvolvimento profissional e capazes de associar seu conhecimento adquirido à tomada de decisão em uma situação cotidiana (FERNANDES; BARBOSA; NAGANUMA, 2005). Com o objetivo de tornar o estudante um indivíduo participativo e ativo no processo de ensino, elaboramos estratégias de trabalho baseadas em modernas evidências de educação.

Nesse sentido, todo o planejamento, a condução metodológica e a utilização dos recursos de ensino foram elaborados de acordo com a fundamentação teórica observando a aprendizagem significativa (AUSUBEL, 1963, 2003), a metodologia de aprendizagem ativa *Team Based Learning* (MICHAEL-SEN, 1992) e a progressão da complexidade da aprendizagem e pensamento da taxonomia de Bloom (ANDERSON, 1999). Para isso, foram propostas várias atividades interconectadas para implementar uma estratégia de ensino associada ao Plickers e ao Moodle (ilustração 2.2). A seguir será detalhada a organização da disciplina em relação aos seus aspectos fundamentais para formação de equipes, organização em módulos e sistema de avaliação.

2.6.1. Formação de equipes

A formação das equipes era realizada no primeiro dia de aula. As equipes eram compostas por no máximo cinco estudantes e eram formadas no início das aulas, permanecendo a mesma até o final da disciplina. Para composição das equipes, realizava-se um sorteio eletrônico para que os agrupamentos não ocorressem por critérios de afinidade. O objetivo era formar grupos heterogêneos para oportunizar o desenvolvimento de cada indivíduo evitando seguir a rotina de escolha pela amizade ou relacionamento amoroso ou mesmo por quem sabe mais ou é mais esforçado (BARBIERO et al., 2017).

Entendemos que há uma tendência dos estudantes em formar os mesmos grupos por conveniência. Porém, isso leva a uma tendência à inércia ao desenvolvimento intelectual e emocional. Além disso, a possibilidade de conhecer novos membros e de um grupo heterogêneo favorece a promoção das habilidades individuais, potencializando a aprendizagem (BANDEIRA; SILVA; VILELA, 2017; BARBIERO et al., 2017).

2.6.2. Composição dos conteúdos em módulos

O conteúdo programático da disciplina foi organizado em módulos alinhados a objetivos específicos integrados à formação de diferentes competências e habilidades de conhecimento. Cada módulo era organizado em etapas a fim de trabalhar o conteúdo de maneira sequencial e desencadeada nos seguintes pilares: (1) diagnóstico e (2) análise do conhecimento prévio; (3) desenvolvimento do conhecimento e de competências e (4) aplicação do conhecimento em situações cotidianas. A seguir será detalhado cada um desses pilares.

No curso das disciplinas cada módulo era estruturado em um tema vinculado a um objetivo geral e a dois ou três objetivos específicos fundamentais e que se encontravam descritos no plano de ensino entregue no primeiro dia de aula.

Essa estratégia de ensino-aprendizagem envolvia atividades em classe e extraclasse. O primeiro momento previsto referia-se à preparação do estudante antes da aula seguindo as orientações de um roteiro de estudo, no formato de um estudo dirigido, com objetivos especificados e questões contendo os principais aspectos conceituais e de aplicação do tema abordado no módulo. Para respondê-lo, o aluno poderia usar a bibliografia básica que constava no plano de ensino da disciplina. Esses livros ficavam disponíveis de forma eletrônica pela Biblioteca Central da UnB, de modo que todos os estudantes poderiam ter acesso a eles a qualquer momento e lugar, desde que tivessem um computador conectado à *internet*. A organização do módulo em cinco etapas foi apresentada de forma detalhada no item 2.3 (ver tabela 2.1).

2.6.3. Estabelecimento da rotina de estudo

O roteiro de estudo era liberado semanalmente com um prazo de até seis dias para o aluno estudar. Entre o quinto e sétimo dia após a disponibilização do roteiro os estudantes poderiam acessar o Moodle e fazer o teste individual com cinco a dez questões de múltipla escolha contendo quatro alternativas de resposta. Normalmente, cada questão é elaborada para testar o conhecimento de um objetivo específico do módulo. O intuito desse teste era verificar se os estudantes compreenderam os conceitos relacionados aos objetivos do módulo. Essa avaliação recebeu o nome de TICO, que é o acrônimo de teste individual de compreensão dos objetivos. Esse teste foi realizado utilizando a ferramenta Questionário do Moodle que permite alternar aleatoriamente a apresentação de cada questão e suas alternativas de resposta para cada estudante. Os alunos tinham de 10 a 15 minutos para respondê-lo em uma única tentativa.

No dia da aula, as equipes reuniam-se para fazer o mesmo teste que foi realizado de forma individual com a diferença de neste momento ser realizado em grupo. Essa avaliação foi denominada de TECO (teste em equipe de compreensão dos objetivos). Inicialmente, o professor distribuía para os grupos o TECO impresso e aguardava até 30 minutos para fazer a coleta das respostas por meio do aplicativo Plickers.

Após a finalização do TECO, o professor projetava o teste contendo o percentual de acerto das respostas para cada questão. Independentemente do resultado, o professor fazia uma explicação geral sobre o objetivo de cada questão. Em seguida, mostrava o desempenho individual e em equipe de cada questão e identificava onde havia a maior porcentagem de acertos e erros. Isto permitia que todos pudessem ver o desempenho da turma no TICO e no TECO. Porém, a divulgação dos resultados era feita sem discriminação por aluno, ou seja, era anônima.

Antes de o professor dar continuidade a aula, questionava se algum aluno não concordava com a correção de alguma questão. Caso houvesse manifestação de algum estudante, ele tinha o direito de redigir uma apelação por escrito para o docente analisar. À medida que o professor comentava as respostas, ele passava rapidamente pelas questões que tiveram porcentagem alta de acertos e se detinha naquelas nas quais foram cometidos mais erros. Os tópicos os quais versavam essas últimas eram, então, explicados de forma mais ampla e demorada. Assim, a aula era conduzida de acordo com o desempenho da turma. O objetivo era esclarecer as dúvidas e dificuldades dos estudantes sobre os conceitos do módulo que foram revelados pelos testes (TICO/TECO). Isto era feito com todas as questões.

Portanto, as aulas eram direcionadas para os conteúdos e conceitos onde havia mais necessidade de compreensão. Quando havia pleno consenso da resposta certa, a conduta do docente era prosseguir para a próxima questão dando ênfase ao que os estudantes consideraram mais difícil de compreender. As aulas tinham duração total de 3 h e 50 minutos e a primeira parte da aula (realização do TECO e aula direcionada) durava geralmente 1 h e 40 min e era seguida de um intervalo de 10 a 15 minutos.

Na segunda parte da aula, ocorria uma atividade de aplicação do conhecimento. Nessa, cada equipe tinha de discutir e resolver uma situação-problema na qual havia uma aplicação prática dos conceitos tratados no módulo. Essas questões geradoras de discussão consistiam em um caso clínico, situação do dia a dia, um problema de laboratório ou ambiental ou até mesmo uma atividade prática, como aferir a frequência cardíaca antes e depois de fazerem um exercício físico em sala. O professor orientava as equipes e auxiliava no desenvolvimento da solução da situação-problema. Era reservado cerca de 50 minutos para isso. Após esse período, as equipes apresentavam suas respostas para a situação-problema. Os demais estudantes discutiam e complementavam as respostas apontando possíveis erros ou outra possível resolução. A aula era encerrada com as considerações finais do professor.

Na atividade de aplicação eram treinadas várias habilidades como capacidade de trabalhar em equipe de forma harmônica, capacidade de síntese, comunicação oral e, acima de tudo, habilidade de conectar os conteúdos de maneira integrada com a realidade (argumentação) e criar consenso. A realização da atividade de aplicação permitia o desenvolvimento de diferentes habilidades relacionadas à taxonomia de Bloom como 1) lembrar; 2) entender; 3) aplicar; 4) analisar e 5) sintetizar (ANDERSON, 1999).

Na ilustração 2.2, é apresentada uma visão geral da conduta metodológica em que associamos metodologia ativa e TIC.

2.6.4. Sistema de avaliações

Realizavam-se os testes individuais e em equipes (os TICO e os TECO) nos 12 módulos da disciplina (tabela 2.2). Portanto, os estudantes faziam 12 TICO e 12 TECO. Estas eram avaliações de múltiplas escolhas e realizadas no Moodle, no caso dos TICO, ou na sala de aula com coleta de respostas por meio do uso do aplicativo Plickers, caso dos TECO. Esses testes eram realizados com o objetivo de se verificar a leitura dos materiais de apoio e estudo pessoal abrangendo as categorias 1 (lembrar) e 2 (entender) da taxonomia revisada de Bloom (ANDERSON, 1999). Cada teste valia 10 pontos.

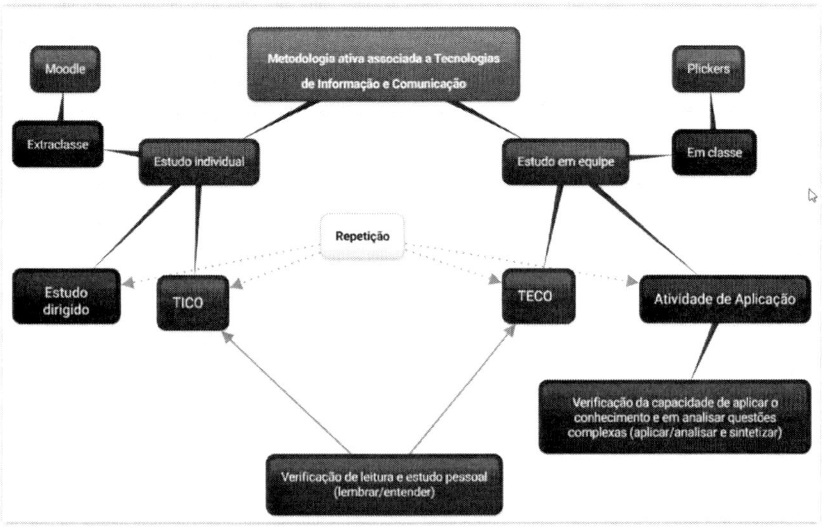

Ilustração 2.2. Condução metodológica na associação de metodologia ativa e uso de Tecnologia de Informação e Comunicação (TIC) nas disciplinas apresentadas. O estudante revisita (repetição) os conceitos tratados no módulo várias vezes. TICO = teste individual de compreensão dos objetivos; TECO = teste em equipe de compreensão dos objetivos.

As Atividades de Aplicação Avaliativas do conhecimento (AAA) eram semelhantes às atividades de aplicação comentadas anteriormente, só que agora valiam nota. Portanto, tratava-se de uma questão contendo uma situação-problema que tinha como objetivo avaliar a capacidade das equipes em aplicar seus conhecimentos e analisar questões complexas. Porém, os grupos precisam redigir um texto de resposta de maneira argumentativa e não contavam com a ajuda do professor para isso. Cada AAA valia 10 pontos. Contudo, somente eram avaliadas as AAA realizadas na metade (entre os módulos 6 e 7) e final do semestre (após o módulo 12) (tabela 2.2).

Tabela 2.2. Organização das avaliações ao longo de 17 encontros de uma disciplina de 4 créditos (60 horas). TICO = teste individual de compreensão dos objetivos; TECO = teste em equipe de compreensão dos objetivos; AAA = atividade de aplicação avaliativa; AP avaliação dos pares.

Encontros																
1	2	3	4	5	6	7	8	9	10	11	12	13	14	15	16	17
Aula introdutória	Módulos (TICO/TECO)						Avaliações	Módulos (TICO/TECO)						Avaliações	Reposição de AAA	Aula de encerramento
	1	2	3	4	5	6	AAA1 e AP1	7	8	9	10	11	12	AAA2 e AP2		

A Avaliação dos Pares (AP) também ocorria duas vezes durante o semestre, no meio e no final (tabela 2.2). Esta avaliação destinava-se a um momento onde cada estudante analisava a postura do colega de equipe e analisava a sua própria. A realização desta avaliação ocorria na metade do período da disciplina para que houvesse tempo hábil para os estudantes corrigirem suas condutas antes da finalização da disciplina. Cada AP valia 10 pontos e será melhor descrita no próximo item (2.6.4.1).

A nota final na disciplina era composta por uma média ponderada em que a média final era obtida da seguinte forma. A média dos TICO e TECO representavam, respectivamente, 40 % e 25%. A média das AAA representavam 25% e a média da AP correspondia a 10%. Descartavam-se de duas a quatro piores notas dos TICO e TECO antes de se calcular as médias. Não havia reposição para as avaliações de TICO e TECO. A reposição das AAA era realizada desde que houvesse justificativa aceitável.

2.6.4.1. Avaliação dos Pares (AP)

A Avalição dos Pares foi realizada utilizando a ferramenta Laboratório de Avaliação do Moodle. Esse recurso foi originalmente desenhado pelos desenvolvedores para que estudantes pudessem avaliar trabalhos realizados por colegas sendo que é possível manter o anonimato do avaliador. Assim, foi possível aproveitar esse recurso da seguinte forma. Os alunos foram orientados a enviarem apenas os seus nomes no lugar do trabalho. Os nomes então eram enviados a todos os membros de sua equipe e a avaliação foi realizada de forma objetiva com base em seis comportamentos nos quais o avaliador deveria indicar a frequência em que o colega realizava cada um deles. As afirmações utilizadas foram as seguintes: (1) havia estudado previamente para a atividade, (2) compareceu preparado com anotações e informações sobre a atividade a ser realizada, (3) foi participativo durante as atividades em sala de aula, (4) ofereceu ajuda extraclasse, (5) trouxe contribuições relevantes para a resolução das atividades, (6) foi cordial e cooperativo durante as discussões e eventuais discordâncias de opinião. Para cada uma dessas afirmações, os avaliadores pontuaram da seguinte forma: (0) nunca (1) raramente (2) às vezes, (3) frequentemente, (4) sempre. A partir dessa pontuação, obtinha-se uma nota por meio da média simples da pontuação obtida.

Além da avaliação objetiva, os estudantes podiam e eram estimulados em sala a incluir comentários na forma de críticas construtivas ou elogios para cada um dos itens acima avaliados. A própria ferramenta Laboratório de Avaliação no Moodle permite ser configurada para que o avaliador insira comentários. Antes de receberem o retorno das avaliações, todos os comentários foram lidos pelos professores ou monitores da disciplina para evitar que algum estudante recebesse algo destrutivo a sua pessoa ou preconceituoso que pudesse afetar a autoestima ou prejudicar o desempenho futuro do avaliado. Esse procedimento teve como objetivo ajudar o estudante saber como melhorar seu comportamento perante a disciplina e à equipe, além de premiar aqueles que tiveram bom desempenho com elogios estimulantes.

2.7. Considerações Finais

A proposta de associação do TBL, do Moodle e do Plickers consiste em uma inovadora abordagem na prática do ensinar e aprender, que passa pela mudança de paradigma em relação aos papéis do professor e do aluno em sala de aula. O resultado do compromisso de ambos, discentes e docentes, é o desenvolvimento de postura mais ativa e proativa, aulas mais dinâmicas e interativas e professores com ação mais efetiva catalisando eficientemente a construção de conhecimento. A repercussão disso tudo se reflete em maior motivação e desempenho de todos, professores e estudantes, no processo de ensino-aprendizagem.

Referências

ADDISON, Stephen; WRIGHT, Adrienne; MILNER, Rachel. Using clickers to improve student engagement and performance in an introductory biochemistry class. **Biochemistry and Molecular Biology Education**, v. 37, n. 2, p. 84–91, 2009.

ALMEIDA JÚNIOR, Joilson. Ensino híbrido: personalização e tecnologia na educação. **Revista Thema**, v. 14, n. 2, p. 336–340, 2017.

ANDERSON, L. W. Rethinking Bloom's Taxonomy: implication for testing and assessment. Columbia: University of South Carolina, 1999. (Report n. MF01/PC01).

AUSUBEL, David. **The Psychology of Meaningful Verbal Learning: An Introduction to School Learning**. New York: Grune & Stratton, 1963.

AUSUBEL, David. **Aquisição e retenção de conhecimentos: uma perspectiva cognitiva**. Lisboa: Plátano Edições Técnicas, 2003.

BANDEIRA, Denise Maria Almeida; SILVA, Maria Alexsandra; VILELA, Rosana Quintella B. Aprendizagem Baseada em Equipe. **Revist. Port.: Saúde e Sociedade**, v. 2, n. 1, p. 371–379, 2017.

BARBIERO, Adriana Jordão Costa et al. Percepção dos acadêmicos de medicina sobre a metodologia de aprendizagem baseada em equipes na disciplina de farmacologia. **Revista Científica Fagoc Saúde**, v. II, p. 43–49, 2017.

BOLLELA, Valdes Roberto et al. Aprendizagem baseada em equipes: da teoria à prática. **Medicina (Ribeirao Preto. Online)**, v. 47, n. 3, p. 293, 2014.

BRASIL. Base Nacional Comum Curricular – BNCC (Ministério da

Educação), 2017. Disponível em: <http://portal.mec.gov.br/conselho-nacional-de-educacao/base-nacional-comum-curricular-bncc>. Acesso em: 21 out. 2020.

CARLSON, Neil. R. A aprendizagem e a memória: mecanismos básicos. In:_____. **Fisiologia do comportamento**. Barueri: Manole, 2002.

CHAUHAN, Pradip et al. Relationship Between Difficulty Index and Distracter Effectiveness in Single Best-Answer Stem Type Multiple Choice Questions. **International Journal of Anatomy and Research**, v. 3, n. 4, p. 1607–1610, 2015.

CROSSGROVE, Kirsten; CURRAN, Kristen L. Using Clickers in Non-majors- and Majors-Level Biology Courses: Student Opinion, Learning, and Long-Term Retention of Course Material. **CBE—Life Sciences Education**, v. 7, n. 1, p. 146–154, 2008.

CRUZ, Émerson; DIAS, Hélio; KORTEMEYER, Gerd. The effect of formative assessment in brazilian university physics courses. **Revista Brasileira de Ensino de Física**, v. 33, n. 4, 2011.

FERNANDES, Maria das Graças O.; BARBOSA, Vera Lúcia; NAGANUMA, Masuco. Estudo com módulos auto-instrucionais como uma estratégia de ensino na disciplina de Enfermagem Neonatológica. **Acta Paulista de Enfermagem**, v. 18, n. 1, p. 110–113, 2005.

FERRAZ, Ana Paula do Carmo Marcheti; BELHOT, Renato Vairo. Taxonomia de Bloom: revisão teórica e apresentação das adequações do instrumento para definição de objetivos instrucionais. **Gestão & Produção**, v. 17, n. 2, p. 421–431, 2010.

FREITAS, Raquel Aparecida Marra da Madeira. Ensino por problemas: Uma abordagem para o desenvolvimento do aluno. **Educação e Pesquisa**, v. 38, n. 2, p. 403–418, 2012.

HOLANDA, Viviane Rolim de; PINHEIRO, Ana Karina Bezerra. Comparison of learning strategies in face-to-face and online courses on sexually transmitted diseases. **Texto & Contexto - Enfermagem**, v. 24, n. 2, p. 530–538, 2015.

LAZZARI, Daniele Delacanal et al. Estratégias de ensino do cuidado em enfermagem: um olhar sobre as tendências pedagógicas. **Revista gaúcha de enfermagem / EENFUFRGS**, v. 32, n. 4, p. 688–694, 2011.

LEVESQUE, Aime A. Using clickers to facilitate development of problem-solving skills. **CBE Life Sciences Education**, v. 10, n. 4, p. 406–417, 2011.

LIN, Longnian et al. Neural encoding of the concept of nest in the mouse brain. **Proceedings of the National Academy of Sciences of the United States of America**, v. 104, n. 14, p. 6066–6071, 2007.

LLENA, Carmen; FORNER, Leopoldo; CUEVA, Roger. Student evaluation of clickers in a dental pathology course. **Journal of Clinical and Experimental Dentistry**, v. 7, n. 3, p. e369–e373, 2015.

MARÇAL, Edgar et al. museuM: Uma Aplicação de m-Learning com Realidade Virtual. **XXV Congresso da Sociedade Brasileira de Computação**, n. June 2014, p. 1902–1913, 2005.

MICHAELSEN, Larry K. Team Learning: A Comprehensive Approach for Harnessing the Power of Small Groups in Higher Education. **To Improve the Academy**, v. 11, n. 20200828, 1992. Disponível em: <https://doi.org/10.3998/tia.17063888.0011.012>. Acesso em: 21 out. 2020.

MILES, Nathan G.; COSTA, Tatiana P. Soares da. Acceptance of clickers in a large multimodal biochemistry class as determined by student evaluations of teaching: Are they just an annoying distraction for distance students? **Biochemistry and Molecular Biology Education**, v. 44, n. 1, p. 99–108, 2016

MINOVIĆ, Miroslav et al. Usability issues of e-learning systems: Case-study for moodle learning management system. **Lecture Notes in Computer Science (including subseries Lecture Notes in Artificial Intelligence and**

Lecture Notes in Bioinformatics), v. 5333, p. 561–570, 2008.

MOODLE. [Site Institucional]. Disponível em: <http://moodle.org/>. Acesso em: 21 out. 2020.

MOREIRA, Marco Antonio. Aprendizagem significativa: um conceito subjacente. **Aprendizagem Significativa em Revista/Meaningful Learning Review**, v. 1, n. 3, p. 25-46, 2011. Disponível em: <http://www.if.ufrgs.br/asr/artigos/Artigo_ID16/v1_n3_a2011.pdf>. Acesso em: 21 out. 2020.

PEREIRA, Leila Rosária de Felix. Ambiente virtual de ensino e aprendizagem: uso do Moodle para ampliar os recursos didáticos dos professores da Educação Básica. *In*: **OS DESAFIOS DA ESCOLA PÚBLICA PARANAENSE NA PERSPECTIVA DO PROFESSOR PDE**. Curitiba, 2013. p. 26. Disponível em: <http://www.diaadiaeducacao.pr.gov.br/portals/cadernospde/pdebusca/producoes_pde/2013/2013_utfpr_mat_pdp_leila_rosaria_de_felix_pereira.pdf>. Acesso em: 21 out. 2020.

PLICKERS. [Site Institucional]. Disponível em: <http://www.plickers.com>. Acesso em: 21 out. 2020.

ROSA, Rosemar; CECÍLIO, Sálula. Educação E o Uso Pedagógico das Tecnologias da Informação e Comunicação: a Produção do Conhecimento. **Educ Foco**, v. 15, n. I, p. 107–126, 2010.

SANTOS, Flávia Maria Teixeira dos. As Emoções nas Interações Eea Aprendizagem Significativa. **Ensaio Pesquisa em Educação em Ciências (Belo Horizonte)**, v. 9, n. 2, p. 173–187, 2007.

SATHEESH, Keerthana M. et al. Student Evaluation of Clickers in a Combined Dental and Dental Hygiene Periodontology Course. **Journal of Dental Education**, v. 77, n. 10, p. 1321–1329, 2013.

SMITH, Michelle K.; TRUJILLO, Caleb; SU, Tin Tin. The Benefits of Using Clickers in Small-Enrollment Seminar-Style Biology Courses. **CBE—Life Sciences Education**, v. 10, n. 1, p. 14–17, 2011.

SOARES-LEITE, Werlayne Stuart; NASCIMENTO-RIBEIRO, Carlos Augusto do. A inclusão das TICs na educação brasileira: problemas e desafios. **Magis: Revista Internacional de Investigación en Educación**, v. 5, n. 10, p. 173–187, 2012.

SOUSA, Alana Tamar Oliveira de et al. A utilização da teoria da aprendizagem significativa no ensino da Enfermagem. **Revista Brasileira de Enfermagem**, v. 68, n. 4, p. 713–722, 2015.

SOUZA-SILVA, Jader C. de; DAVEL, Eduardo. Concepções, práticas e desafios na formação do professor: examinando o caso do ensino superior de Administração no Brasil. **Organizações & Sociedade**, v. 12, n. 35, p. 113–134, 2005.

THOMPSON-SCHILL, Sharon L. Neuroimaging studies of semantic memory: inferring "how" from "where". **Neuropsychologia**, v. 41, p. 280–292, 2003.

TULVING, E. Multiplememory systems and consciousness. Hum Neurobiol, 6, 67-80, 1987.

TURNING TECHNOLOGIES. **CLICKERS**. [Site Institucional]. Disponível em: <https://www.turningtechnologies.com/clickers/>. Acesso em: 24 set. 2020.

VAN KESTEREN, Marlieke T. R. et al. Building on Prior Knowledge: Schema-dependent Encoding Processes Relate to Academic Performance. **Journal of Cognitive Neuroscience**, v. 26, n. 10, p. 2250–2261, 2014.

Capítulo 3

O uso das Tecnologias Digitais de Informação e Comunicação para a aprendizagem significativa na Educação Infantil no contexto da COVID-19

Carla Cristie de França Silva
Universidade Aberta do Brasil (UAB) da Universidade de Brasília (UnB)
carlacristie@gmail.com

Camille Anjos de Oliveira Santos
Secretaria do Estado de Educação do Distrito Federal (SEEDF)
camilleanjos@gmail.com

Silvana Palhano
Secretaria do Estado de Educação do Distrito Federal (SEEDF)
silpalhano@gmail.com

Vandor Roberto Vilardi Rissoli
Laboratório de Tecnologias Educacionais (LaTEd)
Universidade de Brasília (UnB)
Setor Leste Projeção A – Gama – D.F. - 72444-240
vandor@unb.br

Resumo

A pandemia do COVID-19 impôs um novo modelo de educação em nível mundial. No Brasil, o índice de contaminação mostrou-se avassalador. Com isso, a Secretaria de Estado de Educação do Distrito Federal se propôs a minimizar os prejuízos e índices de evasão, tendo como premissa aprimorar as estratégias educacionais para o ensino mediado pelas Tecnologias Digitais de Informação e Comunicação (TDIC). As relações de interatividade presentes nos processos de ensinagem precisaram ser implementados remotamente, impactando no comportamento de gestores, docentes, discentes e, consequentemente, nas famílias. Este capítulo tem como objetivo geral analisar de que forma as TDICs foram utilizadas por docentes para promover a aprendizagem significativa na Educação Infantil. Os objetivos específicos se propõem a identificar a concepção docente acerca do uso das TDICs no processo de aprendizagem discente; mapear as TDICs usadas pelos docentes a fim de verificar sua contribuição no desenvolvimento infantil, por meio de uma pesquisa qualitativa, de natureza descritiva-analítica. Verificou-se que os professores precisaram se adaptar ao novo contexto e se apropriar dos recursos tecnológicos.

Palavras-chave: *TDIC, Estratégias educacionais, Aprendizagem significativa, Educação Infantil.*

3.1. Introdução

O ano de 2020 chegou. Novas perspectivas, oportunidades, possibilidades de transformar vidas e realidades. Mas, em meio a todo otimismo de um novo ano, surge o vírus SARS-CoV-2. A China havia anunciado, ao final de dezembro de 2019 um novo surto, porém pouca gente levou a sério. Com a voracidade de uma autêntica pandemia, a Covid-19, doença causada pelo novo Coronavírus, se espalhou, provocando milhares de mortes, unida a uma crise global e, consequentes impactos na produção, no consumo e no desenvolvimento humano e tecnológico brasileiro.

Sabe-se que a profissão docente é "excessiva e estritamente vinculada a uma rede de obrigações e exigências coletivas de natureza variada (legais, sociais, econômicas) que lhe confere uma fisionomia particular" (TARDIF; LESSARD, 2008, p. 42). A educação é como uma engrenagem que se movimenta para o desenvolvimento humano, pode também ser compreendida como um dos principais pilares da economia e, com a pandemia, foi abruptamente impactada, impossibilitando o desenvolvimento de atividades presenciais, tanto no contexto didático quanto pedagógico. A rotina escolar, as aprendizagens colaborativas, a promoção de jovens cidadãos intelectualmente notáveis e demais etapas e desafios acadêmicos foram interrompidos.

Mas na Constituição Federal de 1988, no Artigo 205 enfatiza-se que "A educação, direito de todos e dever do Estado e da família, será promovida e incentivada com a colaboração da sociedade, visando ao pleno desenvolvimento da pessoa, seu preparo para o exercício da cidadania e sua qualificação para o trabalho" (BRASIL, 1988, p. 123). Assim, depois de muitas discussões e avaliação dos riscos pelos órgãos competentes, tendo em vista que o direito proposto na Constituição Federal poderia ser comprometido devido às frágeis condições de igualdade e de acesso à oferta educacional, as escolas brasileiras retomaram às aulas de forma remota, com o apoio das Tecnologias Digitais de Informação e Comunicação (TDICs).

Este foi um passo relevante, especialmente no âmbito da Educação Infantil, uma vez que, os laços afetivos estavam começando a ser consolidados, nas primeiras aulas e atividades presenciais, e que, de maneira abrupta, devido à pandemia, esta construção foi interrompida. A relação de interatividade e afetividade entre o professor e a criança, e as crianças entre si, são elementos essenciais para a constituição das próprias identidades e, consequentemente, para o desenvolvimento nos campos de experimentação e descobertas. Por meio das TDICs, foi possível retomar este processo, de maneira indubitavelmente significativa, onde crianças e famílias fossem respeitadas, assim como os seus direitos de aprendizagem. Apesar do necessário distanciamento social, as crianças puderam ter a oportunidade de "novo recomeço" considerando o atendimento educativo remoto.

Diante deste cenário, optou-se, pois, pela Secretaria de Estado de Educação do Distrito Federal (SEEDF) para a realização desta pesquisa, considerando a opção pelo ensino remoto, assim como a sua heterogeneidade e amplitude da rede de atendimento. Mesmo imersos em meio à pandemia, a SEEDF ofereceu, ao corpo docente, uma formação continuada, que foi realizada com auxílio de plataformas eletrônicas. O propósito foi de aprimorar e assegurar as competências digitais e, a partir da imersão nos recursos propostos, adaptar todo o planejamento elaborado, assim como as estratégias de ensinagem, para que fossem utilizadas no período de pandemia, atendendo aos novos contextos, com o intuito de garantir os objetivos de aprendizagem propostos no currículo.

É importante ressaltar que, a SEEDF foi criada pela Companhia Urbanizadora da Nova Capital do Brasil (NOVACAP) em Brasília, Distrito Federal (DF) no ano de 1956. Naquele período, cabia ao Departamento de Educação e Difusão Cultural a promoção de atividades educacionais na nova capital. Desta forma, em 1957, por solicitação do Diretor da NOVACAP, foi designado ao Diretor do Instituto Nacional de Estudos Pedagógicos a implantação definitiva do sistema educacional do Distrito Federal a quem coube elaborar e submeter o projeto educativo, ao Ministro da Educação e Cultura, que aprovou e criou em 17 de junho de 1960, por meio do Decreto nº 48.297, a Fundação Educacional do Distrito Federal. Em 1966, com o desmembramento das secretarias de Educação e Cultura, originou-se a denominação Secretaria de Estado de Educação do Distrito Federal (BRASIL, 2018).

Sabe-se que, segundo dados disponibilizados pelo Censo Escolar 2019, foram atendidas nas escolas públicas do DF, no seguimento de Educação Infantil, Pré-escola, o total de 45.231 crianças e que, somente na instituição pesquisada são atendidos mais de quatrocentos estudantes, regularmente matriculados, que residem no próprio bairro ou em regiões próximas.

Destaca-se ainda que a instituição participante da pesquisa é um Centro de Educação Infantil, administrado pela SEEDF e habilitado a atender ao segmento de Educação Infantil, restringindo-se a crianças de quatro e cinco anos de idade. Situa-se em uma das regiões administrativas, reconhecida como "pioneira[1]" no DF. Em 2020, esta unidade educativa completa cinquenta e sete

1 Aquela cidade que acolheu os que migraram de diferentes lugares do país para auxiliarem na construção da nova capital: Brasília.

anos de existência. No ano de 2019, recebeu o prêmio de "Escola Destaque" da SEEDF, comprovando sua excelência nos serviços prestados e pelos esforços empreendidos em prol de uma educação pública e de qualidade.

Frente a esse contexto histórico, enfatiza-se que a equipe gestora é exímia, comprometida e dedicada ao trabalho pedagógico desenvolvido, e, consequentemente, reconhecida pela comunidade. A instituição conta com uma equipe com mais de sessenta educadores, entre professores, gestores, auxiliares de educação e grupos de apoio. O impacto do trabalho realizado nesta escola reverbera na comunidade local de maneira muito significativa, principalmente por tais ações resultarem em uma escola exemplar.

Assim, mesmo em um cenário pandêmico, após inúmeras discussões, decretos, pareceres e planos (Decreto nº 40.509, Decreto nº 40.520, Decreto nº 40.539, Decreto 40.550, Decreto nº 40. 583, Decreto nº 40.817, Parecer nº 47/2020 - CEDF, que validou o Plano de Gestão Estratégica para a Realização das Atividades Pedagógicas), a SEEDF adotou as medidas sanitárias e recomendações designadas pelo governador do DF, definidas para todas as instituições educacionais, públicas e privadas, retomando as aulas remotamente.

Na instituição pesquisada, as aulas remotas foram reestabelecidas, desde o dia 13 de julho de 2020, e estão ocorrendo pela plataforma Escola em Casa DF, possibilitando a realização desta pesquisa que tem como objetivos: identificar a concepção docente acerca do uso das TDICs no processo de aprendizagem discente; mapear as TDICs usadas pelos docentes na promoção da aprendizagem relacionando-as com situações de ensino a fim de verificar as contribuições para a promoção das habilidades necessárias ao desenvolvimento infantil.

3.2. Referencial Teórico

3.2.1. A teoria da aprendizagem significativa na educação infantil

Conforme a Lei de Diretrizes e Bases (LDB) nº 9394/96 a educação Infantil é a primeira etapa da Educação Básica. Nela, está disposta que o objetivo desta fase é o desenvolvimento integral da criança (BRASIL, 1996).

Sua obrigatoriedade inicia-se a partir dos quatro anos de idade. A Educação Infantil é o momento propício para a valorização da cultura infantil e da exploração das habilidades e experiências inerentes ao desenvolvimento humano.

O Currículo em Movimento do Distrito Federal salienta que a Educação Infantil não deve ser reduzida ao caráter assistencialista, exclusivamente preparatório e sim, deve se propor a abraçar os direitos de aprendizagem que envolvem os interesses das crianças (DISTRITO FEDERAL, 2018). A criança é um ser único, pleno, repleto de vitalidade, curiosidade e vontade de aprender. Ela constitui um sujeito histórico que se desenvolve, especialmente, na relação com o outro, com os seus pares já que a aprendizagem é um processo fundamental, próprio do desenvolvimento humano.

Caberá aos mais experientes, mediar, fomentar, possibilitar vivências enriquecedoras por meio das quais ampliem, nas crianças, as possibilidades de apreender, conhecer o mundo e interagir. Na abordagem histórico-cultural, proposta por Vygotsky (1991), principal representante no universo científico, percebe-se a relevância da interação do indivíduo com o meio, uma vez que, desde o nascimento, o ser humano encontra-se mergulhado em cultura e, por intermédio da interação social, de seu processo histórico e ativo, constrói seu conhecimento. Para Vygotsky (1991), o desenvolvimento humano ocorre a partir das relações sociais presentes nos processos de mediação e interatividade com o objeto e com o outro, e é justamente nesse período, que se criam novas formas de agir, apreender e interagir com o outro e com o mundo.

Pedro Demo (2005, p. 47) afirma que "aprender é a maior prova da maleabilidade do ser humano, porque, mais que adaptar-se à realidade, passa a nela intervir [...] para emergir como ator participativo, emancipado". Para que ocorra o aprendizado, é necessário movimento, aprimorar os conhecimentos à medida que se vivencia novas experiências presentes no cotidiano.

Desta forma, na Educação Infantil, a aprendizagem se constitui a partir de um movimento de construção e reconstrução, de certezas e incertezas que devem ser valorizadas e instigadas pela escola e pela família. No que tange ao âmbito escolar, as aprendizagens precisam ser significativas. A expressão "aprendizagem significativa", segundo Ausubel (1980, p. 34), significa a aquisição de novos significados e sentidos, e para que isso aconteça é necessário que as ideias expressas, simbolicamente, articulem-se com as informações que o estudante já possui através de uma relação não arbitrária e substantiva. Isto significa dizer, que, os conhecimentos precisam ser contextualizados à realidade das crianças.

A Educação Infantil exige uma aprendizagem contextualizada, conectada, impossibilitando a aprendizagem mecânica, que acontece "quando as novas informações são aprendidas sem interagir com conceitos relevantes existentes na estrutura cognitiva" (PELIZZARI; KRIEGL; BARON, 2002, p. 38). O mero instrucionismo configura um solo paupérrimo para o desenvolvimento infantil, dificulta o aprender a fazer, o exercício da autonomia, da criatividade e da aprendizagem significativa.

Estar disponível para a nova aprendizagem é uma condição *sine qua non* da teoria proposta por Ausubel (1980), para que se produza uma aprendizagem com sentido, significativa. Com efeito, as crianças, na etapa da Educação Infantil, se mostram bastantes disponíveis para o novo conhecimento e buscam compreendê-lo a partir de inúmeros questionamentos. Com isso, é possível perceber que a aprendizagem significativa é um método possível no cenário de aprendizagens proposto na contemporaneidade.

> O conhecimento que se adquire de maneira significativa é retido e lembrado por mais tempo. Em segundo, aumenta a capacidade de aprender outros conteúdos de uma maneira mais fácil, mesmo se a informação original for esquecida. E, em terceiro, uma vez esquecida, facilita a aprendizagem seguinte - a "reaprendizagem" (PELIZZARI; KRIEGL; BARON, 2002, p.39-40).

Lev Vygotsky (1991) enfatiza o papel da cultura na formação do pensamento e da linguagem. Em sua proposta teórica, destaca que as funções psicológicas superiores das crianças chegam à maturidade por meio do seu desenvolvimento social. Compreende-se que as funções mentais incluem as atividades do pensamento, como a imaginação e a resolução de problemas (LEFRANÇOIS, 2008). Sob sua ótica, a cultura e a interação social que se entrelaçam ao desenvolvimento da consciência humana.

Por compreender que o desenvolvimento humano é determinado por um processo histórico, sua perspectiva pode ser considerada dialética, pois tal processo relaciona a dinâmica interna complexa dos sujeitos às relações sociais (LEGENDRE, 2013). Um conceito essencial na proposta teórica de Vygotsky é a noção de "zona de desenvolvimento proximal", que significa a:

> Distância entre o nível de desenvolvimento da criança, tal como é determinado pelos problemas que ela é capaz de resolver sozinha e um nível de desenvolvimento potencial, correspondente aos problemas que ela consegue resolver sob orientação do adulto ou em colaboração com seus pares mais competentes (LEGENDRE, 2013, p. 374).

Esta premissa se faz essencial na aprendizagem significativa, especialmente no contexto educativo remoto, uma vez que, com seus pares, sejam eles jovens, adultos ou na mesma faixa etária, podem contribuir com a apropriação de conceitos mais complexos. Assim, a partir da interação e da imersão cultural, as crianças podem imergir em aprendizagens contextualizadas e repletas de significados. Kenski (2010) sustenta que é preciso estimular a interação, a troca, a comunicação, com o propósito de apreender juntos. Esse é o primeiro passo para a consolidação de uma aprendizagem significativa e emancipadora. Apreender exige compromisso, interação e atividade intelectual.

Nos estudos propostos por Vygotsky, é possível verificar que os conceitos precisam ser vinculados ao contexto em que os estudantes estão inseridos, as aprendizagens devem ser autênticas, genuinamente sociais e significativas (LEGENDRE, 2013). É possível perceber uma aproximação entre as teorias, proposta por Ausubel (1980) e Vygotsky (1991), uma vez que, ambos acordam quanto a relevância da contextualização e da aprendizagem significativa.

A avaliação neste contexto deve acontecer por meio do acompanhamento do processo de desenvolvimento da criança. Ao posicionar a criança no centro da ação, a avaliação se faz necessária para se observar e refletir acerca do significado de cada momento vivido por ela, uma vez que, o processo de construção de conhecimento se dá a partir da observação, da experimentação, do acompanhamento, da mediação pedagógica e permanente reflexão acerca de suas próprias manifestações, conforme salienta Hoffmann (2010).

Ao ancorar a proposta metodológica do ensino remoto na Educação Infantil à teoria da aprendizagem significativa, assume-se uma educação que respeita os tempos e espaços das infâncias, que pode ser potencializada com o apoio e participação da família. A educação é dever do Estado e da família como consta na Constituição Federal (BRASIL, 1988). Desta forma, tanto a escola quanto a família precisam veementemente zelar, garantir e respeitar a educação das crianças pequenas.

De acordo com a LDB, a Educação Infantil deve complementar a ação da família e da comunidade (BRASIL, 1996) e, ainda, que os docentes devem contribuir com atividades que articulem a Escola com a família e a comunidade. Nesta perspectiva, compreende-se que o trabalho dedicado ao ensino é compartilhado por uma rede que se conecta em todos os âmbitos do espaço escolar, ao familiar e ao da sociedade, sempre em busca da aprendizagem significativa.

3.2.2. Tecnologias digitais de informação e comunicação na educação infantil

A disseminação das Tecnologias Digitais de Informação e Comunicação (TDICs) tem propiciado expressiva revolução informacional que, segundo Castells (1999), pode ser comparada às grandes guinadas da história. Ao se considerar as diversas culturas, as práticas pedagógicas, as estratégias de ensino, verifica-se que o ser humano, ao longo de sua vida, desenvolveu hábitos, estratégias, ideias e diferentes instrumentos de apoio, até mesmo em cenários de pandemia.

Este movimento de aproximação da Escola com a família se faz salutar, principalmente em tempos de COVID-19. As famílias mudaram seus hábitos e rotinas, se adaptaram e precisaram se dispor a compreender a sistemática de ensino dos professores, assim como os professores tiveram que ter um olhar mais sensível para com os contextos familiares. Este ciclo trouxe desafios e benefícios no que se refere a uma interação mais intensa, direta e mais próxima às famílias, uma vez que, com o atendimento remoto, na Educação Infantil, as tecnologias tornaram-se essenciais. Maria Helena Bonilla (2005) fomenta as estratégias no âmbito de uma análise acerca do papel da escola na contemporaneidade, principalmente no que se refere ao uso das Tecnologias de Informação e de Comunicação (TICs), argumentando que:

> As concepções que temos sobre educação não conseguem fugir da racionalidade que surgiu com a escrita. Os referenciais da escola atual estão embasados nessa racionalidade, que tem como base o princípio da formação científica, [...] nessa perspectiva, o conhecimento se dá na relação sujeito/objeto, [...] e, quanto mais conteúdos o professor transmitir, mais saber será dominado pelos alunos. A aprendizagem é vista como um processo individual, dependendo apenas da força de vontade e da persistência de cada aluno (BONILLA, 2005, p.13).

De fato, as TDICs quando aliadas às propostas curriculares da Educação Infantil, unidas a uma mediação pedagógica adequada, permitirão às crianças explorarem novos conceitos, aprendendo a pesquisar, expressar sua opinião, questionar, pensar e elaborar ideias de maneira mais autônoma, tornando o processo de aprendizagem lúdico e interativo.

O uso das TDICs na Educação Infantil precisa ser sistematizado, intencionalmente planejado, visto que, para a criança será como um momento de descontração, uma brincadeira, mas para o professor, será um recurso valioso, uma oportunidade única para que os pequeninos se apropriem das atividades e conteúdos apresentados a partir das tecnologias, que devem ser compreendidas como um excelente recurso pedagógico, pois:

> O trabalho com as múltiplas linguagens nesta etapa da educação permite o estabelecimento de redes de relações, as quais permitem aos alunos reestruturar suas

> significações anteriores, produzir boas diferenciações e construir outras/novas significações. De acordo com este paradigma, não basta utilizar os recursos informáticos, é preciso problematizá-los e produzir novas relações numa pedagogia reflexiva (BEHAR et al. 2008, p.6)

Sem dúvida, o envolvimento mais próximo com as famílias, atribuído à intencionalidade educativa, pode resultar em bons frutos, especialmente para as crianças, que se veem num cenário no qual nunca haviam experimentado. Neste momento, talvez, até estejam mais próximas de seus familiares, realizando atividades que até então eram direcionadas exclusivamente ao docente, a escola. Essa parceria precisa se fortalecer cada vez mais a fim de garantir o desenvolvimento integral e, consequentemente, a aprendizagem das crianças (DISTRITO FEDERAL, 2018).

A essencialidade da Educação Infantil fundamenta-se no pleno desenvolvimento dos sujeitos, apoiados na experimentação, nas descobertas e nas interações, que em muitos momentos, tornam-se oportunidade para estar juntos, fortalecer laços, aprender uns com os outros e compartilhar valores. A própria Organização Mundial de Saúde (OMS) recomenda que, durante a pandemia, as experiências digitais não se sobreponham a nenhuma atividade essencial ao desenvolvimento pleno da infância, sejam elas: o movimento, a alimentação, o sono e até a interação humana. É fundamental garantir a vivência das atividades essenciais em equilíbrio com as experiências digitais e/ou remotas. Nesse sentido, as tecnologias educacionais aliadas às práticas pedagógicas podem contribuir muito com a progressão deste sujeito social e histórico em permanente desenvolvimento.

A formação continuada dos professores para atuarem com a demanda digital emanada do contexto da pandemia foi desafiadora, se constituindo em um ponto crucial, afinal, o professor tem que estar preparado para receber e utilizar a tecnologia com o propósito de que ela possa ser empregada no ambiente escolar. Assim, efetuando um trabalho contextualizado, que valorize os conhecimentos prévios da criança e a instigue a conhecer o novo, o trabalho remoto do docente, mediado por recursos tecnológicos, não pode tornar-se um fardo, algo complexo e penoso. Para tal:

> O conhecimento necessário para que o professor assuma esta postura não é adquirido através de treinamento. É necessário um processo de formação permanente, dinâmico e integrador, que se fará através da prática e da reflexão sobre esta prática - do qual se extrai o substrato para a busca da teoria que revela a razão de ser da prática (VALENTE, 1993, p.115).

As formações oferecidas pela Subsecretaria de Formação Continuada dos Profissionais da Educação (EAPE) foram importantes para que os professores pudessem se apropriar dos recursos tecnológicos e digitais que posteriormente foram e continuam sendo utilizados para mediar o processo de ensino e de aprendizagem com os estudantes e suas famílias.

3.2.2.1. Procedimentos metodológicos

Os procedimentos metodológicos têm como premissa munir o pesquisador de evidências, parâmetros, considerando os achados, as observações, as análises, as interpretações, para que, fundamentando-se nas teorias propostas, possa com o uso de instrumentos e técnicas adequados, encontrar resultados e realizar as ponderações necessárias.

Este capítulo constitui-se a partir de uma pesquisa qualitativa, de natureza descritiva-analítica dado que segundo Gil (2008) a pesquisa descritiva explora minuciosamente as características dos fenômenos, tendo como premissa a observação sensível e sistematizada. Ludke e André (1986, p. 18) afirmam que, "[...] é o que se desenvolve em uma situação natural, é rico em dados descritivos, tem um plano aberto e flexível e focaliza a realidade de forma complexa e contextualizada [...]", permitindo análise mais aprofundada dos estudos de natureza teórica ou empírica.

Assim, o estudo realizado em uma instituição pública, contou com o universo de vinte e duas professoras da SEEDF, na modalidade presencial. Dentre elas, havia professoras do 1º e 2º períodos da Educação Infantil, gestoras e professoras readaptadas. Quanto à faixa etária, nove professoras têm idade entre trinta e trinta e nove anos, seis estão entre quarenta e quarenta e nove anos, quatro possuem entre vinte e um e vinte e nove anos e apenas três professoras têm mais de cinquenta anos.

Quanto à formação acadêmica, quinze professoras cursaram Pedagogia, cinco possuem o Curso Normal e uma também é formada em Biologia. Dezenove professoras possuem pós-graduação *Lato Sensu* e uma possui *Stricto Sensu* (Mestrado).

Sobre o regime de atuação na SEEDF, treze professoras são efetivas e nove professoras atuam em contrato temporário (professor substituto). O grupo é experiente, a maioria das professoras possuem de seis a nove anos de atuação em sala de aula, cinco professoras têm de três a cinco anos de experiência em sala de aula, cinco professoras têm mais de vinte e seis anos em sala de aula, três possuem entre vinte e vinte e cinco anos, duas possuem de dezesseis a dezenove anos de atuação, uma professora está no segundo ano de atuação e duas professoras respondentes ocupam cargo de gestão.

3.2.2.2. Resultados e discussão

Castells (1999) considera que a atual sociedade e os paradigmas tecnológicos são imprescindíveis, uma vez que, propiciam ao indivíduo aprendizagem baseada nas dimensões política, social e afetiva, fundamentando-se em situações-problema, desafiadoras e interativas, envolvendo aspectos dialéticos entre significante e significado. Assim, o sujeito desenvolverá iniciativas investigadoras, autônomas, imprescindíveis no contexto existencial da sociedade contemporânea.

Dessa forma, foi possível identificar, quanto ao uso das TDICs na Educação Infantil, que a maioria das docentes costuma ficar conectada à rede mundial de computadores (*Internet*) entre uma e duas horas por dia. Do grupo acompanhado por esta pesquisa, seis professoras, enquanto outras seis ficam conectadas de quatro a seis horas e cinco se conectam de sete a onze horas por dia. Essa realidade evidencia uma quantidade de horas considerável, chegando 50% do público pesquisado. É possível que, além das atividades cotidianas, a quantidade de horas conectadas à Internet, esteja relacionada também ao atendimento remoto que estas professoras realizaram no período de pandemia.

Todas as professoras usam o Sistema Operacional Windows, a maioria (vinte e uma professoras) possui contas nos ambientes interativos e de redes sociais mais conhecidos, tais como, *Facebook, Google, Instagram, YouTube e WhatsApp*. Dez professoras possuem *Skype* e nove fazem parte do *Twitter.* Sete docentes possuem conta no *LinkedIn* e seis já utilizaram o *Moodle*, explicitando que as docentes, participantes da pesquisa, em sua maioria realizou a ruptura com a condição cartesiana proposta no século XX, se propondo a imergir e utilizar as tecnologias digitais em seu cotidiano e para fomentar a aprendizagem discente.

No que tange à aproximação das pesquisadas às inovações tecnológicas, metade das professoras (onze) afirmou que costuma experimentar uma nova tecnologia, depois de ter visto alguém usá-la com sucesso. No entanto, seis professoras pontuam que normalmente elas são as primeiras entre os seus pares a experimentar uma nova tecnologia de hardware ou de software educacional. Os dados evidenciam a heterogeneidade do grupo, principalmente no que se refere aos interesses por novidades no âmbito tecnológico. É possível perceber que a resistência às TDICs tem sido mínima, evidenciando que os usuários:

> Farão o mesmo que fazemos conosco, com os outros, com a vida, afinal, se somos pessoas abertas, utilizaremos para nos comunicarmos mais, se somos fechadas, utilizaremos de forma defensiva, se somos autoritárias, utilizaremos para controle, uma vez que o poder de interação não está fundamentalmente nas tecnologias, mas dentro das nossas próprias mentes (MORAN, MASETTO, BEHRENS, 2000, p. 63).

Quanto à formação de competências para o uso das TDICs, no atendimento remoto, os docentes da SEEDF foram convidados pela EAPE a participar de alguns cursos que os aprovisionassem um repertório de conhecimentos e práticas para o uso de ferramentas tecnológicas e digitais, que contribuíssem para o processo educativo.

Neste sentido, foram ofertados três cursos, sendo eles:

- *GSuite*: ferramentas do *Google* para Educação e atuação no programa Escola em Casa DF;

- Produção de Material Didático: na perspectiva da pedagogia histórico-crítica, na avaliação formativa e no princípio da interdisciplinaridade;
- *Moodle On-line*: fomentar a utilização de recursos digitais a partir do ambiente virtual de aprendizagem *Moodle*.

Todas as professoras pesquisadas informaram que participaram dos cursos de capacitação. Vinte e duas professoras cursaram o *GSuite*, vinte e uma professoras fizeram o curso de Produção de Material Didático e três professoras acompanharam o curso do *Moodle On-line*, sendo que este último não era obrigatório aos professores exclusivamente vinculados ao seguimento da Educação Infantil.

Assim, sobre a aprendizagem que tiveram no curso, as professoras sinalizam que foi uma boa experiência para introduzi-las ao uso das plataformas, no entanto, pontuaram que foi algo superficial, demasiadamente rápido, no qual elas tiveram que se aprofundar mais, buscando aos pares, como pode ser explicitado a partir dos relatos:

> *"Aprendi bastante coisa, pois não tinha conhecimento da maioria dos recursos, porém acho que seria necessário mais tempo de curso para realmente ser mais significativo";*
>
> *"Aprendi muito porque busquei com amigos e colegas de trabalho".*

Sendo assim, reitera-se a afirmação de que não é suficiente o investimento somente em cursos esporádicos de treinamento para o uso de determinadas tecnologias, sendo imprescindível investir em atualização continuada ao docente para potencializar a utilização didática dos recursos tecnológicos.

Em uma de suas obras, Perrenoud (2002) reitera a necessidade de criar espaços estrategicamente pensados para que o professor vivencie, experimente e discuta as possibilidades didáticas de um determinado recurso, dispositivo eletrônico, digital, fomentando a criação de iniciativas colaborativas que auxiliarão o docente a implementar as suas práticas, contribuindo para o desenvolvimento de suas necessárias competências tecnológicas.

Ao serem questionadas sobre o desejo de participar de algum curso de formação mais aprofundado para o uso das tecnologias na escola, as professoras foram unânimes: é necessário um curso mais específico, que oriente o professor a utilizar as TDICs na Educação Infantil, para a promoção da aprendizagem significativa. Poderiam ser oferecidos cursos "*sobre produção de vídeos, convertendo os mesmos para download nos ambientes virtuais, mesmo que o vídeo seja grande*", edição de vídeo, de jogos digitais (eletrônicos e por aplicativos), "*como converter textos em música*", adaptação de material didático impresso para mídias eletrônicas e até mesmo "*Acompanhamento do processo de ensino e aprendizagem de crianças de educação infantil por meio de plataformas usadas no ensino EaD*".

Considerando o que as professoras precisaram fazer para se adaptar ao período de atendimento remoto, muitas relataram que foi necessário reorganizar as suas rotinas como pode ser observado no depoimento: "*Foi preciso exercitar muito um pensamento diferenciado sobre o que é dar aula. Precisei me reorganizar em casa e com as estratégias de atendimento aos pais e às crianças*". Outras professoras recorreram aos recursos convencionais como a formação por meio de vídeos no *YouTube*, tutoriais, conversas virtuais para conseguirem compreender com maior profundidade o desafio no qual imergiram. Foi salientado que "*precisei fazer vários cursos, assistir várias lives e da ajuda de amigas para aprender a operar os instrumentos tecnológicos usados nas aulas remotas*".

É preciso avançar nas ações e projetos de formação continuada docente, romper com as instrumentalizações dos recursos tecnológicos e promover situações de ensino e aprendizagem que sejam interativas, híbridas e disruptivas, promovendo espaços para a aprendizagem significativa do corpo docente:

> Um aluno aprende, pelo menos em parte, por meio do ensino online, com algum elemento de controle do estudante sobre o tempo, lugar, modo e/ou ritmo do estudo, e pelo menos em parte em uma localidade física supervisionada, fora de sua residência. (CHRISTENSEN, HORN & STAKER, 2013, p.7).

O grupo pesquisado demonstrou imersão digital, e até mesmo um certo nível de compreensão quanto aos conceitos, ambientes, ferramentas digitais e tecnológicas. Entre as plataformas mais utilizadas pelas participantes da pesquisa estão o *Google Meet* (todas as professoras), o *YouTube* (vinte e uma professoras), *Google Classroom* e *WhatsApp* (vinte professoras). Estes aplicativos têm sido utilizados com frequência para auxiliar os docentes no processo de ensino e aprendizagem no contexto de atendimento educativo remoto. Mas, nas entrelinhas, ainda demonstram inseguranças, restrições e dúvidas quanto à aplicação das ferramentas em nível didático. É necessário investir em letramentos digitais que:

> Apoiam, entrelaçam e apropriam mútua e continuamente por meio de dispositivos digitais para finalidades específicas, tanto em contextos socioculturais geograficamente e temporalmente limitados, quanto naqueles construídos pela interação mediada eletronicamente (BUZATO, 2006, p. 16).

O cenário atual deve compatibilizar-se com as demandas de uma formação integral, humana e adequada para o desenvolvimento da aprendizagem significativa, de novas competências e habilidades imprescindíveis tanto ao professor quanto ao estudante do século XXI. Vygotsky (1989) defende uma relação em que o ser humano se constrói e reconstrói biologicamente, constituindo-se em ser cultural e histórico. É um processo ininterrupto, no qual, segundo Oliveira (2000, p.23), podem ser destacadas três grandes dimensões:

> [...] 1- as funções psicológicas têm um suporte biológico, pois são produtos da atividade cerebral;
>
> 2- o funcionamento psicológico fundamenta-se nas relações sociais entre o indivíduo e o meio exterior, as quais desenvolvem-se num processo histórico;
>
> 3- a relação homem/mundo é uma relação mediada por sistemas simbólicos.

A pesquisa evidencia a importância das estratégias educacionais, assim como da mediação pedagógica com uso das TDICs, especialmente na etapa da Educação Infantil, pois, com o atendimento educativo remoto é imprescindível fomentar a participação tanto das famílias, como das crianças, para que assim, possam ser garantidos, não só a presença, mas a interatividade e o envolvimento das crianças e demais mediadores nas aulas remotas.

A chegada da *Internet*, assim como das TDICs, segundo Bacich, Tanzi Neto e Trevisan (2015), possibilitou a consolidação de uma nova perspectiva dos espaços de aprendizagem, de troca, das atividades colaborativas, do diálogo *on-line*, das discussões em diferentes redes. Assim, a escola, não é o único lugar para se aprender. A aprendizagem formal também se encontra presente nas experiências, nas bibliotecas, nos vídeos e em outras fontes que estão fora das convencionais "quatro paredes" da sala de aula.

Em sua abordagem, Vygotsky (1991) ressalta que a aprendizagem e o desenvolvimento são processos distintos, intercadentes e se relacionam permanentemente. Trata-se de diversas atividades sociais nas quais o ser humano se relaciona com o meio e os seus semelhantes, possibilitando ação de desenvolvimento, troca, passando pela formação de ideias e pela mediação. Oliveira (2000, p. 26) afirma que "[...] é o processo de intervenção de um elemento intermediário numa relação; a relação deixa, então, de ser direta e passa a ser mediada por este elemento". Desta forma, segundo os relatos dos pesquisados, as ferramentas mais eficazes nesta aproximação mediada foram os aplicativos de mensagem instantânea, assim como a plataforma *Google Classroom* e seus respectivos recursos.

Como principal desafio, salientaram que alcançar todas as famílias é algo desejável, mas, que, no entanto, não é possível, pois existem famílias que não possuem acesso à Internet e até mesmo desconhece o uso dessas plataformas, como pode ser observado no depoimento de uma das professoras:

> *"As tecnologias são as maiores facilitadoras da aproximação entre escola e família, principalmente nesse momento de pandemia. A plataforma beneficiou a continuação do trabalho pedagógico, mas o contato pelo WhatsApp se mostrou o mais*

> *eficaz no acolhimento e interação entre família/escola por ser mais prático e propiciar um ambiente mais informal. O único contratempo na utilização dessas ferramentas tecnológicas se baseia no fato de que várias famílias não possuem Internet ou aparelho celular, tablet, notebook etc. que possibilitem acesso a esse meio".*

A fala desta docente evidencia o que está exposto nos documentos oficiais que regem a educação brasileira. Conforme disposto na LDB/96, esta aproximação entre a Escola, família e docentes é fundamental tanto no contexto presencial (BRASIL, 1996) como no ensino mediado pelas TDICs. De fato, que com o suporte familiar e das tecnologias digitais adequadamente mediadas, o aluno pode aprender. Quanto a essa premissa, apenas uma professora falou que poderia ocorrer a aprendizagem se a família fosse dedicada. Dedicação é imprescindível, mas Bacich, Tanzi Neto e Trevisani (2015) afirmam que os jovens estão cada vez mais conectados às tecnologias, consolidando uma geração que estabelece novas relações com o conhecimento e aprendizagens. Os estudantes demandam dos docentes iniciativas que promovam a troca, a colaboratividade, a aprendizagem significativa a partir de abordagens e métodos de ensino que promovam a interatividade, a proatividade e a autonomia.

As tecnologias digitais exigem do professor a postura de mediador, facilitador, promotor do processo de ensino e aprendizagem. Segundo Moran, Masetto e Behrens (2000), cada docente deve definir uma maneira que o auxilie a promover a aprendizagem significativa, não há um método exclusivo, cabe ao docente identificar uma forma que facilite a comunicação e garanta as melhores experiências e aprendizagens. Segundo as participantes da pesquisa, nas aulas remotas há aprendizagem sim. Uma professora relata que:

> *"a aceitação por parte das crianças e das famílias em relação às atividades, realizando com muito interesse e principalmente com o envolvimento dos pais e familiares, tem incentivado a criança no aprendizado de conteúdos da educação infantil. Dessa forma a aquisição do conhecimento é inevitável".*

Também se faz evidente nas falas a preocupação com prejuízos na aprendizagem que podem vir a acontecer em função da falta de relações interpessoais com os pares e a didática convencional que acontece na sala de aula. Tal fato pode ser verificado na fala de outra docente participante:

> *"Sim. Porém, com menos estímulos do que em sala de aula e com tempo bem reduzido. As crianças são orientadas por um adulto que na maioria das vezes pode não ter um 'jeito lúdico' para explicar o que se deve fazer. Mas sim, elas sempre estão aprendendo e tem demonstrado nas atividades feitas, com entusiasmo e autenticidade".*

É importante ressaltar que:

> *Não se trata de usar as tecnologias a qualquer custo, mas sim de acompanhar consciente e deliberadamente uma mudança de civilização que questiona profundamente as formas institucionais, as mentalidades e a cultura dos sistemas educacionais tradicionais e, sobretudo os papéis de professor e de aluno (LÉVY, 1999, p. 163).*

Os relatos das participantes da pesquisa evidenciam uma preocupação que se debruça na perspectiva de Vygotsky (1991), quanto à maturação das funções superiores a partir do seu desenvolvimento social e da própria cultura. No contexto de isolamento social, isto pode se tornar um entrave uma vez que a criança deixará de ter o contato constante com os seus pares, como acontece no cotidiano da sala de aula. Contudo, ao observar por uma nova perspectiva, percebe-se que a aproximação familiar, potencializa questões relativas ao incentivo, afetividade e motivação que provocam novas aprendizagens e, consequentemente, o desenvolvimento social, que não seriam oportunizados caso este cenário pandêmico não estivesse acontecendo.

Um ponto relevante na teoria de Vygotsky (1991) é a Zona de Desenvolvimento Proximal (ZDP), que representa a distância entre o nível de desenvolvimento da criança, o que ela consegue resolver sozinha, e um nível de desenvolvimento potencial, no qual ela consegue resolver problemas com o auxílio de algum adulto ou de seus pares. Neste sentido, a participação ativa das famílias, mediadas pelas propostas de atividades enviadas pelas professoras, pode fazer com que a criança construa sua aprendizagem e se desenvolva integralmente.

No que tange aos desafios e às novas aprendizagens, as professoras participantes relataram os maiores desafios que encontram ao trabalhar com as tecnologias digitais para aprendizagem. Para elas, conseguir realizar atividades que promovam a aprendizagem é o principal objetivo a ser superado. No entanto, o meio digital às retirou da uma realidade na qual estavam habituadas e as fizeram ter que se reinventar neste novo contexto em que fica explícito: *"Aprender a utilizar as ferramentas tecnológicas, pois quase não usava a tecnologia antes da pandemia"*.

Há também a preocupação com o acompanhamento do desenvolvimento infantil, uma vez que não há mais o contato presencial e diário com a criança: *"O maior desafio é perceber o desenvolvimento da criança por meio da plataforma sem ter uma interação presencial constante"*. Outras professoras relataram que buscaram as informações para saber sobre os avanços, desafios e as dificuldades das crianças com os pais e/ou responsáveis, e muitas apresentam um discurso atencioso, de zelo, no que diz respeito a um olhar cuidadoso e empático para as crianças e, consequentemente, para com as suas próprias famílias:

> *"É bem difícil. É necessário um olhar mais ampliado quanto às possibilidades diante do distanciamento social. Buscar uma aproximação com as famílias fomentando novas perspectivas para se observar, intervir e zelar pelo desenvolvimento das crianças"*.

Contudo, é importante ressaltar que, a avaliação da criança se dá no contexto de acompanhamento do processo de desenvolvimento. Desta forma, famílias e professores deverão se unir com o intuito de promover a autonomia da criança e preservar a sua integralidade, a fim de observar e refletir acerca das suas manifestações, sejam elas pelos meios digitais ou não. Com efeito, o processo avaliativo deve garantir o exercício da cultura, da infância, e não uma mera projeção do que o adulto espera que a criança seja (HOFFMANN, 2010).

Sabe-se que, para Ausubel (1968), a aprendizagem é uma atividade cognitiva, e essa atividade é complexa, ativa, individual e se relaciona com as sensações, os pensamentos, as ações, as descobertas e os interesses de cada sujeito. Na perspectiva construtivista, aprender pressupõe atribuir sentido e construir significado implicados a partir de conhecimentos preexistentes. Assim, o planejamento docente se dá para se garantir uma aprendizagem sistematizada e significativa.

As TDICs potencializam o desenvolvimento do planejamento, a maioria das professoras pesquisadas confirma e relata que ajuda e possibilita uma infinidade de ideias e execuções que até mesmo não eram possíveis no modelo convencional presencial:

> *"Sim. As novas tecnologias vieram para somar ao nosso planejamento, nos oferecendo recursos magníficos para a preparação de nossas aulas. Na elaboração de atividades, gravação de vídeos...".*

Assim, muitas docentes pesquisadas passaram a considerar novas possibilidades e recursos no momento de elaborar o planejamento, uma professora relata que:

> *"Sim, porque [as TDICs] são muito ricas para a comunicação e para realizar aulas virtuais. Por exemplo, o Google Meet proporciona a socialização a distância. O YouTube é um excelente aliado às aulas virtuais e por aí vai".*

A Teoria da Aprendizagem Significativa, proposta por Ausubel (1980), enfatiza que cabe ao professor considerar e avaliar os conhecimentos prévios que o aluno possui, tendo tais experiências como ponto de partida para construção do novo conhecimento, identificando em que estágio o aprendiz se encontra. A partir desta avaliação, provocar aprendizagens, assim como oportunizar que os conhecimentos prévios da criança se conectem aos novos. Nesta mesma direção, Vygotsky (1991) salienta que os estudos precisam ser vinculados ao contexto em que a criança está inserida, pois isso compromete a elaboração de sentido e significado.

Na perspectiva do desenvolvimento infantil, as professoras participantes foram indagadas acerca de como acompanhar o tempo de atendimento remoto. Muitas pontuaram que a maneira ideal de se fazer isso era a partir de uma escuta sensível, onde se tornava possível ouvir os relatos de experiências dos familiares, das fotos e vídeos que eram compartilhados pelos pais e responsáveis via plataforma, ou por aplicativos de mensagens, como salienta uma das professoras do grupo de pesquisa: *"Esse acompanhamento só é possível com o retorno das famílias via plataforma, com fotos, vídeo e relatos"*.

O planejamento das atividades remotas para docentes e discentes oportunizaram novas aprendizagens, garantindo que as aulas e os conteúdos curriculares se tornassem cada vez mais atrativos. Promoveu também, a troca, a interatividade, o diálogo acerca dos desafios, medos, *insights* e ideias que surgiram frente à pandemia.

3.3. Considerações Finais

Este capítulo intitulado "O uso das Tecnologias Digitais de Informação e Comunicação para a aprendizagem significativa na Educação Infantil no contexto da COVID-19" se propôs a identificar a concepção docente acerca do uso das TDICs no processo de aprendizagem discente; mapear as TDICs usadas pelos docentes na promoção da aprendizagem relacionando-as com situações de ensino a fim de verificar as contribuições para a promoção das habilidades necessárias ao desenvolvimento infantil.

Assim, percebe-se que, em tempos de pandemia, a concepção docente acerca do uso das TDIC no processo de aprendizagem discente é relevante. A parceria estabelecida com as famílias, neste momento de distanciamento social foi muito benéfica, uma vez que, muitos familiares estão mais próximos das crianças, no que se refere à condução e à supervisão das atividades escolares.

As TDICs, na medida do possível, estreitaram laços, promoveram a cultura colaborativa por meio das plataformas digitais e aplicativos de mensagens instantâneas proporcionando a construção de novos processos de ensinagem, provocando uma conexão mais consolidada entre as crianças e os adultos, principalmente, pelas interlocuções realizadas pelas professoras e desafios propostos no cotidiano pandêmico.

Concomitantemente, a necessidade de utilizar as TDICs frequentemente explicitou os abismos sociais, as diferenças de recursos disponíveis às crianças e familiares, evidenciando os muros existentes, nos espaços virtuais, digitais, entre a escola e as famílias das crianças, pois algumas sequer possuíam um dispositivo eletrônico para ser utilizado ou conectado à *Internet*. Evidenciando a ausência de apoio, inexistência de políticas públicas para garantir, pelo menos em tempos de pandemia, o acesso à *Internet*, às plataformas e, consequentemente às atividades escolares, assim como às orientações e materiais digitais disponibilizados pela equipe docente.

O mapeamento das TDICs utilizadas pelos docentes foi realizado e, percebe-se, em sua maioria, um grande compromisso de toda equipe pedagógica para com a promoção da aprendizagem significativa de seus alunos, especialmente no contexto da Educação Infantil. Os aplicativos, *softwares*, vídeos, canais e plataformas utilizadas garantiram a inserção da maioria e a participação de diferentes públicos: docentes, discentes, pais e ou responsáveis, todos com o propósito de promover uma rede de aprendizagens, de proposições, diálogos, trocas criativas a partir da expertise de cada sujeito.

Decerto que, com o atual paradigma educacional emergente, apesar dos diversos entraves que a pandemia de COVID-19 trouxe para a vida de cada pessoa, as TDICs possibilitaram experienciar novas realidades de ensino e de aprendizagem. Os docentes, em sua maioria, se reinventaram, ressignificaram a sua maneira de planejar, ensinar, avaliar e principalmente de mediar.

Professores convencionais tornaram-se facilitadores, incentivadores, mediadores, criaram inusitadas estratégias para identificar dificuldades e propor soluções. As professoras, em sua maioria, saíram da "zona de conforto" com responsabilidade, apropriando-se das linguagens midiáticas e tecnologias emergentes, tornando-as aliadas, ferramentas de apoio didático para o desenvolvimento das atividades pedagógicas, propondo não apenas uma utilização instrumental, mas uma incorporação contextualizada, investigativa e transformadora a partir do uso das tecnologias nos processos de ensinar e de aprender.

As novas situações de aprendizagem e procedimentos adotados para realizar a avaliação na educação infantil exigiram diversas etapas, oportunizando uma avalanche de trocas, socialização de experiências, um olhar ainda mais minucioso, possibilitando a compreensão da integralidade dos sujeitos, especialmente no período da infância, no qual as experiências se transformam em aprendizagens. A imersão no universo tecnológico tornou o processo avaliativo ainda mais cauteloso e único, respeitando veementemente a individualidade de cada criança e consequentemente de cada família.

Por meio de aspectos relevantes e da Teoria da Aprendizagem Significativa, foi possível enumerar ações que contribuiriam com a promoção das habilidades necessárias ao desenvolvimento infantil, assim como, subsidiariam os comportamentos e posturas educacionais que passaram a acontecer a partir da mediação pedagógica docente com apoio das TDICs, potencializando o processo de apropriação curricular, assim como, os conhecimentos historicamente construídos pelas crianças com o auxílio e contribuição dos seus familiares.

As aulas remotas subsidiadas pelas TDICs exigiram a consolidação de novos saberes para se utilizar os *smartphones*, aplicativos, redes sociais e ferramentas pedagógicas, além de promover a criação de jogos, *blogs*, vídeos sempre com muita dedicação, criatividade, dialogicidade e intencionalidade de garantir a aprendizagem discente.

O cenário de pandemia provocou o momento oportuno para se discutir a formação continuada docente na contemporaneidade, a utilização frequente de recursos tecnológicos, a promoção da cultura digital, assim como, a implementação das concepções pedagógicas relacionadas a esse uso e a necessidade de uma nova organização do trabalho pedagógico.

Nota-se que este estudo revelou ainda outros horizontes que podem ser explorados, tais como, se debruçar especificamente sobre os mecanismos utilizados pelos docentes na mediação pedagógica com os estudantes e as famílias, pesquisar sobre a percepção das famílias quanto ao desenvolvimento das crianças neste período de atendimento remoto. Por fim, poder-se-ia realizar um estudo com as próprias crianças acerca da percepção delas sobre o ensino neste novo formato. Enfim, inúmeras são as possibilidades de pesquisa neste universo tão plural que é o da Educação Infantil e o uso das TDICs para a aprendizagem significativa.

Por fim, percebe-se que a maioria das docentes pesquisadas se empenhou permanentemente para fazer valer o que é proposto no Artigo 205 da Constituição Federal, garantir a educação que é "direito de todos e dever do Estado e da família". Adaptou-se às linguagens da atualidade, ao trabalho colaborativo e remoto, estabeleceram diálogos com a escola, família, aluno, apropriaram-se do manuseio de aplicativos, softwares, ferramentas e plataformas digitais utilizadas nos processos de ensino e aprendizagem, assim como, participou colaborativamente de espaços híbridos aprimorando o currículo transversalmente. Assim sendo, as docentes contribuíram de forma significativa com a formação integral de cada um de seus alunos, com o propósito de garantir, sobretudo na Secretaria de Educação do Distrito Federal, uma escola pública, de qualidade, democrática e que promova o exercício da cidadania.

Referências

AUSUBEL, D. P. **Psicologia educacional**. 2. ed. Rio de Janeiro: Interamerica, 1980.

BACICH, L.; TANZI NETO, A.; TREVISANI, F. de M. (Orgs.) **Ensino híbrido:** personalização e tecnologia na Educação. Porto Alegre: 2015.

BEHAR, Patricia A. et al. Formação de professores de Educação Infantil e Anos Iniciais do Ensino Fundamental: a experiência de validação de objetos de aprendizagem. **Revista Novas Tecnologias na Educação**, Rio Grande do Sul, v. 6, n. 1, p.1-11, jul., 2008. Disponível em: <https://seer.ufrgs.br/renote/article/view/14518/8467>. Acesso em: 05 jun. 2020.

BONILLA, M. H. S. **Escola aprendente**: para além da sociedade da informação. Rio de Janeiro: Quartet, 2005.

BUZATO, M. E. K. Letramentos digitais e formação de professores. São

Paulo: Portal Educarede. 2006. Disponível em: <http://www.educarede.org.br/educa/img_conteu-do/marcelobuzato.pdf>. Acesso em: 02 jul. 2020.

CASTELLS, Manuel. **A sociedade em rede**. São Paulo: Paz e Terra, 1999.

BRASIL. Arquivo Público do Distrito Federal. Governo do Distrito Federal (org.). **Secretaria de Educação do Distrito Federal:** história administrativa. 2018. Disponível em: <http://www.arpdf.df.gov.br/secretaria-de-educacao-do-distrito-federal-sedf/#:~:text=A%20Secretaria%20de%20Estado%20de,destas%20secretarias%2C%20ocorrido%20em%201986.&text=O%20acervo%20da%20primeira%20leva,realizado%20pela%20Secretaria%20de%20Educa%C3%A7%C3%A3o>. Acesso em: 01 set. 2020.

BRASIL. **Base Nacional Comum Curricular:** Educação Infantil e Ensino Fundamental. Brasília: MEC/Secretaria de Educação Básica, 2017.

BRASIL. **Constituição da República Federativa do Brasil**. Brasília: Senado Federal: Centro Gráfico, 1988

BRASIL. **Lei de Diretrizes e Bases da Educação Nacional**: nº 9394/96, de 20 de dezembro de 1996. Estabelece as diretrizes e bases da Educação Nacional. Brasília: MEC, 1996. Disponível em: <http://portal.mec.gov.br/seesp/arquivos/pdf/lei9394_ldbn1.pdf>. Acesso em: 28 jul. 2020.

CHRISTENSEN, C.; HORN, M. & STAKER, H. **Ensino híbrido**: uma Inovação Disruptiva?. Uma introdução à teoria dos híbridos. Maio de 2013. Disponível em: <https://www.christenseninstitute.org/publications/ensino-hibrido/>. Acesso em: 05 Jun. 2020.

DEMO, Pedro. **A educação do futuro e o futuro da educação.** Campinas: Autores Associados, 2005.

DISTRITO FEDERAL. **Currículo em Movimento do Distrito Federal** - Educação Infantil. Brasília: SEEDF, 2018.

GIL, Antonio Carlos. **Como elaborar projetos de pesquisa**. 5. ed. São Paulo: Atlas, 2008.

HOFFMANN, Jussara Maria Lerch. **Avaliação:** mito e desafio - uma perspectiva construtivista. Porto Alegre: Mediação, 2010.

KENSKI, Vani Moreira. **Educação e tecnologias**: o novo ritmo da informação. 6. ed. Campinas: Papirus, 2010.

LEFRANÇOIS, Guy R. **Teorias da aprendizagem:** o que a velha senhora disse. São Paulo: Cengage, 2008.

LEGENDRE, M.-F. Lev Vygotsky e o socioconstrutivismo na educação. In: GAUTHIER, Clermont; TARDIF, Maurice (Orgs.). **A pedagogia:** teorias e práticas da antiguidade aos nossos dias. Rio de Janeiro: Vozes, 2013. p. 361-391.

LÉVY, Pierre. **Cibercultura.** São Paulo: Editora 34, 1999.

LÜDKE, Menga; ANDRÉ, Marli E. D. A. **Pesquisa em educação**: abordagens qualitativas. São Paulo: EPU, 1986.

MORAN, J. M., MASETTO, M.; BEHRENS, M. **Novas tecnologias e mediação pedagógica**. 7. ed. São Paulo: Papirus, 2000.

OLIVEIRA, Marta Kohl de. **Vygotsky**: aprendizado e desenvolvimento um processo sócio-histórico. 4. ed. São Paulo: Scipione, 2000.

PELIZZARI, Adriana; KRIEGL, Maria de Lurdes; BARON, Márcia Pirih. Teoria da aprendizagem significativa segundo Ausubel. **Revista PEC**, Curitiba, v. 2, n. 1, p. 37-42, jul. 2002.

PERRENOUD, Philippe et al. **As competências para ensinar no século XXI**: a formação dos professores e o desafio da avaliação. Porto Alegre: Artmed Editora, 2002.

TARDIF, M.; LESSARD, C. **O trabalho docente:** elementos para uma teoria da docência como profissão de interações humanas. 4 ed. Petrópolis: Vozes, 2008.

VALENTE, J. A. Formação de profissionais na **á**rea de informática em Educação. In VALENTE, J. A. (Org). **Computadores e conhecimento:** repensando a Educação. São Paulo: Gráfica Central da Unicamp, 1993. p.139-164.

VYGOTSKY, L. S. **A formação social da mente**. São Paulo: Livraria Martins Fontes, 1991.

Capítulo 4

Ensino de Estatística em um curso de Educação Física – um estudo de caso acompanhado de revisão narrativa sobre estratégias pedagógicas ativas

Edgard de Melo Keene von Koenig Soares
esoares@unb.br

Guilherme Eckhardt Molina
gmolina@unb.br

Luiz Guilherme Grossi Porto
luizporto@unb.br

Grupo de Estudos em Fisiologia e Epidemiologia do Exercício e da Atividade Física (GEAFS) – Faculdade de Educação Física
Universidade de Brasília (UnB)
Brasília – D.F. - 70910-900

Resumo

O ensino de Estatística em cursos de graduação na área da saúde é muitas vezes um desafio – usualmente com elevada retenção e baixo índice de rendimento acadêmico. Discentes queixam-se de não entenderem a aplicabilidade do conteúdo em sua prática profissional. Quando se trata do curso de Educação Física, observa-se uma importante lacuna na literatura sobre o tema. Frequentemente, devido à base matemática vinculada aos conteúdos da Estatística, estudantes adotam uma atitude passiva no processo ensino-aprendizagem ou, simplesmente, julgam-se incapazes de assimilá-los. O professor possui o importante papel de, por meio de estratégias pedagógicas, criar um ambiente em que o discente participe ativamente do processo e desenvolva a autoeficácia. Algumas abordagens pedagógicas adotadas serão descritas sucintamente em um estudo de caso de três turmas de "Estatística Aplicada à Educação Física", acompanhada por revisão de literatura. As estratégias empregadas resultaram na aprovação de 94% dos alunos, em média, confirmando a hipótese de que metodologias de ensino ativas reduzem a retenção de estudantes, propiciam maior engajamento e aprendizado de Estatística em um curso de Educação Física.

Palavras-chave*: Docência, Metodologia ativa, Estratégias inovadoras de aprendizagem, Autoeficácia.*

4.1. Apresentação do estudo de caso

Neste capítulo, será analisado um estudo de caso, seguido de uma breve revisão de literatura sobre metodologias ativas utilizadas para o planejamento e para a execução pedagógica na disciplina "Estatística Aplicada à Educação Física", ministrada em três turmas de graduação da Universidade de Brasília (UnB), entre 2019 e 2020. Duas dessas turmas foram oferecidas durante o semestre regular. A terceira, em período de "verão", no qual as disciplinas na UnB são ofertadas de modo concentrado.

O objetivo deste trabalho é realizar um diálogo entre a prática docente e a teoria científica, analisando um caso bem-sucedido de intervenção, representado pelo alto índice de aprovação e o baixo número de trancamentos. Essa reflexão é tempestiva e importante, tendo em vista o elevado percentual discente que não conclui seu curso dentro do tempo padrão (taxa de retenção), o que é um problema comumente enfrentado em Instituições de Ensino Superior, no Brasil, incluídas as Instituições Federais. Partindo do ponto de vista dos autores, o uso de estratégias pedagógicas chamadas ativas, em que a ênfase é dada à interação entre o estudante e o objeto de conhecimento, parece ser essencial para a superação desse desafio. Dessa forma, objetivou-se descrever brevemente o processo de estruturação das aulas de "Estatística Aplicada à Educação Física", as interações e intervenções ocorridas durante as aulas e, finalmente, a percepção dos docentes e discentes, no contexto de uma experiência considerada de sucesso.

4.2. O estudo de caso

O professor responsável pelas aulas se encontrava fazendo seu doutorado em Educação Física e atuou, na ocasião, como professor substituto (aprovado em processo seletivo público) da Faculdade de Educação Física da UnB (FEF), e ficando responsável por assumir a disciplina "Estatística Aplicada à Educação Física", no curso de graduação em Educação Física. Neste cenário, o planejamento da disciplina se baseou também em discussões com o seu orientador (LGGP) e com o, então, Coordenador de graduação do curso (GEM). Salienta-se que os três autores já atuam por muitos anos no mesmo grupo de pesquisa, onde discutem, há tempos, a importância da estatística em suas linhas de pesquisa, e as dificuldades usualmente enfrentadas por acadêmicos de Educação Física com esta temática. O professor EMKVKS ficou responsável por turmas formadas por discentes oriundos dos cursos de licenciatura e bacharelado em Educação Física. Para o melhor planejamento da disciplina, foram levadas em consideração diversas informações: relatos feitos pela coordenação do curso a respeito dos índices ligados à aprovação, ao trancamento e à retenção da disciplina; sobre a importância do conteúdo da cátedra para o crescimento acadêmico, para a integração com a pós-graduação e, ainda, para a futura atividade profissional do graduando em Educação Física. A vivência de graduandos que já haviam cursado a cadeira, e os diálogos com o professor efetivo responsável pela matéria na FEF, que gozava de um período de licença, foram igualmente considerados no planejamento.

4.2.1. Pressupostos e preparação das aulas

Considerando a abordagem de pedagogia ativa, os autores entenderam que a interação entre os discentes e o objeto de conhecimento era indispensável para os bons resultados desejados. Neste sentido, entendia-se que não era suficiente ver escrito na lousa que a probabilidade de um resultado ser "coroa", ao se lançar uma moeda não viciada, era 50%. O entendimento, *a priori,* era o de que o aluno precisaria interagir com aquele conhecimento, de alguma forma, para potencializar a sua assimilação. Considerando, também, o objetivo da estatística em um curso de Educação Física, foi dada maior ênfase à interpretação e à aplicação de resultados de cálculos estatísticos, do que ao próprio cálculo em si. Partindo-se, então, do fato de que os cálculos estatísticos demandados nos conteúdos previstos para a referida disciplina são facilmente encontrados em aplicativos informatizados, amplamente disponíveis, optou-se por desenvolver nos alunos a compreensão de qual cálculo deveria "ser pedido", no *software*, e como interpretar os resultados de saída. Em outras palavras, apertar o botão do "enter" pode ser muito simples, mas é necessário saber quais as opções teóricas estão por trás da escolha de um determinado comando, assim como, saber interpretar as informações prestadas pelo *software*, ou seja, os resultados dos cálculos estatísticos. Destaca-se, assim, que se adotou uma perspectiva de estatística aplicada e com ênfase na capacidade de análise crítico-interpretativa. Na sequência, são apresentadas as principais estratégias empregadas nas três sucessivas turmas. Os relatos dos alunos, na avaliação final de cada uma das duas turmas iniciais, assim como os próprios resultados acadêmicos, reforçaram o entendimento progressivo da adequação da proposta.

4.2.1.1. Aulas teórico-práticas

Para promover uma interação maior entre estudantes e conteúdo, optou-se por aulas expositivas, mescladas com aulas práticas. Entendeu-se, na ocasião, que algumas abordagens didáticas mais centradas no aluno, como "aprendizagem baseada em problemas", poderiam gerar dificuldade de adaptação quando os alunos se vissem totalmente no centro do processo de ensino, sem uma adequada preparação prévia. O cenário histórico era de pouca familiaridade com essa abordagem e de uma possível passividade dos estudantes, pois muitos eram recém-chegados à universidade e, possivelmente, ainda com os hábitos da chamada "educação bancária" – onde o estudante é uma "folha em branco" e o conhecimento é "depositado" (como em um banco) pelo professor em um processo totalmente "passivo". A disciplina é ofertada no 3º semestre, tanto do bacharelado quanto da licenciatura. Assim, a ideia foi fazer uma "transição", com todas as aulas contendo uma parte expositiva e uma parte prática do assunto – normalmente por meio de práticas envolvendo a tabulação, análise e apresentação de resultados, cujos exercícios fossem relacionados com os diferentes objetos de estudo da Educação Física.

Um exemplo de prática no ensino de probabilidade, especificamente da regra de aproximação por frequência relativa, em que se estima a probabilidade de um evento pela razão entre a ocorrência de um evento e o total de eventos observados, será dado a seguir. Este conceito, e não necessariamente a operação matemática em si, possui um forte apelo prático para a área de pesquisa e interpretação de resultados, já que a previsão depende do total de observações, e à medida que os eventos observados aumentam em número, a probabilidade calculada se aproxima da probabilidade real da ocorrência do evento. Embora estivesse claro aos discentes que, pela regra clássica da probabilidade, ao se lançar uma moeda não viciada a probabilidade do resultado ser "coroa" é de 0,5, o professor lhes indagava se ninguém nunca havia tirado duas "caras" seguidas no "cara ou coroa", e se o fato de algo assim ocorrer poderia significar que a regra estava errada. Após ouvir as respostas dos estudantes, o professor entregava a cada grupo uma moeda, e lhes pedia que fizessem dois lançamentos, como se estivessem jogando "cara ou coroa". Cada grupo, então, anotava e compartilhava o resultado da probabilidade do resultado ser "coroa", com base nos seus próprios dados. O professor, por sua vez, escrevia na lousa o resultado de cada grupo. Como esperado, alguns grupos observaram uma probabilidade 0,0 e 1,0 para a ocorrência de uma "coroa" – embora a maioria tivesse obtido 0,5. O professor solicitou que o procedimento fosse repetido, mas com sucessivos aumentos no número de lançamentos: 5, 10 e depois 20. Os estudantes notaram que, à medida que realizavam mais lançamentos, mais a probabilidade calculada se aproximava de 0,5. Por último, o professor demonstrava na lousa um "grande cálculo", usando cerca de 200 resultados obtidos pela classe. Nesta oportunidade, chegava-se à probabilidade de aproximadamente 0,50 – reforçando que quanto maior o número de observações, mais o valor calculado se aproxima da probabilidade real. Aproveitava-se este momento também para discutir a importância do tamanho da amostra, em uma pesquisa, seja ela acadêmica ou de mercado.

4.2.1.2. Uso de tecnologia para a parte prática

Como a ênfase estava na interação com o conhecimento, foi necessário fornecer meios para que os estudantes realizassem as diversas interações didático-pedagógicas. Assim, optou-se pelo uso de planilhas eletrônicas para a tabulação e a análise de dados, bem como para a elaboração de gráficos. O Microsoft Excel Online™ e o Google Sheets™ são dois *softwares* gratuitos disponíveis para computadores/*laptops* e para *smartphones*. São bem versáteis, atendendo bem, praticamente, a todo o conteúdo de uma disciplina introdutória de estatística. Dessa maneira, os estudantes levavam *laptops* para a aula, ou, utilizavam *smartphones*, para a tabulação e a análise de dados. Assim, o professor apresentava um conteúdo, propunha uma prática relacionada para que os estudantes a realizassem (ex: determinar se a diferença entre dois grupos era significativa), enquanto circulava no meio dos grupos, tirando dúvidas, orientando e fornecendo feedbacks parciais. Após o término do tempo estipulado para a atividade, o professor apresentava a sua solução (ou realizava a atividade na frente de todos) e lhes pedia que falassem se haviam chegado ao mesmo resultado, e apontassem quais as suas eventuais dificuldades encontradas no processo. Em algumas aulas, os estudantes também realizavam apresentações, por meio de *slides* ou processador de texto, trazendo o resultado de análises solicitadas, apresentando sempre em forma de tabelas ou gráficos formatados, seguindo as normas da Associação Brasileira de Normas Técnicas.

Será dado a seguir um exemplo de prática que envolveu todas essas estratégias no tema "nível de mensuração de uma variável". A atividade realizada tinha por objetivo a compreensão do conceito de nível de mensuração e a sua importância para o conteúdo que viria a seguir, "medidas de centro (média, mediana, moda)". Após o período de aula expositiva, foi pedido aos discentes que coletassem e tabulassem os seguintes dados de 10 estudantes do curso de educação física: idade, sexo, massa corporal, estatura, índice de massa corporal, modalidade de curso e time de futebol favorito. Os alunos deveriam construir e apresentar tabela(s) ou gráfico(s) conforme julgassem que seria a melhor forma de visualizar aqueles dados. Feito isto, cada grupo rapidamente apresentava seus resultados e informava qual era o nível de mensuração de cada variável. Era fornecido um feedback em relação à forma escolhida de apresentação, em consonância com a correta classificação das variáveis, normalmente caminhando em uma direção "reflexiva" sobre o assunto. Por exemplo: perguntava-se aos estudantes o porquê de o gráfico de setores ser mais adequado para apresentar a variável "time favorito", do que a variável "estatura". Para demonstrar a importância deste assunto para o próximo conteúdo "medidas de centro", perguntava-se aos estudantes qual o resultado típico; isto é, qual o resultado que representava melhor aquele "grupo" de estudantes analisado. Na tarefa, também se indagava como, operacionalmente, chegar a essa informação. Prontamente, alguns estudantes respondiam que poder-se-ia fazer a média aritmética – a estatura média do grupo era, por exemplo 1,75m (dados fictícios). O professor perguntava se essa solução serviria para a variável, como "time favorito", e alguns estudantes chegavam a refletir sobre a possibilidade de atribuir números para cada time, substituindo cada nome por um número diferente para que fosse possível realizar a operação matemática – ao invés de "Flamengo", o número "1", ao invés de "Vasco", o número "2" e ao invés de "Fluminense", o número "3". Descontraidamente o professor refletia com os estudantes: "se eu somar Flamengo e Fluminense e dividir por dois, dá Vasco?". Assim, era reforçada aos estudantes a importância de entender a natureza dos dados para usar corretamente as medidas de centro que iriam aprender na sequência, pois, apesar do exemplo parecer exagerado, o programa de computador não faz essa distinção, sendo possível somar e dividir números cuja natureza – o nível de mensuração – não "permite" esse tipo de operação, como no caso de variáveis no nível de mensuração nominal e ordinal.

4.2.1.3. Pressupostos e benefícios do trabalho em grupo

Partindo-se de pressupostos dos potenciais benefícios do trabalho cooperativo, já que estimula a interação entre estudantes e o aprendizado, com a colaboração mútua para a resolução de problemas, a classe foi dividida em grupos. Outro benefício, do ponto de vista operacional da aula, foi garantir que, pelo menos uma pessoa de cada grupo estivesse com um *laptop*, visto que muitos alunos não dispunham deste equipamento. Nessas dinâmicas, o professor deve se fazer presente e acompanhar os grupos de perto, buscando um equilíbrio entre os participantes, quanto à maior ou menor facilidade e/ou interesse no conteúdo, visando a troca de experiência e cooperação mútua. Outro cuidado necessário é com integrantes que possam se "acomodar" com a presença de estudantes com muita aptidão, e adotarem atitude passiva diante das atividades e desafios propostos. Assim, entende-se que nesse tipo de dinâmica é muito importante o professor ficar atento e preparado para intervenções pedagógicas, quando necessário.

4.2.1.4. Ênfase na leitura e uso do livro didático

Aprendizagem é um processo complexo. Quanto mais avançado o conteúdo a assimilar, mais necessária se faz a preparação com as adequadas estruturas cognitivas. Infelizmente, há estudantes que esperam que o "bom" professor consiga "aclarar" qualquer conteúdo, e não se preparam adequadamente; não estudam anteriormente, e esperam que o professor, sozinho, "guie-os" no processo de aprendizagem. Para desestimular atitudes passivas como essas, definiu-se, como estratégia didática, não disponibilizar os slides das aulas e dar ênfase em um livro principal para a disciplina. A publicação escolhida possuía todos os conteúdos da disciplina. Embora não fosse a escolha "ideal" para um curso introdutório de estatística em Educação Física, eram encontrados exemplares em um grande número, na biblioteca física, além de estar disponível, também, na biblioteca virtual da UnB. Com isto, o discente tem plenas condições de acesso e de estudo do material didático.

Ao longo do semestre, solicitou-se, continuamente, que os alunos realizassem a leitura prévia de cada assunto a ser ministrado em sala. A ideia disseminada entre os alunos foi de que, mesmo que tivessem dificuldade com a leitura do capítulo do livro, teriam melhores condições de acompanhar a aula. Uma observação, fruto da vivência destas aulas, é que, infelizmente, nem sempre essa abordagem era bem-sucedida. Infelizmente, muitas vezes, apenas uma minoria realizava a leitura prévia do capítulo do livro. Objetivando sanar o problema, o professor passou a informar aos estudantes as páginas principais a serem lidas, além do próprio capítulo. A percepção foi a de que os estudantes pareceram engajar-se mais, com esta estratégia, pois a dificuldade era "menor" com a leitura de 10 páginas, em vez de um capítulo inteiro. Os mais ávidos liam o capítulo inteiro; e alguns, cuja curiosidade fora despertada por aquelas poucas páginas, também acabavam lendo o restante do capítulo. Outra estratégia utilizada foi dar exemplos de "roteiros" para agilizar o estudo de um trecho mais longo. Por exemplo: em uma aula ministrada na quarta-feira, era informado que haveria uma leitura mais "longa", para segunda-feira, de um conteúdo complexo em um total de 32 páginas. Em seguida, era sugerido que os alunos lessem 8 páginas por dia aproximadamente, para ser menos "desgastante". O relato dos alunos foi positivo quanto a esta abordagem.

4.2.1.5. Uso do portfólio

Foi solicitado aos estudantes a realização de um portfólio semanal, sendo que no caso da disciplina de verão a data de entrega era no dia seguinte à aula, devido ao ritmo acelerado das disciplinas ofertadas nesse período – no caso da oferta de verão de "Estatística Aplicada à Educação Física", as aulas ocorriam às segundas, quartas e sextas, entre os dias 6 de Janeiro e 7 de Fevereiro. Nesta atividade, os alunos deveriam elaborar um resumo do conteúdo ministrado naquela semana, ocupando no máximo uma folha A4, sem nenhuma outra exigência de formatação, podendo inclusive ser feito a mão caso os alunos preferissem, mas com entrega via plataforma digital da disciplina. Era informado aos estudantes que a atividade tinha os seguintes objetivos:

- Auxiliar o desenvolvimento de uma postura mais "ativa" na aprendizagem, estando atentos aos aspectos-chaves do conteúdo que estava sendo apresentado;

- Proporcionar mais oportunidades de assimilação do conteúdo, pois os discentes teriam que refletir sobre o mesmo e "estudar" novamente, para que pudessem apresentá-lo corretamente em seu portfólio;

- Servir como material de estudo e de consulta sobre o conteúdo. O professor incentivava os estudantes a se envolverem na atividade, pois, caso fosse bem feita e ficasse organizada, serviria não só como material de estudo para a disciplina, mas seria fonte de consulta nos momentos em que precisassem, fosse no ambiente acadêmico – futuras disciplinas, trabalhos, pós-graduação – ou no ambiente profissional. Sob este último aspecto, era esclarecido aos estudantes que eles poderiam registrar, além do conteúdo em si, informações sobre as fórmulas e etapas para elaboração de gráficos nos *softwares* que eles estivessem utilizando, o que lhes poderia ser útil na parte prática, quando precisassem.

Um cuidado muito importante com a atividade era na necessidade do *feedback* rápido e a possibilidade de reenvio quando fosse necessária alguma correção – um conceito errado, por exemplo. Isto é importante para que haja o alinhamento entre o discurso e a prática – que a finalidade do portfólio é a aprendizagem, não a "nota". O resultado observado foi o de alunos motivados em corrigir suas atividades e reenviá-las com os conceitos e os conteúdos totalmente corrigidos. Apenas uma minoria de estudantes se satisfazia com uma nota parcial, sem reenviar a atividade. Eles perceberam, e relataram a percepção de que as atividades eram lidas, realmente, pelo professor; o que indica, ao menos empiricamente, ser um importante fator motivacional para que eles realizem as atividades propostas.

Outro ponto interessante dessa atividade é permitir ao estudante "desenvolver" o conceito da forma que ele preferir, estimulando-o a uma reflexão sobre o tópico e qual seria a melhor forma de apresentar a informação. Embora a maioria das atividades fosse apresentada na forma de textos e frases curtas, alguns estudantes aproveitavam para aprofundarem-se em conceitos usando o livro principal da disciplina, ou outros livros, ou ainda usando representações gráficas de conceitos para "enxergarem" o assunto. A ilustração 4.1 apresenta alguns exemplos de portfólios das três diferentes turmas que foram elaborados sobre o mesmo tema (aspectos da curva normal e padronização). Nesta ilustração foram incluídas a forma mais tradicional, de texto corrido, de frases curtas, bem como outras formas, usando figuras e textos, bem como de esquemas. A recepção dos estudantes foi muito positiva, especialmente com o passar da disciplina, pois iam compreendendo a importância da atividade. No encerramento da disciplina, em todas as turmas, foi solicitado um *feedback* aos discentes sobre as atividades, e pedido sugestões para melhorar o trabalho, em futuras oportunidades. Os estudantes foram praticamente unânimes em reconhecer a importância e o benefício da atividade, a despeito da resistência inicial de alguns.

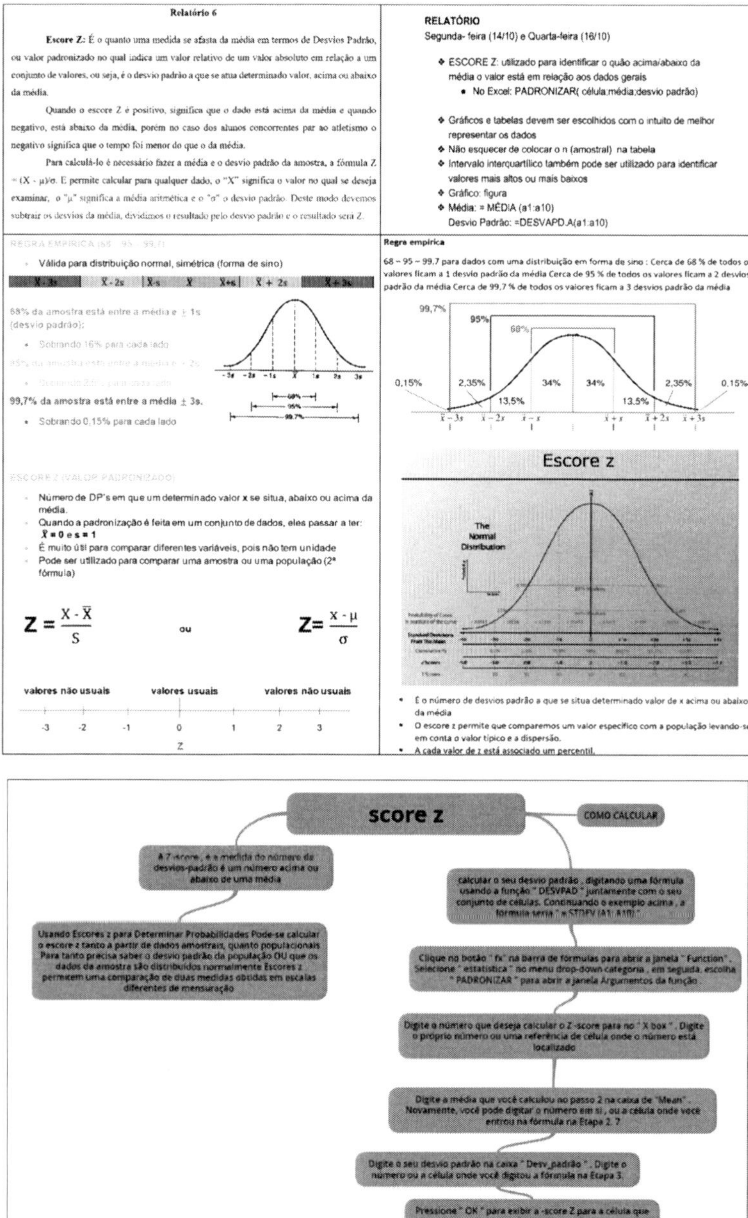

Ilustração 4.1. Cinco portfólios de diferentes estudantes, colados um ao outro, mostrando as diferentes estratégias para sintetizar o conteúdo, ora na forma textual, ora com esquemas ou com ênfase maior em imagens.

4.2.1.6. Incentivo a aplicação e contextualização do conteúdo da disciplina

Tomando por base os comentários transmitidos pela coordenação, por professores e discentes, entendeu-se que os graduandos em Educação Física sentem, muitas vezes, dificuldade em estabelecer a conexão entre o conteúdo desta disciplina e sua atuação prática profissional, não se apercebendo da relevância do assunto. Para superar este obstáculo, buscou-se sempre alinhar um conteúdo com uma aplicação prática, como se pode divisar nos exemplos a seguir:

- Estatística descritiva – Foi feita uma análise dos salários dos egressos da UnB (dados reais) nas áreas de saúde para demonstrar a importância de indicadores de dispersão que acompanham a medida de tendência central. Por exemplo, dentro dos dados apresentados, foram realçados dois grupos, ambos com salário médio de aproximadamente R$ 5.800,00, sendo que o primeiro grupo apresentava um coeficiente de variação de 0,80 e o segundo de 0,46. Pedia-se então que os estudantes explanassem sobre o que essas informações representavam, como interpretar esses dados, e quais cuidados necessários a tomar neste processo. Um questionamento levantado foi "se utilizariam outros indicadores para apresentar esses salários". A temática originou uma discussão sobre o uso da mediana, dos quartis e dos extremos.

- Padronização/Escore-z – Para trabalhar este conteúdo, trouxemos um exemplo extremante oportuno da própria Educação Física: a detecção de talentos esportivos utilizando a estratégia Z (MATSUDO; OLIVEIRA; ARAÚJO, 2007; SOUZA-LIMA et al., 2020), que padroniza resultado de avaliações antropométricas e de desempenho físico para a seleção de talentos esportivos. Trata-se de método sistematizado para detecção de talentos esportivos, baseado no escore-Z, proposto por Victor K. R. Matsudo, do Centro de Estudos do Laboratório de Aptidão Física de São Caetano do Sul, premiado no congresso científico da Olimpíada de Barcelona (MATSUDO, 1996; MATSUDO; OLIVEIRA; ARAÚJO, 2007), portanto, com grande potencial de despertar interesse genuíno nos alunos de graduação, tanto no bacharelado quanto na licenciatura em Educação Física. Assim, era possível estabelecer um diálogo entre uma medida complexa e um tanto abstrata (unidades de desvio-padrão) na percepção de estudantes que estão iniciando a graduação, com uma realidade mais concreta. Os estudantes receberam um banco de dados de uma escola (dados fictícios), e eles deveriam selecionar corretamente os estudantes com maior possiblidade de serem campeões em determinadas provas dos jogos escolares, justificando as suas escolhas e interpretando corretamente o resultado de seus cálculos. Por exemplo, um indivíduo com estatura de $z = 2$ é consideravelmente alto em relação ao grupo que pertence, pois é mais alto que 97,5% do grupo. Já no caso da velocidade, cujo resultado do teste era informado em segundos, para ser considerado rápido o indivíduo deveria possuir um z negativo. Para finalizar a atividade e estabelecer um elo com o próximo assunto - probabilidade relacionada à curva normal - era comentado o caso da lendária jogadora de Basquetebol Hortência de Fátima Marcari, uma das maiores basquetebolistas de todos os tempos, e cujo talento físico foi observado com base nos escores-Z apresentados por ela ainda adolescente (FAPESP, 2004). Os estudantes calculavam a probabilidade de qualquer indivíduo ter aqueles mesmos escores Z de velocidade e salto vertical e chegavam ao valor de aproximadamente $1,7 \times 10^{-20}$ – resultado que demonstra porque é tão difícil aparecer uma segunda Hortência.

4.2.1.7. Avaliação com ênfase na tomada de decisão

Os critérios de avaliação adotados para a disciplina foram focados no portfólio, e em uma única prova dividida em duas etapas, "teórica" e "prática". A primeira parte, "teórica", ocorria em sala de aula, onde os estudantes recebiam, no primeiro minuto de aula, dois arquivos, um banco de dados e um arquivo de texto, contendo uma série de perguntas e os campos indicativos de respostas. As questões eram situações-problema a serem trabalhadas em grupo, sendo que o foco era sempre na interpretação correta dos procedimentos estatísticos, e não nos procedimentos em si. Por exemplo, uma empresa desenvolveu um novo método de treinamento físico e decidiu comparar com um método tradicional para saber se o novo era mais efetivo (dados fictícios). Os estudantes deveriam analisar os dados e responder se o novo era, ou não, estatisticamente superior.

Na segunda parte da prova, chamada de "prática", eles deveriam preparar uma apresentação oral, responder perguntas, e justificar as respostas utilizando tabelas ou gráficos, conforme fosse mais adequado à questão. Eram questionados sobre os conceitos que estavam inseridos em suas respostas, de modo que deveriam refletir sobre o que haviam falado e sobre os resultados. Exemplos de perguntas: Você acha que pode ter acontecido um erro do tipo I em sua análise? Você usaria outra medida de centro e dispersão para apresentar seus dados, e por quê?

Um aspecto importante é que cada grupo recebeu provas completamente diferentes. Para isto, foram decididos os tópicos a serem abordados nas questões (estatística descritiva, escore Z, correlação e etc.) e, em seguida, criados bancos de dados diferentes para cada questão, de modo que não houvesse nenhuma prova igual. Cada questão possuía pelo menos três ou quatro versões diferentes, podendo variar o banco de dados para aquele problema, ou situações-problema completamente diferentes.

4.2.1.8. Autoeficácia e a busca por sua melhoria

A autoeficácia pode ser definida como as crenças pessoais a respeito da própria capacidade de se executar ações para atingir determinadas metas ou realizações, e analisada no contexto do ensino superior, também pode ser entendida de modo semelhante, mas agora as realizações estão no âmbito das tarefas acadêmicas ligadas a formação superior (POLYDORO; GUERREIRO-CASANOVA, 2010; SALLES et al., 2015). Tendo em vista as diversas estratégias que podem ser utilizadas para melhoria da autoeficácia (MARGOLIS; MCCABE, 2006; SALLES, 2015), foram utilizadas as seguintes estratégias:

- Planejamento de atividades em um nível de dificuldade crescente: normalmente cada conteúdo apresentado possuía no mínimo 3 exercícios feitos em sala, sendo que o nível de dificuldade do 1º, e às vezes do 2º também, era mínimo, para que o estudante sentisse que realmente dominou o conteúdo, tentando evitar que ficasse desmotivado ao "falhar" logo no 1º exercício (sensação de "não aprendi nada");

- Maestria: O professor reforçava constantemente que aquilo deveria ser estudado e praticado para que eles pudessem dominar o conteúdo. O professor empregava exemplos de outras áreas, como o "exemplo do futebol" – o professor perguntava se eles aprenderam a jogar futebol apenas ouvindo a palestra de um grande técnico de futebol; os estudantes enfaticamente respondiam que não, eles aprenderam principalmente jogando, e que quanto mais jogavam mais melhoravam. O professor concluía que, do mesmo modo, eles precisavam "jogar" com a estatística. Se não se esforçassem e praticassem o que estavam vendo, somente "ouvir" a aula não seria suficiente, pois precisavam ter a "bola no pé" para se aprimorarem "no jogo";

- Persuasão verbal: o professor constantemente "lembrava" os alunos que venceram vários desafios e adversidades para chegar ali e que tinham plenas condições de compreender o conteúdo e executar as tarefas pedidas;

- Experiência vicária: O trabalho em grupo proporcionava essa experiência, pois o estudante via pessoas semelhantes a si, executando as atividades e, sentia-se motivado e capaz de executá-las também.

4.2.1.9. Contato com estudantes fora do fluxo curricular

No primeiro dia de aula o professor da disciplina se apresentou e pediu para cada estudante fazer o mesmo, individualmente, dizendo nome, curso, semestre, familiaridade com o conteúdo e expectativa em relação à disciplina. Desse modo, cada estudante se apresentou e também usou a oportunidade desse momento para relatar reprovações ou trancamento da disciplina. Foi pedido a estes últimos, que ficassem 5 minutos após a aula para uma breve conversa. Neste momento mais particular, o professor pedia aos estudantes que descrevessem com mais detalhes as dificuldades encontradas, e sugestões para a disciplina, com vistas a um melhor aproveitamento por parte deles. Nas três turmas havia, pelo menos, um estudante com uma reprovação ou mais, bem como um trancamento anterior ou mais. Havia também casos de estudantes que realizaram o trancamento para evitar uma reprovação no curso. O objetivo principal da conversa era estimular a participação deles na disciplina, conscientizando-os de que a aprendizagem é um processo ativo e que era necessário realizar as leituras e atividades propostas, além da atenção na aula expositiva. Foi explicado que isso não significa uma culpabilização do estudante, nem a "inocência" de um professor, frente ao desfecho do processo de ensino-aprendizagem, mas que se esperava que eles estudassem os conteúdos, participassem da aula, interagissem durante a aula, especialmente quando não conseguissem entender uma explicação. Como agentes ativos, era de extrema importância que apresentassem suas dúvidas e questionamentos, pois, se eles são os agentes principais do processo, o ritmo deveria ser adequado a eles, e não o contrário. Procurou-se deixar claro para os alunos que se fosse necessário explicar algo novamente por cinquenta vezes, não haveria problema, havendo neles o interesse genuíno de aprender. A principal preocupação relatada por esse grupo de estudantes era em relação à matemática envolvida na disciplina, pois traziam lacunas do passado que os prejudicavam. Ocorrendo o esclarecimento de que eles deveriam se preocupar em entender o porquê e como interpretar os resultados, pois as operações matemáticas ficariam a cargo do computador, eles expressavam – de forma unânime – alívio. A experiência mostrou que esta estratégia aproximou os alunos e os deixou mais confiantes, o que é, muitas vezes, difícil para estudantes que estão repetindo a disciplina ou retomando-a após um trancamento anterior.

4.3. Avaliação dos resultados

A média de aprovação das três turmas foi de 94%, com uma média de reprovação de 2% sendo os 4% restantes compostos por trancamentos. Os dados disponíveis referentes ao segundo semestre letivo de 2017 indicam que a mesma disciplina apresentou uma taxa de reprovação de 36% (DPO/DAI-UNB, 2019). Considerando os dados mais recentes apresentados no atual Plano de Desenvolvimento Institucional da UnB (UNIVERSIDADE DE BRASÍLIA, 2019), a taxa média de reprovação da Universidade variou entre 17-21% nos anos de 2014-2016 e a taxa média de retenção variou entre 50-60% nos mesmos anos. No ano de 2017, a UnB apresentou uma taxa de desligamento por falta de rendimento de 11%, enquanto a graduação em Educação Física apresentou uma taxa de 7%. Nesta breve comparação com indicadores gerais da Universidade de Brasília e da própria Faculdade de Educação Física é possível observar um desempenho significativamente superior em termos de diminuir a reprovação e retenção, mantendo os alunos no fluxo correto de seus cursos.

Assim, a hipótese de que as estratégias de ensino ativo reduzem a retenção, tendo em vista a alta taxa de aprovação e baixa taxa de trancamento, nesse caso parece se confirmar, ao se analisar os resultados, comparando-os a um índice anterior da disciplina, bem como aos índices da UnB que estão publicamente disponíveis. É fundamental, ainda, considerar que outros fatores interferem no processo ensino-aprendizagem, e não há a pretensão de que a experiência bem-sucedida, aqui relatada, dê solução para os diferentes desafios do ensino da estatística no curso de Educação Física, até porque o comparativo com períodos anteriores demandaria análise mais detalhada e período histórico de comparação mais longo. Os alunos são outros, a forma de avaliação é outra e as circunstâncias mudam, semestre a semestre. O que se destaca nesse sentido é que, apesar das necessárias ressalvas metodológicas, este relato de caso tem importantes indicadores de sucesso em três diferentes turmas.

Vale mencionar ainda que o relato positivo dos estudantes embora não seja um dado quantitativo, também não deve ser desprezado. Transcrevemos abaixo alguns exemplos significativos, em uma abordagem mais qualitativa, porém sem que nenhum tratamento de dados tenha sido empregado.

> *"Foi de extrema importância o uso de ferramentas como Google Classroom e Excel, o primeiro facilitando a entrega de atividades e sendo um canal simples de informações para a matéria, de forma que atualizações sobre o conteúdo eram postadas e facilmente acessíveis, já que a plataforma pode ser usada como o mesmo login e senha para outras plataformas como Gmail e Youtube. O uso do Excel foi indispensável, visto que grande parte dos alunos não mostrou ter experiência com a ferramenta que, atualmente, é um requisito em muitas empresas e trabalhos. É importante destacar que foi feita uma parceria entre a UnB e a Microsoft, permitindo que ferramentas como Microsoft Word, Power Point e Excel ficassem disponíveis para os alunos gratuitamente, democratizando esse uso e facilitando o aprendizado. Achei bacana os portfolios, nessa*

matéria foi a primeira vez que testei fazer isso em forma de mapas mentais e ajudou bastante, fica bem simples de revisar depois das aulas e passando eles como atividade, já incentiva o aluno a reforçar o conteúdo. Na avaliação final foi bem útil também, eu segmentei bem os conteúdos, então foi bem funcional na hora. Por fim, a matéria cumpriu seu objetivo principal, que foi mostrar onde a estatística poderia ser encaixada dentro da Educação Física, sendo para fazer uma peneira de atletas ou mesmo quantificar dados de medidas corporais dos alunos. Tudo isso poderia ser feito de forma manual como foi mostrado através de algumas fórmulas e cálculos, mas há uma dificuldade crescente na execução à medida que o número de dados aumenta, destacando ainda mais o ótimo uso de ferramentas tecnológicas como o Excel que facilita a execução do trabalho em poucos cliques.";

"No início teve um receio, pois tínhamos dificuldades e limitações quanto ao Excel, mas aos poucos fomos assimilando e conseguindo aplicar diferentes situações-problema da nossa área, como por exemplo, salários dos profissionais, selecionar os melhores jogadores de um determinado time. Lembro que em uma aula não sabíamos o que era medicinebol e recentemente na prova de treinamento resistido caiu uma questão que envolvia isso, conseguimos responder e lembrar da aula (de estatística) que contribuiu de forma multidisciplinar. O Google Classroom também contribui para essa inovação na disciplina, pois era avisado aos alunos o período das tarefas, das notas, o que nos gerava uma expectativa. O professor possibilitava apresentação dos dados que eram organizados por nós, com isso foi incrível poder ter essa autonomia diante dos dados e isso reflete até os dias atuais, por exemplo, no meu PIBIC utilizei as normas de uma tabela que aprendi na disciplina. E recentemente consegui utilizar o teste T em alguns dados que estava trabalhando no meu relatório. Indubitavelmente, a perspectiva elaborada pelo professor de fazer uma estatística mais prática e com maior ênfase

no construir o conhecimento dos alunos do que apenas jogar listas de exercícios, permitiu uma evolução de aprendizagem, domínio da área, da estatística e das inovações tecnológicas.";

"Foi bastante interessante e inovador, utilizamos Excel com situações-problemas bem voltadas para a nossa realidade na educação física, e tínhamos portifólio que construímos ao longo de todo o semestre nas atividades aplicadas. Além de nos atualizarmos quanto as ferramentas tecnológicas na aprendizagem, foi possível também absorver com mais facilidade o conteúdo.";

"No início eu fiquei um pouco apreensiva com o método de ensino proposto pelo professor, pois sempre fui acostumada com o modelo tradicional. O uso do Excel em sala de aula proporcionou a vivência de novas experiências, toda aula tínhamos um novo desafio. Optar pelo trabalho em grupo foi bastante inclusivo, compreendendo que nem todos os alunos possuíam um computador para participar das aulas. A aplicação da ferramenta Excel além de me auxiliar em trabalhos acadêmicos, hoje ajuda a administrar minha loja online.";

"Para mim foi uma experiência incrível. Atualmente, tudo se faz em computadores ou celulares, devido a sua praticidade, agilidade e segurança quando falamos em perda de arquivos. Muitas coisas que aprendi nas aulas de Estatística eu uso para assuntos pessoais. O principal ponto que me ajudou a aprender foi a prática em sala de aula. Quando aprendíamos algum conteúdo, ele já era posto em prática e isso me ajudou muito. Com certeza, o uso da tecnologia (computadores, celulares e Tablets) não só me ajudou a entender melhor as matérias de estatística, mas sim, a aplicá-las em qualquer momento da minha vida.".

4.4. Revisão de literatura narrativa

Nosso objetivo com este trabalho, unindo a revisão de literatura narrativa ao relato de experiência, é justamente fornecer bases científicas, que norteiam atitudes pedagógicas, à experiência de educadores em atividade. Os autores acreditam que, em tantos momentos que não temos dados que suportem a nossa tomada de decisão, precisamos aliar a experiência e vivência da prática docente para conseguirmos otimizar o processo de ensino-aprendizagem. Essa, aliás, é a motivação maior para a escrita deste capítulo com base no relato dessas três experiências bem-sucedidas.

A Estatística é uma ciência de suma importância, sendo ensinada na maioria dos cursos de graduação. Especialmente no tempo em que vivemos, saber organizar, analisar e interpretar dados para tomada de decisões baseadas em evidências, é fundamental para qualquer profissão e atividade científica. Seja para analisar o resultado de um programa de promoção da atividade física para a saúde, ou uma pesquisa de comportamento de consumo, seja para avaliar o comportamento da economia, para comparar traços psicológicos de diferentes grupos, ou a efetividade de um novo fármaco – todas essas diferentes atividades precisam de conhecimentos estatísticos para realizar os procedimentos adequados, ou interpretar resultados de investigações científicas já publicadas (BERLIKOWSKI, 2018; ZIEFFLER et al., 2008). Para o profissional de Educação Física - licenciado ou bacharel - não é diferente.

A área de atuação da Educação Física é ampla, incluindo: Educação Física escolar, esporte de alto rendimento, treinamento físico para grupos especiais, lazer, administração esportiva, saúde pública, epidemiologia, entre outras. Mesmo assim, a inclusão de uma disciplina de estatística aplicada é algo recente nos cursos de Educação Física. No caso da Universidade de Brasília (UnB), esta inclusão ocorreu após reforma curricular no ano de 2014 para o Bacharelado e 2011 para o curso de Licenciatura. A despeito de sua importância para qualquer atividade de portador de diploma de nível superior, a disciplina "Estatística Aplicada à Educação Física" tem se associado a uma elevada taxa de retenção, causada por trancamento ou por reprovação. No caso da reprovação, a média no 2º semestre de 2017 foi de 36% (DPO/DAI-UNB, 2019). À luz deste fato, é possível indagar se o problema é específico para o curso de Educação Física, ou é uma situação comum em cursos de nível superior? Pergunta-se, então, qual seria a forma mais adequada de apresentar esse conteúdo a esses discentes.

4.4.1. Ensino de Estatística

O ensino de estatística, em si, pode ser considerado uma área razoavelmente jovem. Em uma importante revisão sobre o ensino de estatística, feita por Garfield e Ben-Zvi (2007), eles citam que o primeiro periódico científico de educação estatística a publicar pesquisa de alta qualidade foi criado em 2002, o *Statistics Education Research Journal.* Um outro periódico científico internacional específico sobre ensino de estatística já existia desde 1979, contudo o seu foco era exclusivo ao ensino de estatística a estudantes com até 19 anos de idade (TEACHING STATISTICS TRUST, 2020). Outro periódico sobre o assunto, o *Journal of Statistics Education*, existente desde 1993 – tem como principal distinção do periódico científico de 2002 o fato de ser ligado à sociedade americana de estatística, e não a uma sociedade internacional. Sejam 27 ou 18 anos, ainda assim é um tempo consideravelmente curto, quando comparado com a idade de outras disciplinas educacionais. Um exemplo, é o primeiro periódico da área de Educação Física, o *Journal of Physical Education, Recreation & Dance* foi criado em 1896.

Curiosamente, críticas levantadas há 27 anos parecem ecoar ainda hoje. Na primeira edição do *Journal of Statistics Education*, Cobb (1993) destaca a necessidade de mudanças curriculares no ensino de estatística e realiza alguns apontamentos para melhorar as disciplinas no nível superior. O primeiro ponto destacado foi a necessidade de maior carga horária de atividades práticas, fosse usando dados coletados pelos estudantes, gerados através de simulações, ou fossem grandes bancos de dados oriundos do "mundo real". O segundo ponto importante abordado foi não se prender às formas tradicionais em que as disciplinas eram apresentadas; em vez de se trabalharem os tradicionais tópicos de estatística, focar em perguntas práticas ou situações-problema a serem solucionadas. O autor também argumenta que o conteúdo não precisa ser ministrado, necessariamente, em aula expositiva, podendo ser realizados estudos dirigidos e leituras prévias e, quando em sala de aula, atividades em grupo com o acompanhamento do professor. Destaca-se que todas estas recomendações foram incorporadas na disciplina de Estatística Aplicada à Educação Física. A satisfação foi constatar essas recomendações depois da execução. Felizmente, sob este aspecto, parece que boas opções metodológicas foram planejadas e executadas.

Passados 14 anos desde essa publicação, uma revisão sobre os avanços no ensino de estatística aponta para a mesma direção, trazendo, ainda, outros pontos novos e interessantes (GARFIELD; BEN-ZVI, 2007). Os autores relatam que o uso de recursos tecnológicos para o aprendizado é importante, mas sem um planejamento adequado da interação dos estudantes com estes recursos, o resultado pode ser ineficaz. Observou-se, também, uma tendência dos estilos de ensino, chamados "ativos", superarem os tradicionais, em termos de resultado de aprendizagem, apesar da grande heterogeneidade do que cada pesquisa define como estilos de ensino "tradicional" e "ativo". Por último, uma informação nova e relevante é que motivação e desejo de aprender são melhores preditores de desempenho de um estudante do que as atitudes e percepções frente ao conteúdo de estatística (GARFIELD; BEN-ZVI, 2007). Este novo ponto reforça, por exemplo, a importância daquela oportunidade de conversa, logo no início do semestre, com alunos que já haviam cursado anteriormente a disciplina, e não lograram aprovação.

4.4.1.1. Ensino de Estatística em curso de nível superior

A disciplina de Estatística é ministrada de forma obrigatória em cursos de nível superior de diversas áreas. Alguns lidam com números de forma mais direta do que outros, assim, é possível imaginar que os diferentes cursos possuam diferentes formas de se relacionar com o conteúdo. Aqueles que pertencem a profissões cuja relação com a disciplina não é tão óbvia, possivelmente terão menor engajamento na realização das atividades (BERLIKOWSKI, 2018; PAYNE, 2014; WILLIAMS et al., 2008).

Pensando no cenário brasileiro, Silva et al., (2015) analisaram a produção científica dos principais pesquisadores da Sociedade Brasileira de Ensino de Matemática e observaram uma tendência de queda na produção científica do assunto educação estatística, no período 2010-2014, mesmo incluindo artigos científicos, artigos em eventos, livros e capítulos de livros. Os autores apontaram a baixa proporção de artigos científicos publicados em periódicos (27%) que tinham foco no ensino superior. Mencionaram, também, que o número de dissertações e teses sobre o tema era ainda menor (17%). Apesar das limitações da pesquisa, são indicativos que realçam a necessidade de uma avaliação diagnóstica do tema, no curso superior, bem como dos métodos de ensino. Paralelamente, os autores destacam o baixo número de trabalhos focados no benefício do apoio tecnológico e dos possíveis ganhos advindos do uso de diferentes *softwares* em sala de aula.

4.4.1.2. Ensino de Estatística em curso de Educação Física

Em relação a graduandos em Educação Física, eles não são diferentes dos de outros cursos. No dia a dia é comum ouvir relatos de estudantes que optaram por cursar a área de saúde e, no nosso caso, Educação Física, porque não gostariam de continuar a estudar, no curso superior, disciplinas ligadas à matemática. Infelizmente a escassez de dados sobre o assunto não nos permite generalizar tal afirmativa, apesar de que há uma noção superficial de que, em alguns casos, uma visão negativa sobre sua relação prévia com a disciplina de matemática pode afetar o estudante na escolha de um curso superior (SILVA, 2018).

Ao pesquisarmos na base de dados da *Wiley Online Library*, usando as palavras-chave "*teach*", "*statistics*", "*exercise science*", "*undergraduate*" e "*Brazil*" resultam 67 achados, sendo que nenhum deles é um artigo completo, relativo ao tema de interesse. Em uma busca na base de dados Scopus, com as mesmas palavras, obtêm-se somente um resultado. Outras combinações que utilizem termos similares como "*kinesiology*", ou "*physical education*" produzem números similares. Foi realizada, ainda, uma última busca, mais ampla, na base de dados *Web of Science* utilizando as mesmas palavras-chave, exceto "*Brazil*". Resultam em 295 achados, mas somente um artigo completo sobre o tema, publicado em periódico científico, e um trabalho publicado em anais de congresso. Buscando na base de dados Scielo com as palavras-chave "ensino", "estatística" e "educação física", foram encontrados apenas seis resultados – nenhum deles ligados, efetivamente, ao tema de interesse. Como o objetivo principal do presente trabalho não é uma revisão sistemática sobre o tema, não nos aprofundaremos mais neste assunto, mas, já se concretiza a percepção de que há uma escassez de artigos científicos publicados sobre o assunto. Também não é o objetivo principal do presente trabalho investigar o porquê da ausência de pesquisas sobre o assunto. É necessário reforçar a importância de pesquisas feitas especificamente no curso de Educação Física, e no Brasil. É inegável que podem existir sérias limitações na extrapolação de dados gerados em outros cursos da saúde ou contextos culturais, tendo em vista prováveis diferenças no grau de conhecimento matemático e de probabilidade, com os quais os estudantes ingressam no Ensino Superior. Esperamos que esse relato de caso, dessas três turmas, contribua neste cenário.

O único estudo encontrado comparou o efeito de duas formas distintas de estilo de ensino na aprendizagem de estudantes de uma disciplina chamada *sports statistics* (WU; ZHANG, 2019). Os pesquisadores ofertaram um curso de estatística do esporte para duas turmas distintas: uma foi o grupo "controle", tendo aula no, chamado por eles, método tradicional, centrado no professor. O outro grupo, "experimental", tinha aulas em um método misto, com momentos em que a maior ênfase era no professor – demonstrações e explicações dos procedimentos – e, em outros momentos era o estudante – análise e resolução de problemas. Os pesquisadores observaram diferenças significativas a favor do grupo em que foi usado o método misto, em todas as variáveis analisadas (autorrelato dos estudantes): gostar do estilo de ensino, motivação para o interesse em aprender, melhorar a habilidade de generalizar, autoeficácia na aprendizagem, capacidade de expressão verbal, melhora da habilidade de analisar e resolver problemas. A nota do grupo que participou do ensino misto, também, foi significativamente maior. Embora essa pesquisa possua limitações, é, aparentemente, a única que trata de maneira específica sobre ensino de estatística na área do esporte. Estes resultados corroboram com a estratégia utilizada na disciplina "Estatística Aplicada à Educação Física", na qual a interação do estudante com o conhecimento foi centrada na análise e interpretação dos resultados, mas, também ocorriam no momento das aulas expositivas por parte do professor, explicando conceitos e demonstrando procedimentos nas planilhas eletrônicas.

Por último, vamos trabalhar algumas das hipóteses e estratégias didáticas utilizadas, que nortearam a construção e a execução da disciplina. Uma preocupação é o nível de conhecimento com que os estudantes chegam ao curso superior, conforme se pode observar pelo desempenho preocupante dos alunos avaliados pelo Programa Internacional de Avaliação de Estudantes (PISA), em que 68,1% dos estudantes avaliados, em 2018, não apresentaram conhecimento básico em matemática. Esse índice está estagnado desde 2009, e o Brasil encontra-se em um plano inferior a outros países da América Latina (LIMA et al., 2020).

4.4.2. Hipóteses que nortearam o trabalho desenvolvido

4.4.2.1. Hipótese do conhecimento lógico-matemático insuficiente

Os autores acreditam que a falta de um adequado domínio de princípios matemáticos, acompanhada normalmente por uma sensação de ansiedade, que muitas vezes gera uma dificuldade de aprendizado, acabam prejudicando o desempenho acadêmico dos estudantes nas disciplinas introdutórias de estatística, ao menos na área da saúde. Os autores deste trabalho desconhecem pesquisas que abordam este tema de forma aprofundada no Brasil – especialmente em cursos de Educação Física. É possível fazer uma analogia pelo mau desempenho do Brasil no PISA, considerando que somente 31.9% dos estudantes avaliados no Brasil possuíam um nível básico de conhecimento matemático. Esta falta de uma formação sólida poderia, inclusive, estar ligada à evasão no nível superior no Brasil. Por exemplo, apesar de termos tido 8.052.254 ingressantes no nível superior em 2015, foram registrados somente 1.264.299 concluintes em 2018 (BRASIL INSTITUTO NACIONAL DE ESTUDOS E PESQUISAS EDUCACIONAIS ANÍSIO TEIXEIRA - INEP, 2019). Vale destacar que estes dados não fazem separação por região do Brasil, tipo de instituição, se pública ou privada, nem outros fatores, que podem se associar a melhores ou piores indicadores, o que vai além do escopo deste trabalho, mas merece análise futura.

Outros dados nacionais poderiam servir como um contra-argumento para a hipótese dos pesquisadores, tendo em vista que o Brasil possui menos de 20% dos seus jovens de 18-24 anos cursando nível superior (INSTITUTO BRASILEIRO DE GEOGRAFIA E ESTATÍSTICA, 2016). Neste contra-argumento, o vestibular e tantas barreiras socioeconômicas existentes em nosso país impediriam que alunos que não possuem conhecimento básico de matemática ingressassem na educação superior. Os autores desconhecem dados científicos, publicados em periódicos de alto impacto, que possam dar adequado suporte, ou refutar a hipótese em questão. Contudo, empiricamente, a experiência dos professores-pesquisadores apoia essa hipótese, sobre a qual faremos um breve relato.

Neste cenário, é importante pontuar que um dos autores (EMKVKS) cursou a disciplina estágio docência – cujo objetivo é "a preparação para a docência, e a qualificação do ensino de graduação" (CAPES, 2010) - sob orientação do autor (LGGP), em uma disciplina científica que também requer uma base mínima de matemática: "EPIDEMIOLOGIA APLICADA À EDUCAÇÃO FÍSICA". Na disciplina, são comumente exigidos procedimentos e conceitos matemáticos simples como soma, subtração, multiplicação, divisão, índices e proporções; contudo há necessidade de interpretar adequadamente enunciados de problemas, fazendo uso correto do raciocínio epidemiológico. O professor responsável pela disciplina (LGGP) observou a dificuldade dos estudantes em atividades simples, em alguns casos raciocinando corretamente, mas errando em operações matemáticas básicas, a despeito do uso de calculadora ser permitido. Ambos realizaram uma enquete, e foi ministrada uma aula de reforço matemático, abordando os conceitos nos quais os estudantes relataram ter dificuldade. Apesar do problema mais comum ser a interpretação adequada de enunciado, houve casos de estudantes que relataram real dificuldade na realização de operações matemáticas fundamentais, ao menos na sua aplicação a partir de enunciados de cunho epidemiológico. A experiência na disciplina de epidemiologia sugere que usar algumas aulas introdutórias (talvez uma ou duas), para tratar de elementos básicos da matemática, pode gerar um bom custo-benefício neste tipo de disciplina, que requer elementos básicos da matemática na interpretação de seus conteúdos fundamentais.

Por isso, a experiência pedagógica dos autores segue esse direcionamento que, na realidade que conhecemos, parece haver um número pequeno, mas importante, de estudantes que não possuem conhecimentos básicos de matemática, predispondo-os a um mau desempenho em disciplinas que requerem tais conhecimentos. Assim, no planejamento da disciplina "Estatística Aplicada à Educação Física", procurou-se reduzir a ansiedade dos estudantes enfatizando que "estatística" não é "matemática" e focando no raciocínio, pois as "continhas" ficariam a cargo do computador.

4.4.2.2. Hipótese da "necessidade" do uso de equipamentos eletrônicos

Os autores deste trabalho acreditam que, para que haja uma melhor aprendizagem do conteúdo de estatística na graduação em Educação Física, são necessários momentos "*hands-on*" (GARFIELD; BEN-ZVI, 2007; SILVA; CAZORLA; KATAOKA, 2015); ou seja, o estudante deve interagir, de alguma forma, com o conhecimento que lhe está sendo apresentado, preferencialmente em alguma oportunidade prática. Seguindo na linha da hipótese anterior, trabalhar com os estudantes de forma "analógica" ao invés de digital, é uma possibilidade, mas, demandaria um investimento grande, de tempo de aula ou de estudo, para a realização das diversas operações exigidas pelo conteúdo, bem como habilidades manuais específicas para a elaboração de gráficos. Este tempo poderia facilmente se transformar em poucos minutos, ou segundos, em poucos cliques. Trabalhar com planilhas eletrônicas ou, *softwares* específicos de estatística mostrou-se uma excelente solução, inclusive, aproximando mais os estudantes da realidade, pois atualmente é praticamente impossível ver alguém atuando no mercado de trabalho, ou na área acadêmica, realizando procedimentos estatísticos e construindo gráficos à mão. Os autores não estão reduzindo a importância destes conhecimentos e práticas, em detrimento da experiência "digital", mas, reconhecendo que a última poderia ter maior destaque do que lhe geralmente é atribuído, pois contribui para a aprendizagem, para a aproximação com o mercado de trabalho e para as atividades acadêmicas.

A importância da interação entre sujeito e objeto de conhecimento de forma ativa, não é o objeto principal deste trabalho. Os autores também reconhecem que não há uma única forma de aprendizagem, e que uma mesma abordagem pode alcançar resultados diferentes devido a questões socioculturais e individuais de aprendizagem; também há diversos estilos de ensino – não sendo o principal objetivo deste trabalho fazer uma revisão sobre o assunto. Aos leitores interessados em aprofundar o tema, recomendamos os seguintes autores, que discutem sobre os diversos estilos de ensino (CZEPULA et al.,

2016; EAGLETON, 2017; FEELEY; BIGGERSTAFF, 2015; KHALIL; ELKHIDER, 2016; RENZULLI; DAI, 2001; SILVA et al., 2015). Assim, além de já existirem recomendações de especialistas sobre o assunto (GARFIELD; BEN-ZVI, 2007; SILVA; CAZORLA; KATAOKA, 2015), reforçamos os benefícios de tal abordagem considerando a experiência pedagógica, conforme observado em sala de aula.

Infelizmente, nem todos os estudantes possuem um *laptop* para levar para as aulas, sendo este um fato comum em universidades públicas. A última pesquisa da Associação Nacional dos Dirigentes das Instituições Federais de Ensino Superior relatou que, aproximadamente 70% dos estudantes matriculados em Instituições Federais de Ensino Superior (IFES) possuem renda familiar per capita ≤ 1,5 salários mínimos (ANDIFES, 2019). Então, mesmo quando possuem um *laptop*, nem sempre podem levá-lo para a sala de aula, seja porque é compartilhado com um membro da família, seja pela insegurança em transportar um objeto de maior valor. Muitos estudantes dependem de ônibus para chegar à universidade, e relatam não se sentirem seguros para transportar o *laptop* – aproximadamente 50% dos estudantes de IFES usam transporte coletivo, sendo que destes, quase 40% levam mais de uma hora para chegar a Universidade, e 75% gastam mais de 30 minutos (ANDIFES, 2019). Em uma realidade como esta, o docente que quiser implementar atividades práticas durante as aulas enfrenta um cenário difícil. Neste contexto ressalta-se a importância da oferta de ambientes apropriados ao ensino, que disponibilizem os equipamentos necessários para essas dinâmicas em sala de aula. Registra-se com satisfação que a FEF-UnB implementou recentemente um laboratório de Tecnologias de Informação e Comunicação (TICs), que viabiliza essas estratégias pedagógicas de uma forma que não dependa do aluno ter o seu equipamento pessoal e/ou que tenha que levá-lo para a universidade.

Alternativamente, duas possíveis soluções para estas dificuldades são: implementar o trabalho cooperativo em grupos, tornando obrigatório em cada grupo a presença de, pelo menos, uma pessoa que tenha condições de levar um dispositivo eletrônico para a aula, como descrito em nossas atividades. A segunda alternativa seria utilizar um *smartphone* para a realização destas atividades. Aplicativos como o Microsoft Excel™ para celular, por exemplo, são gratuitos. Mesmo não possuindo toda a versatilidade da versão *desktop*, ele é mais do que suficiente para cursos introdutórios de estatística, particularmente para graduação em Educação Física. Para minimizar a dificuldade com a internet, os bancos de dados que serão analisados podem ser disponibilizados em data anterior à aula, poupando o tempo de digitar dados. Em alguns momentos pode ser interessante que os estudantes lancem na planilha os dados que serão analisados.

4.4.3. Estratégias didáticas utilizadas

4.4.3.1. Trabalho cooperativo

Os autores deste trabalho acreditam que para que haja uma melhor aprendizagem do conteúdo de estatística, na graduação em Educação Física, é necessário interação, neste caso específico o trabalho cooperativo entre estudantes. Diversos estudos apontam para os benefícios do trabalho cooperativo, mesmo no ensino de estatística – vide revisões de literatura (GARFIELD, 1993, 2013; JOHNSON; JOHNSON, 2002; ROSETH; GARFIELD; BEN-ZVI, 2008; ZIEFFLER et al., 2008).

Um estudo interessante foi feito por Giraud (1997), em que comparou duas formas distintas de ensino em uma disciplina introdutória de estatística – uma turma assistia aulas expositivas, individualmente, e realizava seus trabalhos e exercícios, também individualmente, enquanto outra tinha a oportunidade de trabalhar em grupos de cinco estudantes, realizando atividades e exercícios em sala. Embora os estudantes que assistiram somente as aulas expositivas terem participado de mais sessões de monitoria, eles apresentaram notas significativamente menores do que aqueles que estavam na turma de trabalho em grupo. Outro achado muito interessante foi uma interação significativa entre o nível de conhecimento matemático (avaliado no início da disciplina) e a modalidade de ensino – os estudantes com pior conhecimento matemático que participaram do ensino cooperativo tiveram um desempenho acadêmico melhor do que os seus pares que participaram somente de aulas expositivas.

4.4.3.2. Não compartilhamento de slides utilizados em aula

Indo de encontro ao conhecimento popular, especialmente no que tange à opinião dos estudantes, a maior parte dos estudos científicos indica que disponibilizar *slides* não produz efeito algum e, às vezes, pode resultar em pior desempenho acadêmico a longo prazo (KIM, 2018; WORTHINGTON; LEVASSEUR, 2015). Os diferentes estilos de aprendizagem dos estudantes também não parecem mediar os benefícios do uso dos slides, não havendo ganho significativo no desempenho acadêmico para nenhum grupo (NOPPE, 2007). A maioria das pesquisas busca associar estes resultados à quantidade e à qualidade de anotações feitas pelos estudantes durante a aula. Ter os slides parece fazer os estudantes anotarem menos, sendo a principal explicação para o pior desempenho a longo prazo do grupo com slides, quando comparados ao grupo sem slides (KIM, 2018; WORTHINGTON; LEVASSEUR, 2015). Mueller e Oppenheimer (2014) realizaram três estudos com diferentes desenhos experimentais para comparar o efeito de usar *laptop* ao invés de cadernos (escrita à mão), para anotar informações, e observaram que, mesmo quando o *laptop* era utilizado exclusivamente para anotar as informações da aula, ainda assim o desempenho era pior; em um dos experimentos, foi dado o prazo de uma semana para ambos os grupos (*laptop* e caderno) revisarem e estudarem as anotações e, ainda assim, o grupo que utilizou caderno obteve melhores resultados. Genericamente, aqueles com *laptop* faziam mais anotações (nº de palavras), mas eram anotações literais das palavras ouvidas, envolvendo processos cognitivos mais superficiais.

Como era de se esperar, nenhuma pesquisa é capaz de abordar todas as faces de um objeto de pesquisa, existindo questões que não foram abordadas, ou, se fossem, limitariam em muito a validade externa do trabalho. Assim, é possível indagar se estudantes sem slides prestam mais atenção na aula – o que, empiricamente, é bem razoável. Se o leitor é um professor de curso de nível superior, é muito provável que já tenha vivenciado, ou visto, em meio a uma aula, um discente perguntar ao professor que a ministrava se os slides serão disponibilizados, e ouvindo uma resposta positiva, apanhava o seu celular para se distrair. Possivelmente, estudantes sem slides estão mais propensos a, além de ter que prestar mais atenção na aula e fazer anotações, ler o livro, ou, consultar o material didático ofertado pela disciplina (apostilas, vídeos etc.).

Contextualizando, para a disciplina "Estatística Aplicada à Educação Física", optou-se por não compartilhar os slides, nem antes nem depois das aulas. Os estudantes eram incentivados a ler o livro-texto antes da realização das aulas. O professor indicava as páginas daquele tema, especificamente, quando necessário, em vez do capítulo inteiro. Eles também eram incentivados a fazer anotações, à mão, do conteúdo da aula. Claro que esta opção pode merecer consideração diferente em disciplinas para as quais não se identifiquem livros de referências nem outros materiais de suporte ao estudante.

4.4.3.3. Uso de portfólio

Vários estudos têm discutido os benefícios desta estratégia didática no ensino superior. Normalmente ligado a uma abordagem construtivista, os aparentes bons resultados desta estratégia normalmente são associados à reflexão feita pelo estudante sobre o objeto de conhecimento, sendo necessário analisar, descrever, relatar e avaliar o objeto de conhecimento. Outro ponto normalmente destacado desta estratégia é o desenvolvimento da autoeficácia do estudante, pois o mesmo precisa refletir sobre quais estratégias utilizar para assimilar um conhecimento, e sobre a importância do seu papel no processo ensino-aprendizagem (ALEXIOU; PARASKEVA, 2010, 2013; COTTA et al., 2012; HÄNDEL; WIMMER; ZIEGLER, 2020; KIMBALL, 2005; RYAN, 2011; VILLARDI; CYRINO, 2018; WATTY; MCKAY, 2015).

Esta abordagem permite que o estudante se engaje em um processamento cognitivo mais complexo, ajudando-o a refletir e a compreender o conteúdo. Como não foi adotada uma forma padrão de realizar a atividade, o estudante deve encontrar a melhor forma de resumir e expressar aquele conteúdo, podendo, inclusive, aprofundar-se mais no tema, caso ele deseje.

4.4.3.4. Autoeficácia

A literatura sobre autoeficácia é extensa e, apesar de sua importância, infelizmente não há espaço suficiente para maior detalhamento. Os autores recomendam uma leitura ao trabalho de Salles, tanto em sua dissertação de mestrado (SALLES, 2015), quanto em artigo publicado em periódico científico (SALLES et al., 2015), por tratar da questão da autoeficácia discente e em estudantes de Educação Física. Os autores sugerem aos leitores outras leituras enriquecedoras (ALEXIOU; PARASKEVA, 2013; GARCIA; RAMOS; BASSALO, 2020; MARGOLIS; MCCABE, 2006).

4.5. Considerações Finais

Comparando os resultados descritos no presente estudo de caso, quando comparados aos índices da Universidade de Brasília, da graduação em Educação Física e da mesma disciplina, foi observado que as taxas de reprovação e de trancamento se apresentaram, aparentemente, mais baixas. Resultados como este são importantes para as Instituições Federais, pois significam um maior número de estudantes no fluxo, uma menor taxa de retenção e tendência a uma taxa mais elevada de sucesso na graduação, gerando aproveitamento mais eficiente do erário, além de, aparentemente, maior satisfação dos alunos com o curso em andamento. É importante destacar que este estudo de caso foi realizado *a posteriori*; ou seja, não foi um experimento planejado, portanto, é necessário estar atento a todas as limitações inerentes a este tipo de pesquisa realizada em ensino presencial, no que tange à extrapolação dos resultados.

Em relação aos discentes, não possuímos dados quantitativos, mas, conforme relato dos alunos, o modelo de ensino ativo utilizado favoreceu a motivação e o interesse dos mesmos no conteúdo e no processo ensino-aprendizagem. Houve uma importante superação, por parte dos estudantes, especialmente considerando aqueles que já haviam sido reprovados uma ou mais vezes na disciplina e sobrepujaram o "bloqueio" que afirmavam ter com estatística. Os alunos também melhoraram a autoestima, no que se refere à sua capacidade de aprender um conteúdo, considerado por eles como sendo difícil, mostrando, indiretamente, a importância da autoeficácia no processo de ensino-aprendizagem. Por fim, o processo ativo retira o estudante da condição passiva e da intenção do fazer; avançando para o contexto ativo do fazer e da ação de aprender; o professor é o agente promotor dessa relação ensino-aprendizagem, devendo estimular o aluno a engajar-se ativamente nesta relação. Os resultados observados geraram um ciclo virtuoso, no sentido de que impactavam positiva e progressivamente na satisfação do professor, o que por sua vez, tende a repercutir positivamente, também, no processo ensino-aprendizagem e nos estudantes.

Referências

ALEXIOU, A.; PARASKEVA, F. Enhancing self-regulated learning skills through the implementation of an e-portfolio tool. **Procedia - Social and Behavioral Sciences**, Innovation and Creativity in Education. v. 2, n. 2, p. 3048–3054, 1 jan. 2010.

ALEXIOU, A.; PARASKEVA, F. **Exploiting motivation and self-efficacy through the implementation of self-regulated oriented e-portfolio**. In: Proceedings of the Sixth International Conference on E-Learning in the Workplace. New York: 2013

ANDIFES. **V Pesquisa Nacional de Perfil Socioeconômico e Cultural dos(as) Graduandos(as) das IFES - 2018**. [s.l: s.n.]. Disponível em: <http://www.andifes.org.br/wp-content/uploads/2019/05/V-Pesquisa-Nacionalde--Perfil-Socioecon%C3%B4mico-e-Cultural-dos-as-Graduandos-as-dasI-FES-2018.pdf>. Acesso em: 16 set. 2020.

BERLIKOWSKI, M. E. **As abordagens metodológicas e o perfil dos professores que lecionam estatística no ensino superior.** 2018. Tese (Doutorado em Educação em Ciências Matemáticas) - Pontifícia Universidade Católica do Rio Grande do Sul, Rio Grande do Sul.

BRASIL INSTITUTO NACIONAL DE ESTUDOS E PESQUISAS EDUCACIONAIS ANÍSIO TEIXEIRA (INEP). **Censo da Educação Superior 2018: notas estatísticas**. Brasília, DF, 2019. Disponível em: <http://download.inep.gov.br/educacao_superior/censo_superior/documentos/2019/censo_da_educacao_superior_2018-notas_estatisticas.pdf>. Acesso em: 13 set. 2020

CAPES. Portaria n. 76, de 14 de abril de 2010. REGULAMENTO DO PROGRAMA DE DEMANDA SOCIAL - DS. 19 abr. 2010, Sec. 1, p. 31–32.

COBB, G. W. Reconsidering Statistics Education: A National Science Foundation

Conference. **Journal of Statistics Education**, v. 1, n. 1, p. 1-26, 1 jul. 1993.

COTTA, R. M. M. et al. The construction of collective portfolios in traditional curriculums: an innovative approach in teaching-learning. **Ciência & Saúde Coletiva**, v. 17, n. 3, p. 787–796, mar. 2012.

CZEPULA, A. I. et al. Predominant learning styles among pharmacy students at the Federal University of Paraná, Brazil. **Pharmacy Practice**, v. 14, n. 1, p. 650, mar. 2016.

DPO/DAI-UNB. **Evasão nos cursos de Graduação da UnB: Curso: Educação Física (B - Integral).** Brasília: Universidade de Brasília, 2019.

EAGLETON, S. Designing blended learning interventions for the 21st century student. **Advances in Physiology Education**, v. 41, n. 2, p. 203–211, 1 jun. 2017.

FAPESP. Fórmula de campeão. **Pesquisa FAPESP - Especial esporte e ciência**, v. 1, n. 1, p. 48, ago. 2004.

FEELEY, A.-M.; BIGGERSTAFF, D. L. Exam Success at Undergraduate and Graduate-Entry Medical Schools: Is Learning Style or Learning Approach More Important? A Critical Review Exploring Links Between Academic Success, Learning Styles, and Learning Approaches Among School-Leaver Entry ("Traditional") and Graduate-Entry ("Nontraditional") Medical Students. **Teaching and Learning in Medicine**, v. 27, n. 3, p. 237–244, 2015.

GARCIA, L. A.; RAMOS, M. F. H.; BASSALO, F. S. Autoeficácia na formação profissional superior: uma revisão da literatura. **Research, Society and Development**, v. 9, n. 8, p. e814986206–e814986206, 21 jul. 2020.

GARFIELD, J. Teaching Statistics Using Small-Group Cooperative Learning. **Journal of Statistics Education**, v. 1, n. 1, p. 1–9, 1 jul. 1993.

GARFIELD, J. Cooperative Learning Revisited: From an Instructional Method to a Way of Life. **Journal of Statistics Education**, v. 21, n. 2, p. 1-8, 1 jul. 2013.

GARFIELD, J.; BEN-ZVI, D. How Students Learn Statistics Revisited: A Current Review of Research on Teaching and Learning Statistics. **International Statistical Review**, v. 75, n. 3, p. 372–396, 2007.

GIRAUD, G. Cooperative Learning and Statistics Instruction. **Journal of Statistics Education**, v. 5, n. 3, p. 1-11, 1 nov. 1997

HÄNDEL, M.; WIMMER, B.; ZIEGLER, A. E-portfolio use and its effects on exam performance – a field study. **Studies in Higher Education**, v. 45, n. 2, p. 258–270, 1 fev. 2020.

INSTITUTO BRASILEIRO DE GEOGRAFIA E ESTATÍSTICA. **Síntese de Indicadores Sociais - Uma análise das condições de vida da população brasileira.** Rio de Janeiro: IBGE, 2016.

JOHNSON, D. W.; JOHNSON, R. T. Learning Together and Alone: Overview and Meta-analysis. **Asia Pacific Journal of Education**, v. 22, n. 1, p. 95–105, 1 jan. 2002

KHALIL, M. K.; ELKHIDER, I. A. Applying learning theories and instructional design models for effective instruction. **Advances in Physiology Education**, v. 40, n. 2, p. 147–156, jun. 2016.

KIM, H. Impact of slide-based lectures on undergraduate students' learning: Mixed effects of accessibility to slides, differences in note-taking, and memory term. **Computers & Education**, v. 123, p. 13–25, 1 ago. 2018.

KIMBALL, M. Database e-portfolio systems: A critical appraisal. **Computers and Composition**, v. 22, n. 4, p. 434–458, 1 jan. 2005.

LIMA, P. V. P. DE et al. Brasil no Pisa (2003-2018): reflexões no campo da Matemática. **TANGRAM - Revista de Educação Matemática**, v. 3, n. 2, p. 03–26, 30 jun. 2020.

MARGOLIS, H.; MCCABE, P. P. Improving Self-Efficacy and Motivation: What to Do, What to Say. **Intervention in School and Clinic**, v. 41, n. 4, p. 218–227, 1 mar. 2006.

MATSUDO, V. K. R. Prediction of future athletic excellence. *In*: BAR-OR, O (org.). **The child and adolescent athlete**. Oxford: Blackwell Science, p. 92–109, 1996.

MATSUDO, V. K. R.; OLIVEIRA, L. C. DE; ARAÚJO, T. L. DE. Há ciência na detecção de talentos? **Diagn. tratamento**, v. 12, n. 4, p. 196–199, 2007.

MUELLER, P. A.; OPPENHEIMER, D. M. The Pen Is Mightier Than the Keyboard: Advantages of Longhand Over Laptop Note Taking. **Psychological Science**, v. 25, n. 6, p. 1159–1168, 1 jun. 2014.

NOPPE, I. PowerPoint Presentation Handouts and College Student Learning Outcomes. **International Journal for the Scholarship of Teaching and Learning**, v. 1, n. 1, 1 jan. 2007.

PAYNE, G. Surveys, Statisticians and Sociology: A History of (a Lack of) Quantitative Methods. **Enhancing Learning in the Social Sciences**, v. 6, n. 2, p. 74–89, 1 jul. 2014.

POLYDORO, S. A. J.; GUERREIRO-CASANOVA, D. C. Escala de auto-eficácia na formação superior: construção e estudo de validação. **Avaliação Psicológica**, v. 9, n. 2, p. 267–278, ago. 2010.

RENZULLI, J. S.; DAI, D. Y. Abilities, interests, and styles as aptitudes for learning: A person-situation interaction perspective. In: STERNBERG, R. J.; ZHANG, L.-F. (Eds.). **Perspectives on thinking, learning, and cognitive styles**. 1. ed. London: Lawrence Erlbaum Mahwah, NJ, 2001. p. 23–46.

ROSETH, C. J.; GARFIELD, J. B.; BEN-ZVI, D. Collaboration in Learning and Teaching Statistics. **Journal of Statistics Education**, v. 16, n. 1, p. 1-15, 1 mar. 2008.

RYAN, M. Evaluating Portfolio Use as a Tool for Assessment and Professional Development in Graduate Nursing Education. **Journal of Professional Nursing**, v. 27, n. 2, p. 84–91, 1 mar. 2011.

SALLES, W. DAS N. **Autoeficácia discente na formação inicial em Educação Física**. 2015. Dissertação (Mestrado em Educação Física) - Universidade Federal de Santa Catarina, Santa Catarina.

SALLES, W. DAS N. et al. Autoeficácia discente na formação inicial de estudantes universitários de Educação física. **Movimento (ESEFID/UFRGS)**, v. 21, n. 4, p. 1083– 1097, 25 ago. 2015.

SILVA, C. B. DA; CAZORLA, I. M.; KATAOKA, V. Y. Trajetória e perspectivas da educação estatística no Brasil, 2010-2014: um olhar a partir do GT-12. **Educação Matemática Pesquisa**: Revista do Programa de Estudos Pós-Graduados em Educação Matemática, v. 17, n. 3, p. 578–596, 26 nov. 2015.

SILVA, D. M. DA et al. Estilos de aprendizagem e desempenho acadêmico na Educação a Distância: uma investigação em cursos de especialização. **Revista Brasileira de Gestão de Negócios**, v. 17, n. 57, p. 1300–1316, set. 2015.

SILVA, D. T. S. DA. **Experiências de estudantes de escola pública com a matemática escolar e sua mobilização para o acesso ao ensino superior.** Trabalho de conclusão de graduação em Matemática —Porto Alegre, BR-RS: Universidade Federal do Rio Grande do Sul, 2018.

SOUZA-LIMA, J. DE et al. Detecting sporting talents with z-strategy - cross sectional study. **Revista Brasileira de Medicina do Esporte**, v. 26, n. 2, p. 147–152, abr. 2020.

TEACHING STATISTICS TRUST. **Overview of Teaching Statistics Journal**. Disponível em: <https://onlinelibrary.wiley.com/page/ journal/14679639/homepage/productinformation.html>. Acesso em: 12 set. 2020.

UNIVERSIDADE DE BRASÍLIA. **Plano de Desenvolvimento Insti-**

tucional 2018-2022, 2019. Disponível em: <http://planejamentodpo. unb.br/index.php?option=com_content&view=article&id=20&Itemid=791>. Acesso em: 20 set. 2020

VILLARDI, M. L.; CYRINO, E. G. Inovações pedagógicas no ensino superior: a problematização e o portfólio na formação de pedagogos. **Revista de Estudos Aplicados em Educação**, v. 3, n. 6, 2018.

WATTY, K.; MCKAY, J. Pedagogy and ePortfolios: purpose aligned to design (or the why and how). **International Journal of Pedagogies and Learning**, v. 10, n. 3, p. 194–207, 2 set. 2015.

WILLIAMS, M. et al. Does British sociology count?: sociology students' attitudes toward quantitative methods. **Sociology**, v. 42, n. 5, p. 1003–1021, 1 out. 2008.

WORTHINGTON, D. L.; LEVASSEUR, D. G. To provide or not to provide course PowerPoint slides? The impact of instructor-provided slides upon student attendance and performance. **Computers & Education**, v. 85, p. 14–22, 1 jul. 2015.

WU, J.; ZHANG, C. A Study on "Double-subject" Teaching Mode of Sport Statistics Course. **International Journal of Emerging Technologies in Learning** (iJET), v. 14, n. 18, p. 133–144, 30 set. 2019.

ZIEFFLER, A. et al. What Does Research Suggest About the Teaching and Learning of Introductory Statistics at the College Level? A Review of the Literature. **Journal of Statistics Education**, v. 16, n. 2, p. 1-25, 1 jul. 2008.

Capítulo 5

Desafios do ensino-aprendizagem em Estatística: relato de uma experiência aplicada à Engenharia

Marília Miranda Forte Gomes
Universidade de Brasília - Campus Gama (FGA/UnB)
mariliamfg@gmail.com

Maíra Rocha Santos
Universidade de Brasília – Campus Darcy – PPGDSCI/CEAM
rpmaira@gmail.com

Resumo

Este capítulo tem por objetivo relatar a metodologia ativa denominada de "Aula do Bolo" como forma de compartilhar a experiência que vem sendo realizada com as turmas do 3º período das engenharias da Universidade de Brasília – Campus Gama (FGA/UnB), na disciplina Probabilidade e Estatística aplicada à Engenharia. Partiu-se da compreensão de que as Metodologias Ativas se baseiam no processo de aprendizagem do estudante a partir de experiências reais ou simuladas, visando a solução de desafios da prática social, em diferentes contextos. Esse método ativo, experienciado desde 2014, vem apresentando bons resultados no processo de aprendizagem dos estudantes acerca dos conteúdos abstratos ministrados, nas médias das notas alcançadas e na interação dos alunos em sala de aula. A importância desse relato para os cursos de engenharia está na socialização de uma nova possibilidade de aprendizagem pelo aluno; que sai da posição de mero expectador, para agente ativo no contexto da aula.

Palavras-chave: *Metodologia Ativa, Aula do Bolo, Engenharia, Estatística e Probabilidade.*

5.1. Bolo para estudar, integrar e gerar conhecimento

Tradicionalmente, o ensino de Estatística nos cursos superiores de Engenharia se baseia em metodologias que têm como foco a transmissão de conhecimentos sem muitos recursos atrativos para melhorar a assimilação dos alunos. Dependendo do conteúdo a ser ministrado, a informação transmitida permanece abstrata e com difícil visualização prática no mundo real.

Foi por isso que, em 2014, uma professora de Estatística da Universidade de Brasília no Campus do Gama resolveu mudar esse panorama desenvolvendo a "Aula do Bolo", uma metodologia simples e criativa que ficou famosa no *campus* e que cria expectativa em centenas de estudantes que esperam ansiosos para aprender conceitos relacionados com amostra, de forma lúdica e interativa por meio da aula.

Assim, uma vez por semestre, a professora da disciplina de Probabilidade e Estatística Aplicada à Engenharia entra em sala com uma variedade apetitosa de bolos. Os futuros engenheiros, de diversas especialidades como aeroespacial, energia, automotiva, software e eletrônica se organizam nas cadeiras e levantam os pescoços para tentarem ver as delícias que foram colocadas na mesa da professora. A sala encontra-se lotada. Cerca de cem alunos estavam prontos para entender mais sobre algumas premissas da Estatística e a professora apresenta a atividade.

> – Boa tarde, turma! Hoje teremos uma aula bem diferente e acredito que vocês já imaginam qual seja, certo? – diz a professora com um sorriso no rosto ao ver a expectativa e curiosidade dos estudantes com a aula daquela tarde ensolarada.
>
> – Professora, não sei o que é, mas sei que eu quero comer esse bolo aí, com calda de chocolate – manifestou uma das alunas que estava bem de frente para a iguaria.
>
> – Ahhh! Eu vou querer esse outro aí, enfeitado com coco em cima – gritou um aluno lá do fundo.

E assim, no meio de toda essa agitação, a professora, calmamente, começa a contar os alunos da sala e atribuir números para a sua "população apreciadora de bolos".

Com certeza, algum professor ou aluno que a viu passar nos corredores da Faculdade do Gama, equilibrando pelo menos quatro bolos nas mãos, com pratinhos e guardanapos, imaginaram que naquele dia estaria havendo algum aniversário ou comemoração na sala. E, se assim pensaram, estavam corretos porque foi em certa medida uma grande celebração sim. A celebração da construção do conhecimento que começou com a primeira "Aula do Bolo", uma iniciativa lúdica, com premissas de metodologia ativa e muita integração em sala de aula.

5.1.1. O contexto do ensino nas Engenharias

As salas de aulas nos moldes em que o professor é o "dono do conhecimento" ficava em cima de degraus que apontavam sua "superioridade" bem como a sua maneira de ensinar focada apenas na "transmissão do conhecimento" estão definitivamente condenadas.

É preciso superar esse modelo de educação ultrapassada com foco na educação bancária na qual o aluno é mero "depósito" de conteúdos, como já apontava Paulo Freire, a fim de envolvê-lo e motivá-lo de fato para a aprendizagem. (FREIRE, 1996; DEWEY,1959; ROGERS, 1973).

Uma prova dos resultados insuficientes advindos dessa metodologia bancária são os dados apresentados no último censo do MEC em 2015. De acordo com o Ministério da Educação, cerca de 49% dos alunos abandonaram o curso para o qual foram admitidos e a engenharia aparece como primeira no ranking das carreiras nas quais os universitários ingressam, mas não chegam a se formarem. Ainda de acordo com o Censo, uma parcela significativa abandona logo no primeiro ano, e cursos "*hard science*" como matemática e computação chegam a perder até 29% dos alunos e, 28% do grupo, nas engenharias.

Os dados apresentados pelo MEC são no mínimo alarmantes. Mas o que os professores podem fazer para reverterem esses números, oferecendo de fato oportunidade de aprendizagem para esses estudantes que abandonam cada vez mais os bancos das universidades?

As iniciativas em promover uma educação mais inclusiva, democrática e participativa são diversas. Mas, atualmente as metodologias ativas, a exemplo da "Aula do Bolo", têm se destacado num cenário onde o mercado de trabalho e as novas Diretrizes Curriculares Nacionais do Ensino Superior (DCNs) passaram a exigir também outras habilidades dos estudantes como trabalho em grupo, cooperação, interação, liderança. Habilidades ligadas à inteligência emocional e social.

É preciso colocar o aluno como o protagonista da sua trilha de aprendizagem. Afinal, a aprendizagem é a superação de desafios, a resolução de problemas e a construção do novo a partir de conhecimentos e experiências prévias dos indivíduos (BERBEL, 2012; FERREIRA, 2011).

5.2. Reflexões sobre as melhores formas de ensino-aprendizagem

A maior parte do tempo, tanto na educação presencial quanto à distância, os professores tendem a lecionar a partir de materiais escritos, orais e audiovisuais, previamente selecionados ou elaborados.

Contudo, é importante ressaltar que os estudantes são um grupo heterogêneo, complexo, diverso e particular. Sendo assim, é preciso que o professor conheça seus alunos e se valha dos diferentes tipos de metodologia para obter maior sucesso em sua missão de ensinar.

Historicamente, para pesquisas sobre ensino de engenharia, pode-se perceber que no decorrer dos anos foram utilizados principalmente três modelos de estilo de ensino-aprendizagem: o Indicador de Tipo Myers-Biggs (MBTI), o Modelo Kolb e o modelo Felder-Silverman (1988).

Contudo, de acordo com os estudos de Ramírez-Correa e Melo-Mariano (2017), o modelo de estilo de aprendizagem proposto por Felder-Silverman no final da década de 80 e, posteriormente adaptado por diversos pesquisadores ao longo dos anos, é o mais indicado para auxiliar o professor de engenharia a entender melhor seu grupo de estudantes na sala de aula. Tudo isso porque ele reúne três premissas muito importantes no que diz respeito à educação centrada nas necessidades dos futuros engenheiros: primeiro, porque ele é amplamente aceito pelos sujeitos dessa área; segundo, porque é possível medi-lo por meio de uma escala considerada confiável, válida e adequada, sobretudo no que tange a população estudantil de engenharia; e finalmente, porque o modelo possui uma escala ordinal, permitindo melhor avaliação dos efeitos das dimensões do modelo em outras variáveis (FELDER e SILVERMAN, 1988). Observam-se as dimensões propostas conforme demonstrado no quadro 5.1.

Recentemente, em 2017, os pesquisadores Ramírez-Correa e Melo-Mariano utilizaram em seus estudos a metodologia de Felder-Silverman sobre os modelos de ensino-aprendizagem em cursos de Engenharia Civil e Engenharia de Produção da Escola de Engenharia da Universidad Católica del Norte - Chile. Ao todo, foram entrevistados 122 estudantes desses dois cursos, pertencentes a qualquer semestre. A seleção foi caracterizada por uma amostra não aleatória e o questionário aplicado fisicamente a estudantes universitários. O estudo testou as dimensões 1, 2, 4 e 5 do modelo. É importante ressaltar que os alunos apresentaram percentuais em cada estilo de aprendizagem, concluindo-se, portanto, que nenhum aluno foi puramente sensorial ou intuitivo, por exemplo. Prevalecendo, entretanto, um desses, com maior percentual. Assim, os resultados encontrados no estudo de Ramírez-Correa e Mariano revelaram que os estudantes de Engenharia Civil e de Produção possuem uma tendência clara aos estilos de aprendizagem **sensorial, visual, ativo e sequencial**.

Quadro 5.1. Modelo de ensino-aprendizagem. Fonte: Felder-Silverman (1988).

Dimensão 1 1) Qual a melhor forma de receber a informação para esse aluno?	**Sensorial**	**Intuitivo**
	Estímulo externo. Alunos que depreendem melhor a partir da visão, sons, paladar, olfato, sensações físicas.	Estímulo interno. Reflexões baseadas em seus *insights* e palpites.
Dimensão 2 Por meio de qual canal sensorial as informações externas são mais eficazes para serem percebidas?	**Visual**	**Verbal**
	O aluno assimila melhor por meio de imagens, diagramas, gráficos e demonstrações.	O aluno tende a compreender melhor por meio de palavras, sons, etc...
Dimensão 3 Com qual organização de informações o aluno se sente mais confortável?	**Indutivo**	**Dedutivo**
	Capacidade do estudante compreender um conjunto de eventos particulares para inferir um padrão universal.	Capacidade do estudante de compreender uma lei geral para inferir sobre um evento particular.

Dimensão 4 Como o aluno prefere processar as informações?	**Ativo**	**Reflexivo**
	Ativamente, a partir do envolvimento em atividades físicas ou discussão.	Reflexivamente, por meio da introspeção.
Dimensão 5 Como o aluno progride em direção à compreensão?	**Sequencial**	**Global**
	Sequencialmente, em passos contínuos.	Em grandes saltos, holisticamente.

Esse é um resultado muito parecido com o realizado por Felder-Silverman (1988) utilizando várias amostras informais de estudantes de diferentes cursos de engenharia (Química, Elétrica e Mecânica) de instituições americanas. Eles concluíram que muitos dos estudantes de engenharia são **sensoriais** (captam melhor a partir de estímulos externos, por meio da visão, olfato, audição ou paladar), **visuais** (preferem diagramas, gráficos ou demonstrações para aprenderem), **indutivos** (são capazes de compreender um conjunto de eventos para formar um padrão), **ativos** (preferem aprender com atividades e discussões) e **sequenciais** (aprendem sequencialmente, em pequenos passos). Embora os estudos sobre a ótica de Felder-Silverman não sejam conclusivos, existem fortes indícios a respeito de um padrão dos alunos de engenharia quanto sua forma de aprender.

5.2.1. Metodologias ativas: uma alternativa aderente de ensino-aprendizagem para o grupo de engenheiros

Tendo em vista os estudos por ora descritos, sugere-se que os estudantes de engenharia são favoráveis a metodologias mais aderentes, sobretudo, os métodos ativos. Adicionalmente, as amostras revelam que esses estudantes, no geral, gostam de participar e aprender por meio de atividades participativas e situações-problema.

Cabe ressaltar que este tipo de metodologia se baseia no desenvolvimento do processo de aprender a partir de experiências reais ou simuladas, visando a solução de desafios da prática social, em diferentes contextos (BERBEL, 2012).

Desse modo, quanto mais separado da existência um determinado conteúdo estiver, maiores e mais complicadas serão as mediações verbais do professor, ao passo que, tudo aquilo que é experimentado não necessita ser ensinado e nem repetido para ser memorizado (ALVES, 2012).

Diante de um cenário de um estudante diverso, porém com estilo de aprendizagem marcado por diferentes características e especificidades, o professor passa a ter um grande desafio de construir uma educação inclusiva e, que se torna ainda mais desafiadora, em disciplinas que possuem tradicionalmente altas taxas de reprovação, como aquelas ligadas a matemáticas e estatísticas nas Engenharias.

Desse modo, observando seus alunos e consciente de suas necessidades, a professora de estatística Dra. Marília Miranda Forte Gomes, desenvolveu a metodologia denominada de "Aula do Bolo", como forma de responder a esses desafios. Trata-se de um método ativo que vem sendo experienciado pelas turmas das Engenharias da Universidade de Brasília – *Campus* Gama, na disciplina Probabilidade e Estatística Aplicada à Engenharia (4 créditos). A aula se tornou sinônimo de sucesso, engajando o estudante que espera esse momento especial e auxilia no aprendizado do estudante. Com essa metodologia, a UnB Gama, desde o primeiro semestre de 2014, vem apresentando bons resultados no processo de aprendizagem dos estudantes acerca dos conteúdos abstratos ministrados, nas médias das notas alcançadas e na interação entre os universitários.

A importância desse relato para os cursos de Engenharia está na socialização de uma nova possibilidade de aprendizagem pelo aluno: que sai da posição de mero expectador, para agente ativo no contexto da aula, ressignificando o conteúdo sobre Planos de Amostragem ministrados nas classes. Adicionalmente leva a experiência da estatística para outros cursos de uma forma mais humanizada, auxiliando a outros alunos de áreas diferentes (não exatas) a compreender a estatística utilizando uma linguagem mais simples, menos técnica.

5.3. Por que os engenheiros têm receio da Estatística?

"*Achava que Probabilidade e Estatística era basicamente decorar fórmulas sem conseguir visualizar o funcionamento delas em exemplos práticos da vida real/cotidiano*" – revela um aluno quando questionado sobre o seu maior medo quando se matriculou na disciplina de Probabilidade e Estatística Aplicada à Engenharia.

"*A parte de probabilidade me deixava um pouco preocupada porque nunca fui muito boa nessa área*" – argumentou outra estudante sobre o mesmo temor.

"*Ser uma matéria muito teórica sem aplicação prática de imediato, já que pegamos no início do curso e normalmente estatística é mais utilizado na área de pesquisas*" – conclui o outro estudante.

"*Medo de ter dificuldade na parte matemática, imaginando que estudaria combinação, arranjo e afins, temas mais profundos da probabilidade que eu tinha dificuldade no ensino médio*" – finaliza a outra estudante de engenharia.

Esses foram alguns dos depoimentos colhidos com os estudantes que se matricularam na disciplina de PE. Como podemos observar a estatística carrega consigo a complexidade dos conceitos, a abstração e o peso de uma matemática que foi insuficiente na educação básica para a maioria do grupo.

Estatística é constituída por um conjunto de conceitos e métodos desenvolvidos para coletar, classificar, apresentar, analisar e interpretar dados relativos a uma determinada área do conhecimento, como também, utilizada para obter conclusões em situações nas quais a incerteza e a variabilidade estão presentes (BUSSAB; MORETTIN, 2002; MILONE, 2004).

A Estatística é uma ciência multidisciplinar: um mesmo programa de computador que permite a análise estatística de dados de um físico poderia também ser usado por um economista, um agrônomo, um químico, um geólogo, um matemático, um engenheiro, um biólogo, um sociólogo, um psicólogo ou um cientista político. Ainda que as interpretações dessas análises sejam diversas, por causa das diferenças entre as áreas do conhecimento, os conceitos empregados, as limitações das técnicas e as consequências dessas interpretações são essencialmente as mesmas.

Particularmente, em Engenharia, os métodos estatísticos são ferramentas importantes para conhecer, descrever, apresentar e interpretar, sob diferentes aspectos, um problema em estudo (FERREIRA FILHO; DIAS, 2007; CARMO et al, 2010). Para os engenheiros e alunos de Engenharia, os números representam mais do que simples valores. São dados que, após analisados corretamente, fornecem informações úteis para a tomada de decisões e resolução de problemas.

Dentre as aplicações da Estatística para a Engenharia, pode-se citar: estimação dos parâmetros desconhecidos de um sistema; previsão de demanda de energia; modelos probabilísticos de vento; análise estatística de distúrbios de energia elétrica; análise estatística do erro da taxa de transmissão de dados; quantidade de pistas necessárias em um aeroporto, dada a sua demanda de pousos e decolagens; quantidade de satélites necessários para atender certa demanda de controle de distribuição de internet; o número de produção de carros e o controle de sua qualidade em determinada fábrica; o número de casas que uma usina hidrelétrica terá que fornecer energia; o número de empresas que utilizarão um software desenvolvido para melhorias de segurança; o número de próteses eletrônicas para atender deficientes; a quantidade de itens defeituosos em uma linha de produção, estudos de ciclo de vida ou até mesmo o rendimento de uma máquina em operação; etc.

Estatística e Probabilidade são conceitos abstratos que dependem da capacidade cognitiva dos alunos para serem compreendidos. Devido à sua interdisciplinaridade, inclusive no contexto da educação básica e relevância como disciplina nas Diretrizes Curriculares Nacionais de diversos cursos superiores, seus estudos didáticos ganharam força, com foco na problematização do ensino, no trabalho com dados reais e na desierarquização e a democratização da sala de aula (CAMPOS, 2007; SILVA et al, 2013).

Além disso, no universo da Estatística, também, se faz cada vez mais necessário o uso de métodos que permitam a determinação de amostras representativas de uma população. Desse modo, antes mesmo de aplicar qualquer fórmula matemática para o cálculo do tamanho dessas amostras, é necessário compreender os conceitos que envolvem os tipos de planos de amostragem. Isso significa que, tanto o tamanho quanto a composição da amostra (variabilidade dos dados) devem ser levados em consideração nos planejamentos amostrais, permitindo assim resultados mais confiáveis acerca de uma população.

Desse modo, por sua abrangência, complexidade e diferentes aplicações os estudantes universitários (mesmo os engenheiros) demonstram receio em aprender mais sobre essa especialidade da área da Matemática Estatística.

5.4. Todo mundo gosta de comer bolo!

Na formação básica do engenheiro na UnB Gama, os graduandos do segundo ou terceiro semestre cursam a disciplina "Probabilidade e Estatística Aplicada à Engenharia". Essa disciplina de quatro créditos tem como objetivo propiciar ao aluno a compreensão de conceitos fundamentais de Estatística e Probabilidade; a apresentação de técnicas para descrever conjuntos de dados; e o emprego de alguns procedimentos estatísticos básicos adequados a pesquisas relacionadas à área de Engenharia.

No seu conteúdo programático está previsto que sejam trabalhadas em sala de aula noções de amostragem, incluindo a diferença entre Censo e Amostra, bem como, entre parâmetro e estatística. Essas definições são importantes para posteriormente discutir problemas que envolvem estimação de parâmetros e testes de hipóteses aplicados à Engenharia.

Neste contexto e dada a importância de se desenvolver as competências necessárias para aplicar os métodos estatísticos para análise de dados na resolução de problemas de Engenharia e Ciências, criou-se a "Aula do Bolo". Essa aula, com enfoque ativo, nasceu de uma reflexão cotidiana: "*Não é preciso comer um bolo todo (População) para saber se ele é gostoso e quais as suas características. No entanto, para que possamos falar sobre algum atributo desse bolo, sem muito viés, é importante que o pedaço desse bolo (Amostra) possua todos os elementos básicos que o compõem, no que diz respeito à variável a ser analisada*".

Por exemplo, deseja-se falar sobre a cobertura do bolo, então é importante que o pedaço retirado desse bolo contemple a cobertura numa quantidade suficientemente grande para que se possa inferir sobre a cobertura do bolo completo. Com essa proposta, são levados para sala de aula bolos de pelo menos quatro sabores diferentes, com cobertura ou não, para trabalhar junto aos alunos os conceitos de: Amostragem Aleatória Simples (AAS), Amostragem Sistemática, Amostragem Aleatória Estratificada e Amostragem por Conglomerados (ilustração 5.1).

Ilustração 5.1. A professora Marília contextualizando a metodologia ativa "Aula do Bolo" para a turma.

Aliada aos conceitos citados, também é realizada a seleção de amostras práticas de alunos no qual pedaços de bolos são sorteados aleatoriamente para que os estudantes selecionados possam falar sobre as características dos bolos aos seus colegas. De maneira intencional, dois alunos recebem pedaços de um mesmo bolo, porém com características diferentes para que se possa compreender melhor o conceito de amostra representativa de uma população. Assim, a partir da experiência real com as fatias de bolo e suas diversas composições, os estudantes conseguem entender, de forma lúdica e interativa, a diferença entre os conceitos estatísticos e probabilísticos que antes eram abstratos e de difícil compreensão.

Ao final da aula, para aplicar os conhecimentos adquiridos com a "Aula do bolo", é proposta uma atividade com outras questões cotidianas, na intenção de que os alunos proponham o planejamento de uma pesquisa por amostra ou expliquem por que determinado método de amostragem é adequado ou não, dada uma situação, na premissa de fixar e colocar em prática o conteúdo aprendido.

O resultado dessa atividade é finalmente socializado com a turma que opina e participa da correção do exercício de forma coletiva e interativa. Interessante destacar que pela quantidade de alunos nas turmas, cerca de cem alunos em média, nem todos têm a possibilidade de participar provando o bolo no momento da atividade ativa. Contudo, ao final da experiência, toda a sala é convidada a participar de um grande lanche com os diferentes bolos, oportunizando não só a aprendizagem quanto a integração e socialização dos universitários em sala de aula.

5.5. Funciona mesmo? A percepção dos universitários e o rendimento da classe

Tendo em vista a atividade sugerida aos alunos ao final da "Aula do Bolo", observou-se qualitativamente que os conceitos trabalhados foram assimilados com sucesso.

Questionados sobre o seu sentimento após participarem da Aula do Bolo, os alunos se mostraram muito satisfeitos com a aula de maneira geral. Conforme pôde ser visto, a maioria dos comentários está aderente às dimensões de ensino-aprendizagem sugeridas por Felder-Silverman. O que mostra que a aula atende às necessidades de ensino-aprendizagem do grupo e se torna uma alternativa viável para ser aplicada em sala de aula. No quadro 5.2 é possível encontrar mais de um estilo de aprendizagem na colocação do estudante. As respostas foram organizadas a partir da característica prevalente em cada depoimento.

Quadro 5.2. Percepções coletadas dos alunos.

Sensorial	• "Ela possibilitou a visualização da teoria na prática e de forma bem gostosa e divertida!". • "O método me fez aprender de forma descontraída".
Visual	• "Na maioria das disciplinas de engenharia os alunos têm que se basear muito nos exemplos teóricos. Um exemplo prático como a aula do bolo ajuda a ver a aplicação do que a gente estuda e a perceber que os conteúdos estão inseridos nas coisas mais simples do dia a dia". • "Demonstrou de forma clara e palpável a teoria. Sem isso, ficaria muito abstrato para o entendimento". • "Ver na prática como funciona a teoria ajudou demais a entender, principalmente para mim que aprendo mais com a prática, com o visual!". • "A aula interativa contribuiu bastante para um cenário um pouco mais visual, já que foram usados aglomerados diferentes da sala para fazer as amostras e calculado o quanto aquela amostra era representativa ou não no contexto total da sala, usando para isso uma abordagem bastante diferenciada e construtiva".
Indutivos	• "A aula do bolo foi muito boa para elucidar a forma como as amostras são escolhidas, creio ter sido uma maneira bem prática, e que auxiliou bastante no entendimento". • "Sobre o sorteio do sabor do bolo, isso me fez raciocinar que implicitamente dá para aplicar os conceitos em qualquer coisa, como se nós mesmos fôssemos o objeto a ser analisado com as técnicas e ainda comemos bolo".

Ativos	• "A aplicação de conceitos da matéria envolvida em uma «situação real» contribui bastante para o aprendizado da matéria, não apenas «decorar» o conteúdo. Além de ter sido uma aula participativa e interativa". • "Costumo ser uma pessoa que aprende mais facilmente quando lido com ela de forma prática". • "Mostra na prática, de forma simples e útil, os tipos de amostragem. Baseando-se só na teoria fica fácil «decorar» um tipo/modelo de amostragem, porém, na prática, você vivencia e sofre as consequências. Resumindo, você aprende quando ocorre uma amostragem ou não percebendo se pertence a ela".
Sequen-ciais	• "Mostrou de forma divertida como funciona o processo de amostragem e o raciocínio por trás das fórmulas".

Contudo, essa configuração educacional exige uma formação de professores com perfil crítico-reflexivo, conectado às novas metodologias de ensino-aprendizagem e que façam uso da problematização como um instrumento de transformação. A metodologia precisa acompanhar os objetivos pretendidos por esses docentes. Se eles querem alunos proativos é preciso adotar métodos em que eles se envolvam em atividades complexas, tomem decisões, por exemplo, ou que sejam criativos e precisem experimentar diferentes possibilidades de mostrar iniciativa (MORÁN, 2015).

Como resultado qualitativo da dinâmica também foi possível notar maior integração da turma e participação de alunos que não tiveram a oportunidade de se manifestarem antes devido ao modelo expositivo da aula e a quantidade de alunos em sala que, normalmente, é grande. Desse modo, é possível afirmar que os resultados positivos dessa dinâmica ativa se aplicam tanto em salas de aulas pequenas, quanto em turmas cheias.

> *"Eu não sou muito de interagir com tantas pessoas, mas pude me integrar mais já que surgem oportunidades para brincadeiras sadias com colegas como: Você devia jogar na loteria, comeu dois bolos!, Deixa bolo para gente, coisas do tipo! Essa descontração gera um clima mais amistoso."* – reflete uma das estudantes.

> *"Fiz a aula com muitos amigos, então a discussão sobre o conteúdo durante a aula foi proveitosa."* – comenta o aluno sobre sua experiência com a aula.
>
> *"Por se tratar de uma turma extensa, por intermédio da dinâmica, pude dialogar com pessoas com quem provavelmente não teria contato."* – apontou outro estudante.
>
> *"Trouxe muita proximidade entre os alunos e interação com a professora, que antes mesmo dessa aula já era muito acolhedora."* – concluiu outra estudante.

Os testemunhos sobre a socialização dos indivíduos na classe foram muito positivos entre os alunos a partir da experiência da aula do bolo. A maioria relatou que fez mais amigos, reforçou laços de amizade existentes, dialogou com pessoas nas quais provavelmente não teria contato ou até mesmo estreitou as relações com a própria professora.

Ainda sobre os testemunhos dos alunos, encontramos diversas sensações experimentadas pelos participantes da dinâmica. Curiosidade, pertença, interesse, estímulo, entusiasmo são algumas das sensações relatadas pelo grupo. Esse resultado reforça que as aulas que saem do cotidiano ou da zona de conforto dos estudantes são vistas de maneia positiva e devem ser ministradas com certa frequência pelos professores. Apresentamos algumas das impressões coletadas a seguir.

> *"Muito curioso. Já que todo mundo falava da tal Aula do Bolo, mas nunca dava Spoiler sobre ela, hahaha. A participação na aula foi bem interessante. Diferente das aulas normais".*
>
> *"Me senti à vontade. Geralmente, me sinto desconfortável em certas dinâmicas, mas isso não ocorreu no desenvolvimento da aula do bolo, foi leve e descontraído".*
>
> *"Interessada e estimulada! Primeiro que ficou uma aula*

> *famosa no campus e eu já tinha a curiosidade de como ela seria e depois de descobrir, muito estimulada, pois são raras formas de aprendizagem alternativas nas matérias do curso".*
>
> *"Além da recompensa ser muito interessante e gostosa, o processo de aprendizagem se tornou mais agradável".*
>
> *"Interessado, a professora sempre teve excelente didática e despertava o interesse da turma, então não esperava menos".*
>
> *"Me senti bastante entusiasmado, porque foi uma aula totalmente diferente do que a gente costuma ter na Universidade. É um incentivo a mais para tentar entender melhor o que está sendo proposto na aula".*
>
> *"Eu mesmo gostei bastante, me senti bem. A Aula do Bolo se torna referência, do tipo "vou tentar lembrar do assunto" - lembra da aula do bolo! Quando vou explicar para um colega, eles entendem melhor quando você cita, lembra da aula do bolo? Então..., essa aula se tornou um marco para buscar a aplicação simples".*
>
> *"No caso não me senti constrangido, foi bem legal, pelo que me lembro, eu só comi no final, hehe, as chances não estavam ao meu favor no dia".*

Resultados quantitativos da metodologia ativa podem também ser observados ao confrontar a nota média da turma na avaliação que envolve conceitos de inferência estatística que tem como base aqueles trabalhados na "Aula do Bolo". Por exemplo, comparando-se o semestre (2/2013) quando ainda não era realizada a "Aula do bolo", com a turma do semestre (1/2014) em que a referida aula foi implementada, verificou-se um aumento de 25% na nota média dos alunos com diferença estatisticamente significativa (p-valor < 0,05). Nos semestres seguintes e no período de (2014-2019), as notas médias foram superiores a 6,0. Um resultado significativo se comparado com as turmas que não participaram da aula ativa na qual a média era de aproximadamente 4,5. É importante salientar que essas comparações foram realizadas sob o seguinte cenário: sempre a mesma professora que ministrou a disciplina em todos os semestres; a quantidade de alunos em sala de aula semelhantes (aproximadamente 100 alunos); o conteúdo cobrado na avaliação sempre o mesmo; disponibilidade de aulas de exercícios com os monitores, especialmente na véspera da avaliação; e, estilo de questões semelhantes na avaliação analisada ao longo dos semestres.

As impressões qualitativas dos alunos também confirmam essas estatísticas. Quando perguntados se sentiram que a aula do bolo auxiliou nos resultados positivos das notas, muitos alunos afirmaram que a nota poderia ser resultado da compreensão mais ampla do conteúdo por meio da didática utilizada na "Aula do bolo".

Contudo, é interessante observar que muitos estudantes disseram que não daria para afirmar com certeza já que não houve a possibilidade de ver um resultado na disciplina sem a didática para aferir um resultado e, após a dinâmica, aferir um novo panorama. Entretanto, eles levantaram aspectos que vão além das notas nas avaliações. É possível observar com os comentários, que a aula impactou não somente na nota da avaliação que abrangia o conteúdo trabalhado na "*aula do bolo*", mas auxiliou o entendimento dos alunos de maneira global, tanto no entendimento dos conteúdos mais complexos à medida que a disciplina evoluía ao longo do semestre, quanto na resolução de outras atividades complementares, tudo isso em um cenário lúdico e participativo. Veja alguns depoimentos relevantes:

> *"Sim. Além de ajudar muito no entendimento do conteúdo proporcionou uma boa experiência com a matéria, tornando-a mais leve e interessante".*

> *"Sim, porque eu realmente aprendi. Afinal vivenciei a experiência momentânea de não receber o bolo em um certo momento pois não pertencia aquela amostra".*

> *"Contribuiu sim, pois com um entendimento mais claro da forma como são escolhidas as amostras, fica mais fácil de*

> *entender os problemas propostos na prova e resolvê-los".*
>
> *"A atividade complementar ficou mais fácil de ser resolvida, e uma parte da matéria da prova precisou ser somente revisada, pois ficou bem fixada".*
>
> *"Acredito que sim, uma vez que os conhecimentos adquiridos nessa aula ficaram um pouco mais gravados na mente, então para rever os conceitos posteriormente se tornou mais fácil".*
>
> *"Sim, pois além de ser um método que me ajudou a entender melhor a matéria, também me ajudou a não ter medo da disciplina em si. Me fazendo focar nos estudos, já não tendo mais aquele receio".*
>
> *"Não especificamente a aula do bolo, e sim o conjunto, as aulas boas, a teoria bem escrita no quadro, a aula do bolo, e a oportunidade de levar «colinha» para a prova. Pois o que importa é saber usar as ferramentas e não decorar a fórmula!".*
>
> *"Não tenho como afirmar isso, mas como ajuda a entender melhor a matéria, suponho que sim".*
>
> *"Creio que sim, uma vez que é muito mais fácil de entender e lembrar de algo quando podemos associar a teoria com a prática".*

Conforme explicado no decorrer desse capítulo, as experiências de ensino-aprendizagem são mais efetivas se delineadas de forma a se ajustarem ao perfil dos alunos. Desse modo, a "Aula do Bolo" pode ser considerada uma experiência de fácil assimilação e execução.

A introdução de métodos e estratégias de educação inovadoras e criativas no ensino superior valorizam o estudante, na medida em que esse tem a sua individualidade e cognição respeitadas e, também, enaltecem o esforço individual do professor que adaptou sua maneira de ensinar às constantes mudanças ocorridas na sociedade atual (FERREIRA, 2011).

Desde o seu início 2014 até o final de 2019 (no ano de 2020 não houve como aplicar o método em função da pandemia da COVID-19), algumas adequações já foram feitas a partir da escuta dos alunos e da própria percepção da professora com a interação e condução das aulas. Contudo, para adequações futuras, já estão sendo elaboradas novas formas de avaliação que coadunem com a metodologia ativa já utilizada.

5.6. Aprenda o passo a passo

Neste capítulo, você pôde conferir quando surgiu a Aula do Bolo, as dificuldades de aprendizagem enfrentadas pelos engenheiros, especialmente sobre a temática 'População e Amostra', conheceu as cinco dimensões de ensino-aprendizagem de Felder-Silverman, além de acompanhar os resultados e as percepções dos alunos sobre essa metodologia. Depois de tudo isso, que tal aprender um passo a passo dessa aula para aplicar com seus alunos? Inspire-se com os bolos que costumamos levar, na ilustração 5.2, e confira a nossa receita.

Ilustração 5.2. Mesa posta com as variedades dos bolos necessários – bolos apresentam sabores, coberturas e recheios diversos.

Você vai precisar de:

- No mínimo 4 (quatro) bolos com sabores diferentes. É importante que pelo menos 1(um) tenha uma cobertura (Chocolate, Chantily, Coco) e outro, um recheio. Escolha o que a sua imaginação mandar (e o seu paladar também).
- Uma mesa bem à frente dos alunos para apoiar os bolos.
- Acessórios para servir essas delícias como faca, guardanapos e pratinhos.
- Recursos como Data Show ou um quadro para servir de apoio.
- Um saco para colocar pedacinhos de papel com os números dos participantes ou um jogo com peças de bingo se a sua quantidade de alunos for menor que 100.
- Pedrinhas de bingo ou papéis com os nomes dos alunos.
- Lista de presença devidamente numerada.

Observação importante: Pensando na quantidade mínima de estudantes? Não se preocupe! A dinâmica funciona bem com turmas grandes ou pequenas.

Tempo

- Duração da aula cerca de 2 horas

Modo de preparo

Passo 1 – Noções de Amostragem: revisão de conceitos básicos

- Revise, de maneira sucinta, conceitos trabalhados em aulas anteriores relacionados à coleta de dados como: População e Amostra; Censo e Amostragem; Parâmetro e Estatística. Neste momento, você poderá utilizar a figura do bolo para uma melhor compreensão dos conceitos, por exemplo: o bolo, como um todo, pode representar a 'População' (consequentemente, uma medida desta o 'Parâmetro') e um pedaço desse bolo, a 'Amostra' (consequentemente, uma medida desta uma 'Estatística'). Diferentes tamanhos de pedaços de bolo, com ou sem a cobertura/recheio, podem ser utilizados para que o aluno visualize a ideia de 'Amostra representativa' sob o aspecto quantitativo e qualitativo. - Apresente os tipos de planos de amostragem, diferenciando amostragem não probabilística de amostragem probabilística (aleatória). Fale sobre população alvo, população acessível, população finita e infinita, unidade amostral e amostra.

- Já pensando na parte prática da aula e fazendo o paralelo com as definições apresentadas, atribua um número para cada uma das pessoas presentes em sala. É muito importante que cada um grave o número que recebeu. Pode-se utilizar a lista de presença, devidamente numerada, como apoio, caso os alunos pertençam à mesma turma.

- Para realizar o sorteio, coloque em um saco, os números das pessoas que estão participando da sua amostra. Use pedacinhos de papel ou pedrinhas de bingo. Outra alternativa é utilizar tabelas de números aleatórios, apps de celular ou programas de computador que façam o sorteio aleatório de números, dado o tamanho da amostra desejado.

Passo 2- Amostragem Aleatória Simples (AAS)

- Apresente o conceito sobre Amostragem Aleatória Simples por meio de Data Show ou quadro de apoio e depois aplicar na prática a teoria demonstrada. Em linhas gerais, a AAS compreende um processo de amostragem probabilística em que as combinações de 'n' diferentes elementos da amostra, dos 'N' que compõem a população, possuem igual probabilidade de vir a ser a amostra efetivamente sorteada. Nesse tipo de amostragem, cada elemento da população tem chance igual de ser selecionado e a probabilidade de isso acontecer é n/N (Cochran, 1977).

- Para compreender a definição por ora apresentada, sorteie aleatoriamente uma quantidade de alunos (n), utilizando uma das alternativas mencionadas no Passo1 (um número pequeno, apenas para mostrar didaticamente o conceito apresentado). Sugere-se aqui até 5 estudantes no máximo, por questões didáticas e de tempo da aula.

- Após o sorteio, verifique com a turma, características da amostra como sexo, idade, especialidade do curso de engenharia preterido, região administrativa/bairro de residência, etc.

- Posteriormente, por sorteio novamente, mas agora dos tipos de bolo disponíveis, a amostra selecionada receberá um pedaço de bolo para saborear. Peça para cada aluno descrever o pedaço de bolo recebido, fazendo a conexão com os primeiros conceitos trabalhados descritos no Passo 1.

Passo 3- Amostragem Sistemática

- Introduza o conceito de Amostragem Sistemática a partir dos recursos disponíveis como Data Show ou quadro. Por definição, esse tipo de plano amostral tem resultados bem parecidos com o de uma AAS, a diferença principal consiste na seleção das unidades amostrais. Definido o tamanho 'n' da amostra, seleciona-se cada k-ésimo elemento após o sorteio do primeiro elemento, dentre os k primeiros. O intervalo de seleção, k, é obtido dividindo-se o tamanho da população pelo tamanho da amostra. Para exemplificar: suponhamos uma turma com 100 alunos e desejamos obter uma amostra de 5 elementos. Primeiramente calculamos o intervalo de seleção, k, dividindo-se 100 por 5 (resultado é igual a 20). Sorteamos um número aleatório entre 1 e 20: por exemplo, o número 8. A partir desse indivíduo, está definido como será extraída a amostra, com intervalos de 20 unidades, a saber: 8, 28, 48, 68 e 88.

- Para visualizar essa definição na prática, sorteie aleatoriamente uma quantidade de alunos (mais uma vez, um número pequeno, apenas para mostrar didaticamente o conceito apresentado). Sugere-se a participação de até 5 alunos.

- Após o sorteio, verifique com a turma características da amostra como sexo, idade, especialidade do curso de engenharia preterido, região administrativa/bairro de residência, etc. Compare com os resultados obtidos pela AAS.

- Posteriormente, por sorteio, utilizando AAS, eles receberão um pedaço de bolo para saborear. Neste momento, os alunos observam que para um mesmo plano amostral nós podemos utilizar uma combinação de tipos de amostragem diferentes. Neste caso, os alunos são selecionados por amostragem sistemática e depois os bolos saboreados por cada um, por AAS. Novamente, descreve-se os bolos sorteados e pode-se fazer uma comparação com os resultados do Passo 2.

Passo 4 – Amostragem Aleatória Estratificada

- Introduza o conceito de Amostragem Aleatória Estratificada a partir dos recursos disponíveis como Data Show ou quadro e depois aplique a prática sugerida. Aqui é importante destacar para o aluno que a população em estudo deve ser dividida em 'estratos'. Estes são subgrupos homogêneos, mutuamente exclusivos e com pelo menos uma característica de interesse em comum. As amostras dentro de cada estrato podem ser selecionadas utilizando AAS.

- Defina com a turma qual atributo caracterizará o estrato. Por exemplo, sexo (homens e mulheres).

- Sorteie aleatoriamente uma quantidade de alunos total e por estrato (novamente um número pequeno, apenas para mostrar didaticamente o conceito apresentado). Sugere-se uma amostra total de 10 alunos, sendo 5, para cada estrato.

- Após o sorteio, verifique com a turma características da amostra, destacando os estratos que foram sorteados. Compare com os resultados dos passos 2 e 3.

- Finalmente, aplicando AAS, eles receberão um pedaço de bolo para saborear. Também compare com aqueles observados nos passos 2 e 3.

Passo 5 – Amostragem por Conglomerados

- Assim como nos passos anteriores, introduza os conceitos e depois aplicar na prática. Neste momento, destacar a definição de 'conglomerado'. Segundo Barbetta (2006), um conglomerado é um subgrupo da população, que individualmente a reproduz. Ao contrário dos estratos (que são subgrupos homogêneos seguindo pelo menos uma característica), espera-se que os conglomerados sejam quase tão heterogêneos quanto à população total. Num primeiro estágio, a amostragem é feita sobre os conglomerados, e não mais sobre os indivíduos da população (essa seleção é aleatória). Posteriormente, a amostra a ser analisada será composta apenas por elementos dos conglomerados selecionados, e não de toda a população. Sua aplicação possibilita uma redução significativa do custo do processo de amostragem. Fale para os alunos o quanto é útil esse plano quando a população é grande, por exemplo, no caso de uma pesquisa em nível nacional (falar das pesquisas amostrais do IBGE, tais como PNAD, PNS, etc.).

- Na prática, em sala de aula, você pode considerar que cada fileira é um conglomerado. Por sorteio, selecionar um número pequeno de fileiras (pode ser 3 fileiras).

- Sorteie aleatoriamente uma quantidade de alunos, dentro de cada conglomerado (um número pequeno, apenas para mostrar didaticamente o conceito apresentado). Por exemplo, 2 alunos.

- Após o sorteio, verifique com a turma características da amostra (no exemplo, composta por 6 alunos no total).

- Posteriormente, entregar um pedaço de bolo, aleatório, para cada componente da amostra. Vamos, mais uma vez, descrever os sabores sorteados e comparar com os resultados dos passos anteriores.

Passo 6 – Revisão Final

- Revise os conceitos de maneira sucinta, destacando inclusive, que existem fórmulas para determinar o tamanho de cada amostra tendo em vista o tipo de plano amostral e que elas devem ser utilizadas na prática real.

Passo 7 – Dinâmica da socialização e integração do grupo.

Para finalizar, convide todos os alunos para saborear um pedaço de bolo. Desta vez, ele poderá escolher o sabor, exemplificando assim casos de amostragem não probabilística (a escolha não será feita aleatoriamente, mas convenientemente tendo em vista o tipo de bolo que ele gosta).

Atividades simples e criativas devem ser utilizadas cada vez mais em sala de aula para que as competências e habilidades desejadas sejam atingidas por esse aluno no decorrer da sua trajetória acadêmica. Para isso é necessário que o professor conheça o estilo de ensino e aprendizagem de seu grupo de alunos para pensar metodologias que sejam aderentes ao perfil do grupo trabalhado. Além disso, o professor também deverá se fazer proativo, permanecendo-se em constante atualização e buscando novas formas de ensino-aprendizagem que se encaixem no perfil de seus educandos.

O primeiro passo para essa mudança começa com o professor conforme pode ser observado neste capítulo! Atividades criativas e acessíveis conseguem elevar não só o nível de aprendizagem dos alunos como também trabalhar outras habilidades relevantes e exigidas pelo mercado, como interação, capacidade de trabalhar em grupo e postura ativa. Por meio do compartilhamento de nossa experiência desejamos que você consiga também melhorar seus resultados!

Referências

ALVES R. **Conversas com quem gosta de ensinar**. 6ª ed. São Paulo: Papirus; 2003.

BARBETTA. Pedro A. **Estatística aplicada às Ciências Sociais**. 6ª edição. Editora da UFSC, 2006.

BERBEL, Neusi Aparecida Navas. **As metodologias ativas e a promoção da autonomia de estudantes**. Semina: Ciências Sociais e Humanas, v. 32, n. 1, p. 25-40, 2012.

BUSSAB, Wilton de O.; MORETTIN, Pedro A. **Estatística básica**. 5a ediçao. Editora Saraiva, 2002.

CAMPOS, Celso Ribeiro. **A educação estatística: uma investigação acerca dos aspectos relevantes à didática da estatística em cursos de graduação**. 2007.

CARMO, B. B. T. et al. **Percepção discente do ensino de Estatística no curso de Engenharia de Produção Mecânica: algumas proposições**. In: Anais do XXXVIII Congresso Brasileiro de Educação em Engenharia – COBENGE, Fortaleza/CE – Brasil, 2010.

COCHRAN, W. G. **Sampling techniques**. 3rd editionJohn Wiley & Sons. Inc. New York. pp, 1977.

DEWEY, J. **Vida e Educação**. São Paulo: Nacional. 1959a.

FERREIRA FILHO, P., DIAS, T. C. M. **Uma proposta de metodologia para o ensino de Estatística nos cursos de Engenharia**. In: Anais do Congresso Brasileiro de Educação em Engenharia - COBENGE. Curitiba, 2007.

FELDER, Richard M. et al. Learning and teaching styles in engineering education. **Engineering education**, v. 78, n. 7, p. 674-681, 1988.

FERREIRA, Marco et al. **Ensino e Aprendizagem no Ensino Superior**. 2011.

FREIRE, P. **Pedagogia do oprimido**. São Paulo: Paz e Terra, 1996.

MILONE, Giuseppe. **Estatística: geral e aplicada**. Pioneira Thomson Learning, 2004.

MORÁN, José. **Mudando a educação com metodologias ativas.** Coleção Mídias Contemporâneas. Convergências Midiáticas, Educação e Cidadania: aproximações jovens, v. 2, p. 15-33, 2015.

RAMÍREZ-CORREA, Patricio; MELO-MARIANO, Ari. **Estilos de aprendizagem e a presença nas aulas de estudantes de Engenharia Civil e da Produção,** VII Congresso Brasileiro de Engenharia de Produção – COMBEPRO, UTFP, 2017

ROGERS, C. **Liberdade para Aprender**. Belo Horizonte: Ed. Interlivros, 1973.

SILVA, Josney Freitas; SCHIMIGUEL, JULIANO. **O uso das TICS no ensino superior: a integração de diferentes tecnologias à educação estatística**. Revista de Produção Discente em Educação Matemática. ISSN 2238-8044, v. 2, n. 1, 2013.

Capítulo 6

Aplicação do Método *Content and Language Integrated Learning* (CLIL) no Ensino de Graduação

Beatriz Fátima Morgan
Departamento de Ciências Contábeis e Atuariais
Universidade de Brasília (UnB) Campus Darcy Ribeiro – Brasília – D. F.
beatrizmorgan@unb.br

Resumo

Este capítulo descreve a experiência de integrar o conteúdo de uma disciplina com a aprendizagem do respectivo vocabulário técnico na língua inglesa. Para tanto, foi aplicada a abordagem Content and Language Integrated Learning (CLIL) na disciplina de graduação Management Accounting and Control Systems oferecida pela Universidade de Brasília. O modelo CLIL aplicado tem como pilares o conteúdo, a linguagem e os estilos de aprendizagem. O pilar conteúdo refere-se à concepção de que as exposições do professor devem desenvolver o raciocínio crítico e fomentar discussões. No seu escopo sugere-se intercalar períodos curtos de exposição do conteúdo com atividades. O pilar linguagem diz respeito ao aprendizado do vocabulário técnico em uma língua não materna. O método prevê o emprego de materiais interativos com tecnologias digitais e não digitais. O pilar estilos de aprendizagem considera as diferentes formas de aquisição do conhecimento pelos estudantes. Inclui-se no capítulo o desenvolvimento de um exemplo de planejamento de aula com a utilização das técnicas previstas pelo método CLIL, de recursos da plataforma de aprendizagem Moodle e recursos não digitais.

Palavras-chave: *CLIL, Contabilidade Gerencial, Sistemas de Controle, Linguagem, Tecnologia de Ensino.*

6.1. Introdução

A internacionalização como parte das práticas das universidades para se inserirem nas demandas do mundo em globalização pressupõe a adoção de diversas ações que envolvam professores e estudantes não somente da pós-graduação, mas também da graduação. De acordo com Morosini (2019), o processo de internacionalização da educação superior não é algo recente, porém, nos últimos anos ampliou o seu foco. Outrora, voltada no pesquisador passa a incluir no seu escopo a formação de estudantes de alto nível e focar também na função ensino.

Os estudantes se beneficiam das estratégias de internacionalização especialmente quanto ao quesito empregabilidade. Com as organizações empresariais globalizadas, falar uma língua que possa haver comunicação interna e externa é imprescindível (LOUHIALA-SALMINEN, KANKAANRANTA, 2012), especialmente para estudantes dos cursos da área de negócios. Pesquisas mostram que os estudantes consideram útil a inclusão do inglês para negócios nos currículos (ORIA, 2012). O caso brasileiro é um exemplo deste contexto. Os últimos anos mostram um aumento no índice médio de internacionalização das empresas. Mas ao mesmo tempo, o diagnóstico da capacidade de internacionalização de tais empresas evidencia a necessidade do desenvolvimento do domínio de outros idiomas por parte dos funcionários (FDC, 2020).

A língua inglesa, se por status ou por ser considerada a língua franca, visto que o número de falantes nativos da língua já é menor que o número de não nativos (DELLA ROSA; KAWACHI-FURLAN; AUGUSTO-NAVARRO, 2016), entra na discussão da construção dos currículos, especialmente dos cursos da área de negócios. Ela representa uma complementaridade no conteúdo das disciplinas. O mercado de trabalho está cada vez mais demandando candidatos com conhecimentos da língua inglesa (ARNÓ-MACIÀ; MANCHO-BARÉS, 2015). É comum que a maioria das vagas oferecidas nas grandes empresas de auditoria, por exemplo, peçam desde inglês intermediário até inglês avançado ou fluente. Se a universidade oferece oportunidades de melhorar este aprendizado estará contribuindo para a igualdade no acesso a profissões mais bem remuneradas.

As universidades brasileiras reconhecem que oferecer disciplinas em língua estrangeira é um dos pontos críticos para avançar na internacionalização das instituições e que ações precisam ser tomadas para este fim na graduação e pós-graduação (UnB, 2018, UFMG, 2018, UFPE, 2018).

É neste contexto que se insere o modelo *Content and Language Integrated Learning* (CLIL) que propõe a abordagem do conteúdo de uma disciplina com o ensino de uma língua estrangeira (COYLE, HOOD, MARSH, 2010). A aprendizagem da língua se dará naturalmente enquanto o conteúdo de uma disciplina é ensinado (DALTON-PUFFER, 2007). Com isso, a aprendizagem tem dois focos de igual importância: o conteúdo da disciplina e o ensino da língua estrangeira.

Se tem dois focos, metodologias de ensino que os contemplem tornam-se impositivas. Deve-se prever na sala de aula métodos que abarquem a aprendizagem do conteúdo e a aprendizagem da língua. Porém de forma que a abordagem preze pela convergência. De acordo com Coyle, Hood e Marsh (2010, p. 4, tradução nossa), "convergência envolve a fusão de elementos que podem previamente ter sido fragmentados, tais como, disciplinas nos currículos". Na convergência de conteúdo e língua estrangeira torna-se fundamental considerar os diversos estilos de aprendizagem.

O CLIL é uma inovação que busca a convergência de diferentes saberes ao contrário da fragmentação. A junção de conteúdo e vocabulário pode ser motivação para o engajamento na aprendizagem (COYLE, HOOD, MARSH, 2010) para estudantes e professores (ARNÓ-MACIÀ; MANCHO-BARÉS, 2015). Professores que dominam uma língua estrangeira tem acesso a materiais não publicados na língua materna (GUIMARÃES; KREMER, 2020), o que oferece mais oportunidades de novos conteúdos. Aprender uma língua estrangeira, especialmente o inglês, faz parte do trabalho dos acadêmicos tendo em vista as demandas da internacionalização, tais como, participação em congressos internacionais, intercâmbios, dentre outros.

O objetivo deste capítulo é discutir as definições e fundamentos do CLIL, seus pilares (conteúdo, linguagem e estilo de aprendizagem), trazer elementos da prática de sua aplicação, os desafios percebidos, e descrever uma experiência com o emprego do modelo na graduação.

6.2. CLIL: Definição e Fundamentos

A expressão CLIL teve sua origem na Europa durante a década de 1990 (COYLE, 2007) impulsionada por razões políticas – a mobilidade entre os países da União Europeia requeria maior competência em outras línguas - e educacionais, como iniciativas no desenvolvimento de competências em uma educação bilíngue (MARSH, 2012). Atualmente, quase todos os países do continente já incorporaram o modelo no sistema educacional (WOLFF, 2012).

As seguintes definições para o modelo CLIL podem ser encontradas:

> é uma abordagem educacional com foco duplo em que um idioma adicional é usado para aprender o ensino de conteúdo e da língua. Tem como foco não apenas no conteúdo e não apenas na língua. Eles estão entrelaçados mesmo que a ênfase seja maior em um do que no outro, em um determinado momento (COYLE, HOOD, MARSH, 2010, p.1, tradução nossa)

> CLIL pode ser descrito como uma abordagem educacional onde o conteúdo curricular é ensinado por meio de uma língua estrangeira, normalmente para estudantes participando de alguma forma de educação regular no nível primário, secundário ou terciário (DALTON-PUFFER, 2011, p. 183, tradução nossa)

Sendo assim, CLIL é um modelo educacional em que o ensino e a aprendizagem de um determinado conteúdo ocorrem em uma língua não nativa (CAMBRIDGE ENGLISH, 2020). Em aulas onde o modelo é empregado, a língua estrangeira é adquirida por aquisição ao invés do ensino direcionado exclusivamente para tal fim (DALTON-PUFFER, 2007), ou seja, quando os estudantes tem a opção de receber instrução e ao mesmo tempo experienciar situações reais, a aquisição ocorre naturalmente (COYLE; HOOD; MARSH, 2010). Se o aluno que está aprendendo uma língua for exposto a dados compreensíveis, a aquisição ocorrerá, especialmente se a situação de aprendizagem for caracterizada por emoções positivas. A última condição é amplamente considerada como cumprida no CLIL, em virtude do fato de que os erros de linguagem não são supostamente penalizados nem corrigidos nas salas de aula (DALTON-PUFFER, 2011).

Diferentemente dos métodos tradicionais que ensinam a língua isoladamente ou em conjunção com temas e tópicos que são triviais ou não tem muita associação com o que se passa fora da sala de aula, no modelo CLIL ao invés de aprender a língua para depois usá-la, ela é aprendida enquanto é usada (GENESEE; LINDHOLM-LEARY, 2013). Por isso, não são salas de aula comuns de aprendizagem de língua estrangeira, pois a língua não é o conteúdo da disciplina, mas o meio pelo qual um conteúdo curricular é aprendido. E este conteúdo, oriundo de qualquer disciplina, se constitui na reserva de conceitos, tópicos e significados que fluirão na comunicação entre os participantes (DALTON-PUFFER, 2007).

CLIL não é somente depositar conteúdo e linguagem na sala de aula num modelo tradicional em que as informações e habilidades estão em poder do professor e o estudante é um mero receptor (MARSH, 2012). Adotar o modelo é se propor a aprender o conteúdo e a linguagem em uma abordagem social construtivista, a exemplo do preconizado por Paulo Freire, em que o professor não assume o papel de transmissor de conteúdo (FREIRE, 1987). Com isso, o estudante passa a ser agente no processo ensino-aprendizagem com foco na interação entre aluno e professor, e este assume o papel de mediador do conhecimento (MARSH, 2012).

O modelo CLIL tem por fundamento associar a aprendizagem da língua com o desenvolvimento cognitivo, acadêmico e social (GENESEE; LINDHOLM-LEARY, 2013). Os estudantes precisam estar abertos a novos desafios cognitivos ao aprender um novo conteúdo em uma língua no qual não estão acostumados e que também demanda aprendizagem (MARSH, 2012). A sustentação no conteúdo também fornece bases cognitivas e sociais substantivas para a aprendizagem de línguas. Um conteúdo importante e interessante fornece aos alunos recursos cognitivos que os ajudam a entrar em um novo e complexo sistema linguístico (GENESEE; LINDHOLM-LEARY, 2013). Quando os estudantes aceitam o desafio, voluntariamente, eles se predispõem mais facilmente a interagir com o professor. Motivação é essencial em uma sala de aula com o modelo CLIL (COYLE; HOOD; MARSH, 2010). Por isso, é mais adequado que uma disciplina com adoção do CLIL em uma universidade seja optativa, ou que os estudantes tenham a opção de fazê-la com CLIL ou sem CLIL.

O desenvolvimento cognitivo de cada um se dará na interação com os professores e os pares (MARSH, 2012). Para Dalton-Puffer (2007), a teoria da aprendizagem de Bruner nos mostra que a aprendizagem depende da interação social e ocorre em um contexto onde o conhecimento ou habilidade a ser adquirida é geralmente exigida ou praticada. O iniciante entra em uma comunidade onde ocorre a prática e, por meio da participação nos comportamentos praticados na comunidade, torna-se um membro cada vez mais experiente dessa comunidade, adquirindo gradativamente conhecimentos e habilidades. O ponto central da teoria é que a aprendizagem é um processo ativo em que os alunos constroem novas ideias ou conceitos com base em seu estado de conhecimento atual. Esta ideia é fundada na crença de que grande parte da atividade humana é dedicada a processos de ordenação que organizam novas experiências em termos de anteriores e os modelos mentais que o indivíduo derivou deles. Isso quer dizer que o aluno confia em suas estruturas cognitivas já existentes ao selecionar e transformar informações durante o processo de aprendizagem. Ainda segundo a autora, proeminente entre as raízes intelectuais da aprendizagem situada é a teoria do desenvolvimento sociocognitivo de Vygotsky. Crucial para o seu pensamento, é a ideia de que a interação social desempenha um papel fundamental no desenvolvimento da cognição, de modo que as funções cognitivas superiores não são onto geneticamente concebíveis sem a interação do indivíduo com seu ambiente social.

6.3. Pilares do CLIL: Conteúdo, Linguagem e Estilo de Aprendizagem

Os pilares para o CLIL discutidos nesta seção têm como base o curso de CLIL oferecido pela Universidade de Queensland/Austrália (LIN, 2014) que são: conteúdo, linguagem e estilo de aprendizagem. Este curso se tornou base para a experiência que será descrita na seção 6.6.

Pesquisas mostram que aprendizagem de uma língua ocorre enquanto ela é usada, quando os estudantes estão envolvidos com o conteúdo objeto da aprendizagem. Esta perspectiva parece colocar o CLIL com orientação mais para o conteúdo do que para a língua (WOLFF, 2012).

O conteúdo também fornece o material de que os alunos precisam para mapear a nova linguagem em termos de significado e raciocínio. Da mesma forma, a comunicação autêntica em sala de aula sobre assuntos de importância acadêmica fornece um contexto crítico para o aprendizado das funções comunicativas da nova língua. Na ausência de conteúdo importante e comunicação autêntica e significativa, a nova linguagem pode ser aprendida apenas como uma abstração desprovida de substância conceitual e comunicativa. Integrar o ensino da língua estrangeira com conteúdo vinculado a domínios acadêmicos específicos respeita essa variação e garante que os alunos adquiram formas da língua que sejam autênticas e realmente úteis (GENESEE; LINDHOLM-LEARY, 2013). Neste sentido, o conteúdo não precisa ser obrigatoriamente de uma disciplina. Podem-se selecionar tópicos específicos que não façam parte da grade curricular. É o contexto que delineia a forma como o CLIL é implantado (COYLE; HOOD; MARSH, 2010).

A simples aprendizagem de línguas é, frequentemente, desprovida de comunicação significativa ou verdadeiramente objetiva e, portanto, carece de um valor de incentivo inerente. A instrução de uma segunda língua que integra conteúdo acadêmico interessante, significativo e relevante motiva a aprendizagem da língua estrangeira, oferecendo recompensas que estão fora do próprio aprendizado de línguas (GENESEE; LINDHOLM-LEARY, 2013). As aulas pelo CLIL incluem a participação ativa do estudante para desenvolver o seu potencial em adquirir conhecimentos e habilidades por meio de questionamentos, processos cognitivos complexos e soluções de problemas (COYLE; HOOD; MARSH, 2010).

> Linguagem é um canal para comunicação e para aprendizagem, que pode ser descrito como aprendizagem para usar linguagem e usar linguagem para aprender (COYLE; HOOD; MARSH, 2010, p. 54).

As aulas com o modelo CLIL supõem usar a linguagem de uma maneira diferente do ensino tradicional de línguas estrangeiras. Apesar de não negligenciar a gramática, a ênfase é dada ao uso da língua para comunicação e aprendizagem do conteúdo (COYLE; HOOD; MARSH, 2010). A questão da linguagem e aprendizagem é importante, pois se a sala de aula é para aprendizagem, o objetivo estabelecido irá estruturar e codeterminar o modo como a linguagem será usada. Isso resulta na falta de objetivos concretos de linguagem. Os princípios tradicionais de aprendizagem de linguagem não podem servir de princípios estruturantes dos currículos CLIL, é necessário formular princípio ou princípios alternativos (DALTON-PUFFER, 2007).

Diversidade está no cerne das origens do CLIL (MARSH, 2012). E neste ponto não poderia ser negligenciado o reconhecimento de que os estudantes aprendem de forma diferente. Segundo Wong e Nunan (2011), aqueles estudantes que já sabem como aprendem melhor aplicam essas habilidades e tornam a aprendizagem mais efetiva, bem como estarão mais preparados a continuar a aprendizagem de línguas fora da sala de aula. Os autores separaram os estudantes em dois grupos. Em um deles colocaram aqueles que apresentaram maior efetividade na aprendizagem e no outro aqueles que apresentaram menor efetividade. Os resultados mostraram que diferentes estilos de aprendizagem se associam com cada grupo. Isso mostra a importância dos professores desenvolverem atividades que englobem todos os estilos de aprendizagem.

Vários são os modelos que identificam tipos de estilos de aprendizagem. Aqui vamos discorrer brevemente sobre o modelo de Kolb (1976) já consolidado na literatura. David Kolb descontente com o método tradicional de ensino e com a intenção de analisar os pontos fortes e fracos de cada indivíduo, criou o Inventário de Estilo de Aprendizagem (IEA). O IEA é capaz de identificar diferentes formas de aprendizagem, que fazem parte de um ciclo de quatro etapas, sendo o estilo de aprendizagem de cada pessoa uma combinação entre as quatro formas básicas de se aprender.

As pessoas aprendem de acordo com a experiência que têm com as mais diversas situações, que podem ser experiência concreta, observação reflexiva, conceituação abstrata e experimentação ativa. É possível que para o desenvolvimento de um estilo de aprendizagem, o indivíduo passe mais de uma vez por este ciclo, combinando duas ou mais formas de aprendizagem. Kolb lembra que a flexibilidade entre os estilos é a chave para um aprendizado efetivo e separa a forma de aprendizado de tais maneiras:

- A experiência concreta enfatiza a relação pessoal com outras pessoas, nessa etapa do ciclo, os indivíduos tendem a confiar mais em seus sentimentos. A pessoa também precisa estar totalmente envolvida e aberta a novas experiências;

- Na observação reflexiva é possível entender as ideias e situações de vários pontos de vista diferentes, ou seja, a habilidade de refletir e observar as experiências sob diferentes perspectivas. Os indivíduos possuem como características a paciência, objetividade e um juízo cuidadoso;

- A conceituação abstrata enfatiza o uso de ideias e da lógica para a percepção dos problemas, são indivíduos que preferem o desenvolvimento de sistemas e teoria para a solução de situações adversas;

- A experimentação ativa usa a experiência para analisar as situações a partir das teorias e assim modificá-las. Os indivíduos com esse estilo possuem um interesse pelo que realmente funciona e gostam de influenciar pessoas.

Os estilos de aprendizagem desenvolvidos por Kolb são formados analisando o perfil dos indivíduos e combinando-os entre as quatro etapas do IEA. Diante de uma nova situação as pessoas podem escolher entre ter uma reação abstrata ou concreta e ativa ou reflexiva, fazendo parte assim de um estilo de aprendizagem dominante. Com isso foram obtidos os estilos: convergente, divergente, assimilador e acomodador.

No estilo convergente o aprendizado dominante se dá pela conceitualização abstrata e a experimentação ativa. Pessoas com este estilo possuem características de serem práticos, gostam de estar sozinhos, preferem lidar com coisas ao invés de pessoas e possuem um conhecimento bastante organizado. Em pessoas com o estilo divergente predomina a observação reflexiva e experiência concreta. Possuem características opostas daqueles que são convergentes, são indivíduos que se importam mais com as pessoas, são emocionais e imaginativos. Os assimiladores combinam os pontos fortes entre a conceitualização abstrata e a observação reflexiva. Assim como os convergentes não se interessam muito por pessoas, mas por conceitos e ideias abstratas, com inclinação para a lógica das situações. Aqueles que apresentam o estilo juntam características da experiência concreta e da experimentação ativa, ou seja, são pessoas que se baseiam em situações práticas, gostam de agir pelo instinto, tendem a correr maiores riscos do que os demais estilos e são conhecidos por serem pessoas impacientes e teimosas.

6.4. CLIL na Prática

As definições apresentadas na seção 6.2 carecem de detalhes sobre como transformar o "o que" em "como". Em outras palavras, qual metodologia utilizar para empregar um modelo de ensino que tem duplo foco. Como resultado, o que prevalece é o ensino que tem o conteúdo como direcionamento principal (WOLFF, 2012). Em termos de métodos, o CLIL como prática é mais bem desenvolvido quando ocorre de forma holística, quando possui características de integração, convergência e aprendizagem participativa (COYLE; HOOD; MARSH, 2010).

Como falado anteriormente, o engajamento cognitivo, questionamentos e solução de problemas são fatores importantes na aprendizagem do conteúdo. Mas esses pontos, somados à necessidade de interação, são beneficiados pelo trabalho em grupo. De acordo com Coyle, Hood e Marsh, (2010, p. 29, tradução nossa), "se em uma sala CLIL os estudantes são solicitados a cooperar entre eles em ordem de usar as forças de cada um e compensar as fraquezas, então eles precisam aprender como operar colaborativamente e trabalhar efetivamente em grupos".

Embora o CLIL em sua definição não estipule uma língua em particular, prevalece a língua inglesa nos seus programas (CENOZ, 2015), sendo, às vezes, tratado como sinônimo do ensino de um conteúdo por meio da língua inglesa (ARNÓ-MACIÀ; MANCHO-BARÉS, 2015). Inglês é a língua que domina a realidade dos programas de CLIL (DALTON-PUFFER, 2007).

A forma como os programas CLIL são implementados, varia de instituição para instituição. O quadro 6.1 apresenta algumas possibilidades que podem ser encontradas que vão desde a ter o CLIL aplicado parcialmente em disciplinas de conteúdos diversos até o alcance de total integração entre conteúdo e língua estrangeira.

Quadro 6.1- Programas de Implementação do CLIL de acordo com Massler, Stotz & Queisser (2014). Fonte: adaptado de Massler, Stotz & Queisser (2014, p. 140, tradução nossa).

	Programa	**Características**	**Objetivos e Avaliação**
Tipo A	CLIL nas disciplinas de conteúdos específicos	É aplicado ocasionalmente em uma disciplina ou várias disciplinas que são ensinadas por meio de uma língua estrangeira	O objetivo da aprendizagem se baseia no conteúdo da disciplina; a avaliação foca nos conhecimentos e competências do conteúdo; competências na língua estrangeira são consideradas em menor grau
Tipo B	CLIL nos cursos de língua estrangeira	É aplicado quando nas aulas de língua estrangeira que incluem conteúdos de disciplinas comuns	O objetivo da aprendizagem se baseia nas competências da língua estrangeira e acrescenta objetivos relacionados aos conteúdos inseridos; a avaliação foca nas competências comunicativas da língua estrangeira, mas pode avaliar conhecimentos dos conteúdos específicos que foram inseridos
Tipo C	Disciplina com o CLIL	O ensino e a aprendizagem da língua e do conteúdo de uma disciplina estão totalmente integrados	Os objetivos e avaliação se baseiam de forma integrada na língua estrangeira e no conteúdo da disciplina;

Nesta mesma linha, o quadro 6.2 apresenta também três possibilidades de desenvolvimento de um programa CLIL para o ensino superior. Observa-se que o modelo 3 converge com o tipo C no quadro 6.1. Porém, os modelos 1 e 2 tem um enfoque maior no ensino de línguas estrangeiras.

Quadro 6.2 - Programas de Implementação do CLIL de acordo com Coyle, Hood e Marsh (2010). Fonte: adaptado de Coyle, Hood e Marsh (2010, p. 24-25).

Modelo 1 – Educação Plurilinguística	Modelo 2 – CLIL Adjunto	Modelo 3 – Disciplinas com conteúdo e língua integrados
Mais de uma língua é usada por meio do CLIL na programação curricular - Tem o objetivo de preparar os estudantes para o mercado não somente em termos de conteúdo, mas também com habilidades linguísticas - Normalmente este modelo é adotado quando a internacionalização é uma estratégia para reter estudantes com melhor desempenho e atrair estudantes de diferentes países.	A língua é ensinada paralelamente a um conteúdo específico, porém com foco na aprendizagem da língua - O ensino da língua ocorre em disciplinas do currículo com professores de língua estrangeira alocados nos departamentos - Estudantes aprendem o conteúdo a habilidades em usar o inglês 'técnico'	Objetivos de aprendizagem de uma língua são incluídos nos programas das disciplinas de conteúdo curricular. O professor possui competências do conteúdo e da língua - Os estudantes não precisam ser proficientes na língua, pois cabe ao professor instruir nos dois focos - Direcionado para instituições que recebem estudantes de línguas e culturas diferentes

Outra forma de se discriminar os programas de adoção do CLIL é dada por Ball, Kelly e Clegg (2015) denominada de *Hard* CLIL e *Soft* CLIL. Na primeira situação, o modelo é aplicado durante todo o período acadêmico em uma ou mais disciplinas e a ênfase está no conteúdo e não na língua estrangeira. Os professores são especialistas no conteúdo. No segundo caso, são aplicações ocasionais que envolvem apenas parte do currículo e normalmente são lecionadas por professores de línguas.

Segundo Dalton-Puffer (2011) os pontos a seguir resumem a aplicação do CLIL na Europa, América do Sul e Ásia: (a) A língua utilizada é estrangeira ou franca, raramente a segunda língua da sociedade na qual está inserida; (b)

Há predominância da língua inglesa; (c) Os professores são não nativos e na maioria não são especialistas na língua estrangeira utilizada; (d) O foco das aulas são os tópicos dos conteúdos das disciplinas, ou seja, quando o foco é a língua estrangeira, os cursos continuam sendo no modelo tradicional e os professores são especialistas na língua ensinada; (e) Nos programas de implantação do CLIL, menos de 50% do currículo é oferecido em língua estrangeira; (f) Normalmente o CLIL é implementado a partir do momento que os estudantes já tenham domínio da língua maternal, ou seja, a partir do ensino secundário.

Influências positivas são observadas onde o CLIL foi implantado. O modelo parece confirmar reivindicações metodológicas inovadoras e levar a novos insights pedagógicos causando, de alguma forma, mudanças nas práticas (tradicionais) centradas no professor para arranjos de aprendizagem (mais inovadores) centrados no estudante (DALTON-PUFFER, 2011). Os professores apontam, por exemplo, para uma série de opções metodológicas interessantes que podem ser realizadas mais facilmente em um ambiente CLIL: aprendizagem baseada em tarefas, desenvolvimento de projetos, orientação do aluno e autonomia, para citar apenas alguns. O CLIL acrescenta valor tanto para a aprendizagem de línguas como de conteúdos. Isso pode ser observado em pesquisas acadêmicas recentes. Não é apenas a competência linguística do estudante que é beneficiada, mas também sua competência no conteúdo (WOLFF, 2012). A implantação do CLIL, mesmo que parcialmente, traz melhoras no conhecimento da língua estrangeira e aumenta a motivação, o que torna a aprendizagem mais efetiva e mais rica em termos de conhecimento intercultural (ORIA, 2012).

No entanto, embora as aulas sejam motivadoras, o compromisso real dos participantes em usar a língua estrangeira parece variar enormemente. O comportamento dos alunos durante o trabalho em grupo tem sido frequentemente usado como uma medida a esse respeito, sendo a observação mais comum que os alunos mudaram imediatamente para a língua materna quando estavam entre si. Outros cenários mostram o contrário, que os alunos usam a língua estrangeira até mesmo nos momentos de socialização. Observou-se também que a profundidade de conhecimentos dos professores no conteúdo tem efeitos positivos no uso da linguagem. Descobertas como essas favorecem os professores com formação em conteúdo, mas o grau de competência da língua estrangeira desses professores permanece claramente um problema - e que permanece sem solução em muitos contextos. Este é um ponto que será discutido na seção 6.5 (DALTON-PUFFER, 2011).

6.5. Desafios da Implantação do CLIL e Sugestões

Apesar dos benefícios do modelo CLIL apontados nas seções anteriores, a implementação do CLIL nas universidades encontra como um dos desafios a falta de proficiência na língua inglesa tanto de estudantes como de professores. Não necessariamente, o professor do conteúdo é um especialista na língua estrangeira (ARNÓ-MACIÀ; MANCHO-BARÉS, 2015). Muitos estudantes têm problemas em compreender o conteúdo das explanações devido a falta de habilidade em ouvir na língua inglesa (CHUANG, 2015). Esta dificuldade gera ansiedade, receio por parte dos professores em fazer explanações em inglês e de qualquer manifestação em inglês por parte dos alunos (ARNÓ-MACIÀ; MANCHO-BARÉS, 2015). Além disso, as aulas requerem um esforço extra para se concentrar e compreender as explanações. É cansativo e difícil manter a concentração por muito tempo. Ter um intervalo regular é especialmente importante para os alunos refrescarem a mente e recuperem suas energias, a fim de serem capazes de se concentrar e compreender o curso. Além disso, a capacidade do professor de improvisação durante a aula também é importante, não só para manter sua concentração no curso, mas também para a motivação em aprender e se envolver (HUA, 2019).

Quando o assunto do curso é completamente novo, e quando os estudantes não têm nenhum conhecimento prévio ou ideia sobre o assunto, seus desafios de aprendizagem podem ser atribuídos ao idioma, ou ao próprio conteúdo, ou, talvez que não haja diferença entre os dois. Os alunos revelam que eles encontram um duplo desafio de ter que processar o conhecimento do conteúdo do assunto novo e desconhecido, bem como um segundo idioma. Essa situação se agrava quando o ritmo de ensino não dá tempo suficiente para processar as informações (HUA, 2019; CHUANG, 2015). Os alunos apontam que não têm tempo para processar as informações do conteúdo. Frequentemente, eles se perdem na aula porque novos conteúdos continuam aparecendo enquanto eles ainda estão tentando processar o conteúdo que acabaram de ouvir (HUA, 2019).

Alternativas para sanar tais desafios seriam apresentar o material e, em seguida, obter um feedback para ajustar a velocidade da explanação (CHUANG, 2015), conduzir as aulas expositivas de forma mais interessante e acessível para que possa motivar os alunos a aprender (HUA, 2019), proporcionar momentos de atividades em grupo em que os estudantes tenham a liberdade de escolher os participantes para se sentirem mais confortáveis ou distribuídos aleatoriamente pelo professor com a vantagem de aprender com os colegas, verificar se os estudantes entenderam todas as palavras e conceitos antes de mudar de tópico, apontar para os estudantes as partes mais importantes, utilizar um vocabulário mais simples, escrever no quadro os termos-chave do conteúdo e explicar o significado (CHUANG, 2015).

A integração dos dois focos, conteúdo e língua, é outro desafio. A palavra integrar dada ao método se apresenta como solução para juntar duas áreas ao invés de serem trabalhadas separadamente. Porém, o que é solução pode se apresentar também como conflito (DALTON-PUFFER, 2007), diante da necessidade de se estabelecer o equilíbrio entre os conteúdos. A preocupação reflete dois temores: em primeiro lugar, que a língua estrangeira possa atrasar o processo de forma que menos assuntos possam ser abordados e, em segundo lugar, que a menor proficiência no idioma possa resultar em complexidade cognitiva reduzida do assunto apresentado e/ou aprendido. A preocupação é, portanto, com a cobertura e a profundidade. Paralelamente a isso, há também certo nível de rivalidade profissional entre diferentes grupos de professores, dos conteúdos e da língua estrangeira, quando o modelo CLIL implantado coloca ambos no mesmo departamento (DALTON-PUFFER, 2007).

Essa tensão também pode ser observada em relação a um indivíduo nos casos em que os professores são qualificados em ambas as áreas. Estudos mostram que professores se sentiram culpados por terem agido muito como professores de língua durante um determinado estágio de uma aula de conteúdo. O desafio de definir o que é, pode ou deve ser a relação entre a linguagem e os conteúdos em CLIL, é considerável (DALTON-PUFFER, 2007). Uma solução para isso é deixar claro no desenho dos programas de implantação do CLIL se ele é direcionado para a língua estrangeira ou para o conteúdo.

6.6. Contexto da Experiência

A experiência que será retratada nesta seção ocorre na Universidade de Brasília (UnB), campus Darcy Ribeiro, localizada na cidade de Brasília. No plano de internacionalização da UnB uma das estratégias é adotar medidas de fortalecimento do multilinguismo por meio da: "Criação de uma lista de **disciplinas** oferecidas em línguas estrangeiras, a partir de uma abordagem *Content and Language Integrated Learning* (CLIL), com professores visitantes e professores da UnB falantes dessas línguas" (UnB, p. 28, 2018).

O CLIL passou a ser aventado como possibilidade de internacionalização depois da oferta de um curso aos professores da universidade sobre o modelo. O curso foi ministrado pela Universidade de Queensland/Austrália em 2014. Oferecer uma disciplina em língua não materna e/ou com o emprego do CLIL é algo voluntário por parte dos professores. Não há um incentivo específico para este fim. Como resultado, são poucas as disciplinas oferecidas em língua não materna. A pouca oferta de disciplinas em inglês nas universidades brasileiras tem como um dos motivos o baixo número de estudantes e professores proficientes na língua (GUIMARÃES; KREMER, 2020).

A disciplina *Management Accounting and Control Systems* (MACS) é oferecida para estudantes de todos os cursos de graduação da Universidade de Brasília na modalidade optativa. A oferta desta disciplina possibilita que não somente estudantes brasileiros vivenciam o estudo do conteúdo pertinente na língua inglesa, mas também atrair estudantes estrangeiros. Desta forma, é uma estratégia que beneficia a mobilidade de estudantes tanto dos brasileiros para universidades estrangeiras, visto já terem tido a experiência de cursar um conteúdo em língua estrangeira, como para a vinda de estudantes estrangeiros com a possibilidade de cursar a disciplina. Portanto, cursar a disciplina MACS é uma opção dos estudantes. Para cursar a disciplina é recomendado que os alunos estejam ou já tenham cursado pelo menos o nível intermediário do curso de inglês. Em uma breve pesquisa realizada com os estudantes do primeiro semestre de 2020 sobre os motivos que os levaram a escolher a disciplina tem-se que para alguns o foco é a língua inglesa, enquanto para outros o conteúdo, como pode ser observado nos exemplos a seguir:

> *"Eu sempre tive um interesse na língua inglesa e eu penso que a disciplina é uma oportunidade perfeita para usar o inglês no meu curso" (Estudante A)*
>
> *"Eu escolhi a disciplina de MACS porque eu achei bem interessante e muito adicionará" (Estudante B)*
>
> *"Eu decidi pegar a disciplina porque eu quero aprender mais como as empresas são dirigidas" (Estudante C)*
>
> *"Eu me inscrevi nessa disciplina, pois achei um tema interessante e que pudesse agregar na minha carreira dentro da empresa júnior da qual faço parte" (Estudante D)*

O plano de ensino da disciplina descreve em igual importância o aprendizado do conteúdo e da língua inglesa na área de negócios. Apesar da intenção ter sido colocar os dois conteúdos, controle gerencial e língua inglesa, o principal direcionador foi para controle gerencial e ao segundo conteúdo foi destinado, principalmente, a aprendizagem do vocabulário específico da disciplina. É dito principalmente, pois em primeiro plano estabelece-se o objetivo do vocabulário, porém o estudante ao ler o conteúdo, escrever e ouvir as aulas, estará concomitantemente praticando as outras habilidades concernentes a aprendizagem de uma língua estrangeira.

Há somente um professor na condução da disciplina que é o do conteúdo, sem a participação de um professor de língua inglesa. Na bibliografia básica constam duas referências em língua inglesa. Não há referências a bibliografias em língua portuguesa nem como básica e nem como complementar. As avaliações incluem atividades realizadas em sala de aula e no Moodle individualmente e em grupo, estudos de casos, resenha de artigos com apresentação oral.

Nos semestres em que é oferecida a disciplina tem atraído principalmente estudantes do curso de ciências contábeis, talvez pelo conteúdo e por ser oferecida pelo Departamento de Ciências Contábeis e Atuariais, e em menor número estudantes dos cursos de administração, economia, engenharia, entre outros. Apesar de não demandar pré-requisito, as vagas oferecidas não são totalmente preenchidas, sendo que frequentemente possui um índice de ocupação em média de 50%. Porém, com baixo índice de evasão.

A disciplina também é objeto de um projeto que faz parte do Programa de Aprendizagem para o Terceiro Milênio (A3M) da UnB. Este programa tem por finalidade "atuar junto à comunidade da UnB na identificação, valorização e promoção de ações educacionais inovadoras" (CEAD, 2020).

6.7. Exemplo do Plano e Desenvolvimento de um Tópico

Conforme comentado nas seções anteriores, para a aprendizagem de um determinado conteúdo ser efetiva, os estudantes precisam estar cognitivamente envolvidos. Neste sentido, os estudantes precisam ser desafiados intelectualmente para transformar informações e ideias, resolver problemas e compreender os novos significados (COYLE, HOOD, MARSH, 2010). Mas, colocar em prática o objetivo da aprendizagem efetiva, depende da motivação do estudante, seja ela por adesão voluntária a uma disciplina com o modelo CLIL e/ou pelos métodos e estratégias definidos para as atividades em classe e extraclasse.

As estratégias precisam levar em consideração os dois focos de aprendizagem: conteúdo e linguagem. Incluem-se nelas o tempo que será destinado para cada atividade e se o encaminhamento será individual ou em grupo, lembrando que o trabalho em grupo nos quais os estudantes têm a oportunidade de aprender em colaboração com outros colegas é altamente recomendado na aplicação do método. Além disso, os professores podem dispor de recursos materiais digitais e não digitais. Os recursos não digitais vão desde a exposição de conteúdos, *brainstorm*, construção de mapas conceituais, construção de diagramas Venn, construção de glossário, assistir a um vídeo, até a execução de jogos, tais como, montagem de quebra-cabeças, caça-palavras, palavras-cruzadas, entre outras. A maioria das atividades não digitais já pode ser desenvolvida tecnologicamente com a utilização de uma plataforma de aprendizagem, como é o caso do Moodle, empregado nesta experiência.

Além das estratégias de ensino que considerem os dois focos da aprendizagem e os diferentes estilos de aprendizagem dos estudantes, outras orientações são aqui consideradas importantes: estar bastante familiarizado com o texto e demais materiais a serem trabalhados para facilitar a condução da aula na língua não materna. Não é necessário que a fala na língua estrangeira seja perfeita, mas é importante a segurança no conteúdo apresentado, a utilização de um linguajar mais simples com frases mais diretas, a condução de diferentes atividades com menos de 30 minutos cada numa mesma aula, que a leitura de textos para os alunos seja evitada, o emprego de recursos visuais nas explanações como slides ou *flipchart*, a utilização de exemplos curtos, e que os pontos-chave já discutidos sejam relembrados.

Dito isso, e com base nos pilares discutidos na seção 6.3, a seguir desenvolve-se um roteiro de planejamento de um tópico da disciplina *Management Accounting e Control Systems*, juntamente com as técnicas de ensinos empregados e o uso de estratégias tecnológicas e não tecnológicas utilizadas no plano em questão.

O primeiro pilar é o conteúdo. Neste passo, define-se o texto, em inglês, do conteúdo a ser trabalhado. O exemplo refere-se ao conteúdo de planejamento e orçamento e o texto é o do capítulo 8 "*Planning and Budgeting*" da obra de Merchant e Van der Stede (2007). De forma a tornar o conteúdo mais acessível aos estudantes, o estudo do texto é dividido em várias partes e os resultados esperados, objetivos e estratégias são estabelecidos conforme quadro 6.3. O pilar 2, linguagem, também está presente nos resultados esperados e objetivos. Já o pilar 3, estilos de aprendizagem, se manifesta nas estratégias adotadas.

Quadro 6.3 – Plano de Desenvolvimento de um Tópico.

<table>
<tr><td colspan="3">Tópico: Planejamento e Orçamento
Texto: Objetivos dos Sistemas de Planejamento e Orçamento (Parte 1)</td></tr>
<tr><td>Resultados Esperados</td><td>Objetivos</td><td>Estratégias</td></tr>
<tr><td>Os estudantes compreenderão que os sistemas de planejamento de orçamento possuem múltiplas funções e quais são elas</td><td>1.1 Os estudantes deverão ser capazes de listar os objetivos dos sistemas de planejamento de orçamento

1.2 Os estudantes deverão ser capazes descrever um exemplo para cada objetivo</td><td>1.1a) Brainstorm: apurar o que os estudantes já sabem sobre os sistemas de planejamento e orçamento; verificar o que eles pensam sobre as diferenças entre planejamento e orçamento (5')

1.1b) Desenhar um quadro na lousa e nomear cada coluna com um objetivo dos sistemas de planejamento e controle (2')

1.2a) Escrever com os estudantes palavras -chave para cada objetivo (5')

1.2b) Trazer para a sala de aula pequenas estórias sobre cada um dos objetivos para que os estudantes discutam em grupo e em seguida socializem os resultados das discussões com os demais colegas da (20')</td></tr>
<tr><td colspan="3">Texto: Ciclos do Planejamento (Parte 2)</td></tr>
</table>

Resultados Esperados	Objetivos	Estratégias
Os estudantes serão capazes de descrever os ciclos do planejamento	2.1 Os estudantes serão capazes de identificar a ordem do ciclo do planejamento e o horizonte de tempo para cada uma das etapas	2.1a) Analisar com os estudantes um comentário curto de uma entrevista sobre planejamento (5')
		2.1b) Explanar sobre ciclos do planejamento (10')
	Os estudantes serão capazes de listar as diferenças das etapas do ciclo do planejamento	2.1c) Construir um mapa mental em que mostra as relações de causa e efeito dos ciclos do planejamento (5')
	Os estudantes serão capazes de listar palavras-chave dos textos da parte 1 e 2	2.2a) Fornecer aos estudantes histórias curtas e pedir para relacioná-las aos ciclos do planejamento (3')
		2.3a) Executar um caça-palavras no Moodle (10')

Os estudantes relacionarão ciclos do planejamento com os sistemas de planejamento e orçamentos Os estudantes melhorarão o vocabulário técnico de controle gerencial	3.1 Os estudantes serão capazes de caracterizar os ciclos do planejamento como parte do Sistema de planejamento e orçamento 4.1 Os estudantes serão capazes de definer os termos: *performance targets; top management; bottom-up; management-by-exception; feedforward control; long-range planning; proactive; reactive; corporate diversification strategy*	3.1a) Completar um diagrama hierárquico (2') 4.1a) Construir um glossário no Moodle em que os estudantes em grupo incluirão os termos e as definições estabelecidos no objetivo 4.1
Texto: Estabelecer Metas de Desempenho (Parte 3)		
Resultados Esperados	Objetivos	Estratégias
Os estudantes identificarão as diferentes formas de estabelecer metas de desempenho	5.1 Os estudantes serão capazes de diferenciar: (a) metas baseadas em modelos, das metas históricas ou negociadas; (b) fixas ou flexíveis; (c) internas das externas	5.1a) Estudantes terão 2 minutos para pensar o que foi estudado nas partes 1 e 2 do texto e escrever palavras-chave. Estudantes falarão sobre o contexto das palavras-chave (8') 5.2a) Explanar sobre as formas de estabelecer as metas de desempenho (10') 5.3a) Atividade "arrastar e soltar" do H5P do Moodle

Texto: Caso de Ensino (Parte 4)		
Resultados Esperados	Objetivos	Estratégias
Os estudantes identificarão o problema da empresa e possíveis soluções	5.1 Os estudantes serão capazes de relacionar o problema da empresa com o conteúdo do texto	5.1.a) Os estudantes individualmente escreverão sobre o problema do caso (5') 5.1.b) Os estudantes discutirão em grupo sobre o que cada um descreveu do problema do caso (10') 5.1.c) Os estudantes individualmente escreverão sobre o processo de elaboração do orçamento (15') 5.1.d) Os estudantes discutirão em grupo sobre o que cada um descreveu do processo de elaboração do orçamento (15') 5.1.e) Os estudantes individualmente escreverão sobre as soluções encaminhadas pela empresa (5') 5.1.f) Os estudantes discutirão em grupo sobre o que cada um descreveu das soluções encaminhadas pela empresa (15')

		Alternativamente, as estratégias adotadas para este objetivo poderão ser feitas na modalidade extraclasse com o recurso "fórum" do Moodle

6.8. Considerações Finais

O CLIL tem como proposta ser um modelo holístico de ensino do conteúdo e da língua de forma integrada. Esta integração é alcançada principalmente pela participação ativa do estudante se propondo a dialogar tanto com o professor quanto com os colegas. A estrutura da língua associada com a construção de significados no contexto de conteúdo trabalhado permite o desenvolvimento cognitivo esperado. Para tanto, não somente conteúdo e língua são considerados no planejamento das aulas, mas também que os estudantes desenvolvam estilos de aprendizagem diferentes a depender das experiências vividas.

A concretização do modelo passa pelas estratégias de ensino definidas pelo professor. Na experiência brasileira descrita neste capítulo, a vivência do professor mostrou que precisam ser feitas adaptações dos cursos de CLIL que nos são oferecidos. O principal fator que diferencia é o tempo atribuído para cada atividade. Nossos estudantes parecem dialogar mais que o esperado nas atividades em grupo e nem sempre tais diálogos correspondem à tarefa solicitada. Existe também a tendência dos estudantes preferirem falar na língua materna tanto com o professor quanto nas atividades em grupo.

Apesar do anseio das universidades por internacionalização parece que o oferecimento de disciplinas de conteúdo em língua estrangeira encontra barreiras a serem pesquisadas.

Referências

ARNÓ-MACIÀ, E.; MANCHO-BARÉS, G. The role of content and language in content and language integrated learning (CLIL) at university: Challenges and implications for ESP. **English for Specific Purposes**, v. 37, p. 63-73, 2015.

BALL, P.; KELLY, K.; CLEGG, J. **Putting CLIL into practice**. Oxford: Oxford University Press, 2015.

CAMBRIDGE ENGLISH. **TKT**: CLIL Handbook for teachers. Disponível em: <https://www.cambridgeenglish.org/Images/22191-tkt-clil-handbook.pdf>. Acesso em: 11 ago. 2020.

CEAD. **Programa A3M**. Disponível em: <https://www.a3m.cead.unb.br/>. Acesso em: 21 set. 2020.

CENOZ, J. Content-based instruction and content and language integrated learning: the same or different? **Language, Culture and Curriculum**, v. 28, n. 1, p. 8-24, 2015.

CHUANG, Y. An EMI pedagogy that facilitates students' learning. **English Language Teaching**, v. 8, n. 12, 2015.

COYLE, D. Content and language integrated learning: towards a connected research agenda for CLIL pedagogies. **International Journal of Bilingual Education and Bilingualism**, v. 10, n. 5, p. 543-562, 2007.

COYLE, D.; HOOD, P.; MARSH, D. **Content and language integrated learning**. Cambridge: Cambridge University Press, 2010.

DALTON-PUFFER, C. **Discourse in Content and Language Integrated Learning (CLIL) classrooms. Amsterdam:** John Benjamins Publishing Company, 2007.

DALTON-PUFFER, C. Content-and-Language Integrated Learning:

From Practice to Principles? **Annual Review of Applied Linguistics**, v. 31, p. 182–204, 2011.

DELLA ROSA, S. F. P.; KAWACHI-FURLAN, C. J.; AUGUSTO--NAVARRO, E. H. Inglês para propósitos específicos (IPE): características e tendências atuais de ensino. **EntreLínguas**, v.2, n.1, p. 25-39, 2016.

FDC. **Trajetória de internacionalização das empresas brasileiras**. Disponível em: https://www.fdc.org.br/conhecimento-site/nucleos-de-pesquisa-site/centro-de-referencia-site/Materiais/internacionalizacao_empresas_brasileiras.pdf. Acesso em: 26 ago. 2020.

FREIRE, P. **Pedagogia do oprimido**. 17 ed. Rio de Janeiro: Paz e Terra, 1987.

GENESEE, F.; LINDHOLM-LEARY, K. Two case studies of content-based language education. **Journal of Immersion and Content-Based Language Education**, v. 1, n.1, p. 3–33, 2013.

GUIMARÃES, F.F.; KREMER, M. M. Adopting English as a medium of instruction (EMI) in Brazil and Flanders (Belgium): a comparative study. **Ilha do Desterro**, v. 73, n. 1, p. 217-246, 2020.

HUA, T. Understanding the Learning Challenges of English-Medium Instruction Learners and Ways to Facilitate Their Learning: A Case Study of Taiwan Psychology Students' Perspectives. **Latin American Journal of Content & Language Integrated Learning**, v. 12, n. 2, p. 321-340, 2019.

KOLB, D. **Learning style inventory**. McBer, Boston, MA, 1976.

LIN, C. **Wiki-enhanced scaffolding to encourage student participation in a content and language integrated learning (CLIL) classroom**. In: International Conferences on Educational Technologies 2014 and Sustainability, Technology and Education, 2014.

LOUHIALA-SALMINEN, L.; KANKAANRANTA. A. Language as

an issue in international internal communication: English or local language? If English, what English? **Public Relations Review**, v. 38, p. 262-269, 2012.

MASSLER, U.; STOTZ, D.; QUEISSER, C. Assessment instruments for primary CLIL: the conceptualisation and evaluation of test tasks. **Language Learning Journal**, v. 42, n.2, p. 137-150, 2014.

MARSH, D. **Content and Language Integrated Learning (CLIL)**: A Development Trajectory. Córdoba: University of Córdoba, 2012. 552 p. Disponível em: <https://core.ac.uk/download/pdf/60884824.pdf>. Acesso em: 8 set. 2020.

MERCHANT, K. A., VAN DER STEDE, W. A. **Management control systems performance:** measurement, evaluation and incentives. Harlow: Pearson, 2007.

MOROSINI, M. Como internacionalizar a universidade: concepções e estratégias. In: MOROSINI, M. Guia para a internacionalização universitária. Porto Alegre: EDIPUCRS, 2019. Disponível em: <https://books.google.com.br/books?id=gPKzDwAAQBAJ&pg=PT9&lpg=PT9&dq=%22Como+internacionalizar+a+universidade%22+morosini&source=bl&ots=WR46N1gDC5&sig=ACfU3U2UxpwcqGHNB6aXLvhHdmmT5r_1_A&hl=ptsa=X&ved=2ahUKEwiR2K7q54HsAhW5E7kGHbLpC7YQ6AEwA3oECAEQAQ#v=onepage&q=%22Como%20internacionalizar%20a%20universidade%22%20morosini&f=false>. Acesso em 20 ago. 2020.

ORIA, B. Enhancing higher education students' employability: A Spanish case study. International Journal of Technology Management & Sustainable Development, v. 11, n. 3, p. 217-230, 2012.

UFMG. Plano estratégico de internacionalização da UFMG, 2018. Disponível em: <https://www.ufmg.br/prpg/capes-print/wp-content/uploads/2019/06/Plano-Estrate%CC%81gico-Internacionalizac%CC%A7a%CC%83o-Revisado-030418_SODS.pdf>. Acesso em: Acesso em: 17 ago. 2020.

UnB. Plano de internacionalização da Universidade de Brasília 2018-2022, 2018. Disponível em: <http://www.int.unb.br/br/institucional/plano-de-internacionalizacao>. Acesso em: 17 ago. 2020.

UFPE. Plano de internacionalização UFPE 2017-2017, 2018. Disponível em: <https://www.ufpe.br/documents/38954/1956380/Plano+de+Internacionaliza%C3%A7%C3%A3o+da+UFPE+2017-+2027.pdf/40e3049e-2126-45b3-8be6-994167e70475>. Acesso em: 17 ago. 2020.

WOLFF, D. The European framework for CLIL teacher education. Synergies Italie, n. 8, p. 105-116, 2012.

WONG, L. L. C.; NUNAN, D. The learning styles and strategies of effective language learners. System, v. 39, p. 144-163, 2011.

Capítulo 7

O uso do celular no processo educacional: propondo algumas possibilidades

Paulo de Sá Filho
Núcleo Integrado de Educação a Distância (NIEaD) – Serviço Social da Indústria (SESI) e Serviço Nacional de Aprendizagem Industrial (SENAI) Setor Vila Nova N°1.544 – Goiânia – G.O. - 74645-070
prof.paulo@hotmail.com.br

Remi Castioni
Faculdade de Educação (FE) – Universidade de Brasília (UnB) Setor Leste Projeção A – Gama – D.F. - 72444-240.
remi@unb.br

Resumo

O celular tem se destacado como um recurso tecnológico muito utilizado. Este fato é confirmado ao observar que em 2018 no Brasil já existiam 306 milhões de smartphones em uso e que desde 2015 o celular é o recurso mais utilizado para o acesso à Internet. Ao constatar essa realidade, pensar formas e métodos de utilizar o celular como recurso educacional no processo de ensino-aprendizagem torna-se muito importante. Assim, o objetivo desse capítulo é apresentar os aplicativos de celular: Coursera que disponibiliza cursos on-line gratuitos de mais de cem universidades e instituições de ensino do mundo; Mindly que cria mapas mentais, PowToon possibilita a criação de vídeos e animações e o Edmodo que é uma plataforma de aprendizagem para professores, alunos e pais. Para isso, se contextualizará primeiro o uso das novas tecnologias na educação, em especial o celular antes da pandemia do Covid-19. Dando sequência demonstrar-se-á como os referidos aplicativos podem ser utilizados no processo de ensino-aprendizagem. Com isso, esse capítulo pretende auxiliar os docentes de todos os níveis de ensino a implementarem o uso do celular no contexto educacional.

Palavras-chave: *Celular, Educação, TDICs, Aplicativos.*

7.1. Um breve olhar sobre as NTICs

Para falarmos a respeito das chamadas Novas Tecnologias de Informação e Comunicação (NTICs) é necessário apresentar o conceito de Tecnologias de Informação e Comunicação (TICs), que de acordo com Miranda (2007) refere-se à conjugação da tecnologia computacional ou informática com a tecnologia das telecomunicações e tem na Internet e, mais particularmente, na World Wide Web (WWW) a sua mais forte expressão.

Já Rodrigues (2016), traz uma definição mais aprofundada ao dizer que as TICs são o conjunto total de tecnologias que permitem a produção, o acesso e a propagação de informações, assim como tecnologias que permitem a comunicação entre pessoas. Outros autores trazem conceitos semelhantes, como Souza (2017, p. 1) que afirma:

> A Tecnologia da Informação e Comunicação, ou simplesmente TIC, pode ser definida como o conjunto de atividades e soluções providas por recursos de computação que visam permitir o armazenamento, o acesso e o uso das informações para auxiliar a tomada de decisão.

Ao observar essas definições, nota-se que as TICs têm como foco central a criação, disponibilização e difusão de informações que promovam a interação entre os indivíduos. Com o passar dos anos as TICs evoluíram, culminando no surgimento das Novas Tecnologias de Informação e Comunicação (NTICs), que de acordo com Velloso (2011, p. 2) são:

> as tecnologias e métodos para comunicar, surgidas no contexto da Revolução Informacional, "Revolução Telemática", ou Terceira Revolução Industrial, desenvolvidas gradativamente desde a segunda metade da década de 1970, principalmente nos anos 1990. A maioria delas se caracteriza por agilizar, horizontalizar e tornar menos palpável, isto é, fisicamente manipulável o conteúdo da comunicação, por meio da digitalização e da comunicação em redes — mediada ou não por computadores — para a captação, transmissão e distribuição das informações: texto, imagem estática, vídeo e som.

Dando continuidade em sua argumentação, Velloso (2011, p. 3) considera como NTICs, os seguintes recursos apresentados na ilustração 7.1.

NTICs	Computadores pessoais (PCs, personal computers);
	Câmeras de vídeo e foto para computador ou webcam;
	CDs e DVDs, permitindo gravações domésticas;
	Diversos suportes para guardar e portar dados, como os disquetes (de variados tamanhos), discos rígidos ou HDs, cartões de memória, pen drives, zip drives e assemelhados;
	Telefonia móvel (telemóveis ou telefones celulares);
	TV por assinatura: TV a cabo; TV por antena parabólica;
	Correio eletrônico (e-mail);
	Listas de discussão (mailing lists);
	Internet: world wide web (principal interface gráfica); websites e home pages; quadros de discussão (message boards);
	Streaming (Fluxo contínuo de áudio e vídeo via internet);
	Podcasting (transmissão sob demanda de áudio e vídeo via internet);
	Wikipédia, possível graças à internet, à www e à invenção do wiki;
	Tecnologias digitais de captação e tratamento de imagens: captura eletrônica ou digitalização de imagens (scanners); fotografia digital; Vídeo digital; Cinema digital (da captação à exibição); Som digital; TV digital; Rádio digital;
	Tecnologias de acesso remoto sem fio (wireless): Wi-Fi; Bluetooth; RFID; EPVC.

Ilustração 7.1. Recursos considerados NTICs. Fonte: adaptado de Velloso (2011).

As Novas Tecnologias de Informação e Comunicação (NTICs), com o passar do tempo se incorporaram no dia a dia das pessoas, as quais às utilizam para diversos fins, desde uma transação bancária ou até mesmo uma consulta médica, denominada telemedicina. Para se ter uma ideia dessa realidade, a ilustração 7.2 apresenta o percentual de usuários na internet entre os anos de 2008 a 2018.

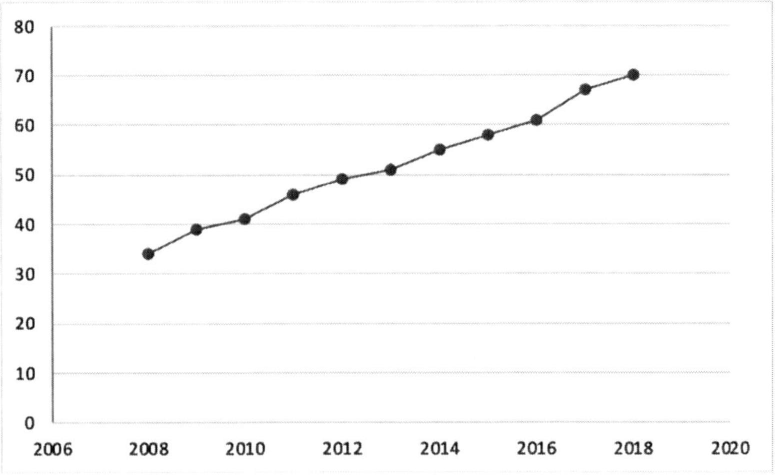

Ilustração 7.2. Usuários de internet no Brasil (em milhões de pessoas). Fonte: adaptado de TIC domicílios (2020).

Além dessa expansão no número de usuários ao longo dos anos, outro aspecto importante trazido com a pesquisa TIC Domicílios 2019 (IBGE, 2019), foi de que mais da metade da população que vive em áreas rurais declarou ser usuária de Internet, chegando a 53%, fato ocorrido pela primeira vez na referida pesquisa. Outro aspecto a ressaltar dessa pesquisa é que ela apontou que a Internet era utilizada em 79,1% dos domicílios brasileiros, (isso corresponde a oito em cada dez domicílios do País utiliza internet).

Essa expansão pode ser entendida ao observar a evolução da quantidade de municípios brasileiros atendidos pelas tecnologias 2G, 3G e 4G, apresentado na ilustração 7.3.

Todavia, essa não é uma realidade apenas da internet, esse fenômeno se replica em outras tecnologias. Como se pode ver nos dados apresentados na 31ª

Pesquisa Anual do FGV, informa que há 424 milhões de dispositivos digitais - computador, notebook, tablet e smartphone, em uso no Brasil (FGV, 2020).

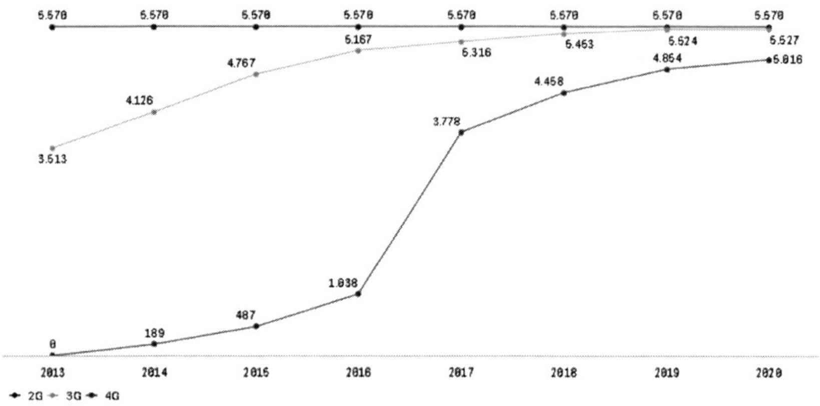

Ilustração 7.3. Evolução no Número de Municípios Atendidos por 2G, 3G e 4G (até Jul/2020). Fonte: ANATEL (2020).

7.2. Celular, o filho ilustre das NTICs

Ao observar as pesquisas acerca do uso das NTICs, nota-se a notoriedade do uso do celular, esse dispositivo com certeza tem se tornado o "filho" mais ilustre das novas tecnologias, como os dados apresentados pelo relatório Economia Móvel 2019, que demonstram que 5,1 bilhões de pessoas utilizam o celular no mundo.

Na realidade brasileira, o celular mostra sua proeminência, pois, dos 424 milhões de dispositivos digitais em uso no Brasil, 234 milhões de celulares inteligentes – smartphones (FGV, 2020). Esse destaque também é demonstrado na PNAD Contínua 2018, ao apresentar o celular como o equipamento mais usado para o acesso à Internet, pois, em 99,2% dos domicílios onde havia acesso à internet, o telefone móvel celular era o meio mais utilizado para este fim (IBGE, 2019).

A Agência Nacional de Telecomunicações - ANATEL, também apresenta dados sobre o celular que estão alinhados com os apontados por outras pesquisas. Segundo a ANATEL, em julho de 2020, existiam 225,89 milhões de celulares em uso no Brasil, destes, 12,25% utilizavam a tecnologia 2G para acessar a internet, 16,30% utilizavam 3G e 71,45% utilizavam 4G para essa finalidade (ANATEL, 2020). Diante dos dados apresentados acerca do uso do celular e das NTICs de forma geral, se faz necessário analisar se esses têm ressonância na Educação.

7.3. E as NTICs na Educação?

Ao fazer um breve histórico do uso das tecnologias na Educação, Bates (2016) afirma que discussões a esse respeito existem há pelo menos 2.500 anos e que ao longo do tempo a tecnologia educacional foi estruturada inicialmente na comunicação oral, sendo esse um dos primeiros meios de ensino formal; depois na comunicação escrita, a qual a partir da invenção da imprensa no século XV possibilitou que o conhecimento escrito fosse compartilhado com mais facilidade. Na década de 1920, a British Broadcasting Corporation (BBC) iniciou a transmissão de programas de rádio educativos para escolas. Com relação ao vídeo, o autor destaca que o uso da televisão na educação ocorreu nos anos de 1960.

Seguindo seu relato Bates (2016), fala das tecnologias de computador, dando ênfase: na aprendizagem programada, a qual Skinner em 1954 começou a experimentar utilizando as máquinas de ensino; o sistema de instrução criado pela Universidade de Illinois nos anos de 1970; as tentativas iniciais de replicar o processo de ensino por meio da inteligência artificial em meados dos anos de 1980; nas redes de computadores, citando o uso do primeiro protocolo de internet pela Arpanet em 1982, a qual foi difundida nos anos de 1990; nos ambientes virtuais de aprendizagem, que foram criados a partir de 1995 com o objetivo de um ambiente de ensino online, o qual no ano 2008 foi utilizado para criar o primeiro Massive Open Online Course (MOOC).

Por fim, Bates (2016) faz referência às mídias sociais, apontando essas como subcategoria da tecnologia computacional, mas em razão de sua difusão e expansão merecem uma seção própria no histórico das tecnologias educacionais apresentado por ele. Em seus comentários, ele cita as seguintes mídias sociais: blogs; Wikis; YouTube, Twitter, Skype e Facebook. Nesse histórico apresentado por Bates há de se destacar as tecnologias que surgiram a partir dos anos de 1970, as NTICs, as quais têm recebido maior destaque na contemporaneidade em razão de sua expansão.

Todavia, destaque-se que esse cenário de intenso uso das NTICs em diversas áreas, por muito tempo não se replicou na educação brasileira, pelo contrário, foi motivo de críticas e resistência. Apesar de existirem esforços por meio da implementação de planos, projetos ou programas que tinham como objetivo estruturar o uso das tecnologias na Educação, na realidade brasileira. Desses merecem destaque em razão de sua dimensão, o Programa Nacional de Tecnologia Educacional (ProInfo) e o Plano Nacional de Educação.

O Programa Nacional de Tecnologia Educacional (ProInfo) instituído pelo Ministério da Educação em 1997, com o objetivo de promover o uso da tecnologia como ferramenta de enriquecimento pedagógico no ensino público fundamental e médio. Em 2007 o ProInfo teve sua proposta reestruturada, passando a ter o objetivo de promover o uso pedagógico das tecnologias de informação e comunicação nas redes públicas de educação básica (BRASIL, 2017). Mesmo o programa possuindo o referido objetivo, vários autores apresentam pesquisas com resultados que demonstram a pouca utilização dos recursos tecnológicos pelos professores e alunos (COSTA, 2015; MARTINS e FLORES, 2015 e 2017; CARVALHO e SAMPAIO, 2019; VALENTE e ALMEIDA, 2020).

Já no Plano Nacional de Educação (PNE) que estabelece diretrizes, metas e estratégias para a política educacional no período de 2014 a 2024 (Brasil, 2014) temos o incentivo ao uso das tecnologias. Assim, no referido documento destaca-se as estratégias: 2.6, 5.3, 5.4, 5.6, 7.12 e 15.6, pois trazem foco no uso das tecnologias na Educação como apresentado a seguir:

> 2.6) desenvolver tecnologias pedagógicas que combinem, de maneira articulada, a organização do tempo e das atividades didáticas entre a escola e o ambiente comunitário, considerando as especificidades da educação especial, das escolas do campo e das comunidades indígenas e quilombolas (BRASIL, 2014, p. 20);

5.3) selecionar, certificar e divulgar tecnologias educacionais para a alfabetização de crianças, assegurada a diversidade de métodos e propostas pedagógicas, bem como o acompanhamento dos resultados nos sistemas de ensino em que forem aplicadas, devendo ser disponibilizadas, preferencialmente, como recursos educacionais abertos (BRASIL, 2014, p. 25);

5.4) fomentar o desenvolvimento de tecnologias educacionais e de práticas pedagógicas inovadoras que assegurem a alfabetização e favoreçam a melhoria do fluxo escolar e a aprendizagem dos(as) alunos(as), consideradas as diversas abordagens metodológicas e sua efetividade (BRASIL, 2014, p. 25);

5.6) promover e estimular a formação inicial e continuada de professores(as) para a alfabetização de crianças, com o conhecimento de novas tecnologias educacionais e práticas pedagógicas inovadoras, estimulando a articulação entre programas de pós-graduação *stricto sensu* e ações de formação continuada de professores(as) para a alfabetização (BRASIL, 2014, p. 25);

7.12) incentivar o desenvolvimento, selecionar, certificar e divulgar tecnologias educacionais para a educação infantil, o ensino fundamental e o ensino médio e incentivar práticas pedagógicas inovadoras que assegurem a melhoria do fluxo escolar e a aprendizagem, assegurada a diversidade de métodos e propostas pedagógicas, com preferência para softwares livres e recursos educacionais abertos, bem como o acompanhamento dos resultados nos sistemas de ensino em que forem aplicadas (BRASIL, 2014, p. 31);

15.6) promover a reforma curricular dos cursos de

> licenciatura e estimular a renovação pedagógica, de forma a assegurar o foco no aprendizado do(a) aluno(a), dividindo a carga horária em formação geral, formação na área do saber e didática específica e incorporando as modernas tecnologias de informação e comunicação, em articulação com a base nacional comum dos currículos da educação básica, de que tratam as estratégias 2.1, 2.2, 3.2 e 3.3 deste PNE (BRASIL, 2014, p.55).

Mesmo que historicamente tenham ocorrido esforços como os apresentados e por meio de outros programas ou projetos governamentais ou não, para o uso das tecnologias na educação, no contexto educacional brasileiro sua utilização tinha caráter inicial. Assim, correspondia a experiências de algumas instituições ou docentes isolados. Esse aspecto pode ser evidenciado no cenário resultante da pandemia do Covid-19, em que as instituições de ensino foram forçadas a promoverem um processo de ensino-aprendizagem estruturado no uso das NTICs.

Nesse novo cenário, em que as interações docente/aluno, aluno/docente e aluno/aluno tiveram sua configuração reformulada, percebeu-se que o uso de tecnologias no processo de ensino-aprendizagem é uma problemática ainda latente no Sistema Educacional Brasileiro, tendo em vista, em especial alguns aspectos, como: a falta de formação docente, a escassez de estrutura das instituições e o não acesso por todas as NTICs.

Todavia, apesar desse cenário, o uso de tecnologias na educação é um ponto positivo e propicia os seguintes benefícios:

> o uso das TICs na escola auxilia na promoção social da cultura, das normas e tradições do grupo, ao mesmo tempo, é desenvolvido um processo pessoal que envolve estilo, aptidão, motivação. A exploração das imagens, sons e movimentos simultâneos ensejam aos alunos e professores oportunidades de interação e produção de saberes (MORAN, 2012, p.13).

Seguindo essa mesma definição, Belloni (1999, p. 25.) diz que as TICs estão cada vez mais presentes na vida cotidiana e fazem parte do universo dos jovens, sendo esta a razão principal da necessidade de sua integração à educação. A inserção das TICs na educação é estimulada por Serafim e Sousa, (2011, p.25), ao que torna-se cada vez mais necessário que a escola se aproprie dos recursos tecnológicos, dinamizando o processo de aprendizagem. Contudo, apesar de se mostrar positivo e inevitável a implementação do uso das NTICs na Educação, ressalta que esse processo perpassa por desafios e possibilidades, com isso, torna-se necessário desenvolver estratégias viáveis para uso das tecnologias em geral (SANTOS et al., 2019).

7.4. O vilão que está virando mocinho na Educação

Pesquisas também descrevem vantagens em se utilizar o celular no processo de ensino-aprendizagem. Como, Farrah et al. (2018), que apresentam a opinião de professores e alunos a esse respeito. No referido estudo, os docentes entrevistados apontam as seguintes vantagens no uso do celular na aprendizagem: a possibilidade de utilizar diversos aplicativos, com isso, aumenta o acesso e obtenção de informações e ajudam os alunos a participarem de forma mais dinâmica e interativa do processo de aprendizagem. Os alunos descreveram como vantagens: auxílio no acesso às informações com rapidez e facilidade; estímulo a compartilhar conhecimentos entre si; tornou o processo de aprendizagem mais divertido, ajudando-os a se livrar de rotinas estressantes diárias.

Outro estudo que descreve as vantagens do uso do celular no processo de ensino-aprendizagem é o de Vázquez-Cano (2014), que diz que a principal vantagem é o aumento da flexibilidade na aprendizagem, ou seja, possibilita que o aluno aprenda em qualquer lugar, uma vez que o aluno pode levar o celular consigo onde for. Contudo, apesar de existir vantagens no uso do celular no processo de ensino-aprendizagem, sua inserção como recurso educacional, antes da pandemia era insipiente.

Assim. Clayton e Murphy (2016), falando da realidade dos Estados Unidos, dizem que apesar dos celulares terem se tornado um elemento constante nas escolas americanas, raramente eram usados para fins de aprendizagem. Fato que replicado por Santos et al. (2019) ao falar sobre o uso de dispositivos móveis, entre eles o celular, diz que, o Brasil faz pouco uso desses tipos de tecnologia em sala de aula, e sua adoção ainda é objeto de controvérsia. Assim, sua trajetória foi marcada por proibições, como demonstrado no quadro 7.4.

Contudo, havia algumas evidências que demonstravam que esse cenário de proibição estava em leve mudança antes da pandemia do Covid-19. Entre as evidências cita-se a promulgação de algumas leis que permitiam o uso do celular em sala de aula para fins educacionais e de estudos a nível mundial como as de Anatolyevna et al., (2018) e Zaheer et al., (2018), que trazem resultados que estes dispositivos podem ser importantes recursos educacionais a serem utilizados no processo de ensino-aprendizagem. Também se encontram pesquisas no contexto brasileiro que estimulam e trazem propostas do uso do celular do processo de ensino-aprendizagem, como as de Lopes e Pimenta, (2017), e de Orrico e Monteiro, (2018).

Quadro 7.4. Legislações que proibiam o uso do celular em sala de aula.

Norma	*Proponente*	*Assunto*	*Texto destaque*
PROJETO DE LEI N.º 2.246-A, DE 2007	POMPEO DE MATTOS DEPUTADO FEDERAL	Veda o uso de telefones celulares nas escolas públicas de todo o país.	Art. 1º - Fica proibido o uso de telefone celular nas escolas públicas do país (BRASIL, 2007, p. 1).
Lei 12730/07 | Lei nº 12.730, de 11 de outubro de 2007	ESTADO DE SÃO PAULO	Proíbe o uso de telefone celular nos estabelecimentos de ensino do Estado, durante o horário de aula.	Artigo 1º - Ficam os alunos proibidos de utilizar telefone celular nos estabelecimentos de ensino do Estado, durante o horário das aulas (SÃO PAULO, 2007, p. 1).

LEI Nº 5222, DE 11 DE ABRIL DE 2008.	ESTADO DO RIO DE JANEIRO	DISPÕE SOBRE A PROIBIÇÃO DO USO DE TELEFONE CELULAR NAS ESCOLAS ESTADUAIS DO ESTADO DO RIO DE JANEIRO.	Art. 1º Fica proibido o uso do telefone celular nas salas de aula das escolas públicas estaduais (RIO DE JANEIRO, 2008, p. 1).
Lei nº 4.131, de 02 de maio de 2008	DISTRITO FEDERAL	Proíbe o uso de aparelhos celulares, bem como de aparelhos eletrônicos capazes de armazenar e reproduzir arquivos de áudio do tipo MP3, CDs e jogos, pelos alunos das escolas públicas e privadas de Educação Básica do Distrito Federal e dá outras providências.	Art. 1º Fica proibida a utilização de aparelhos celulares, bem como de aparelhos eletrônicos capazes de armazenar e reproduzir arquivos de áudio do tipo MP3, CDs e jogos, pelos alunos das escolas públicas e privadas de Educação Básica do Distrito Federal (DISTRITO FEDERAL, 2008, p. 1).
Lei Estadual nº 18.118/2014-PR, de 24 de Junho de 2014	Estado do Paraná	Dispõe sobre a proibição do uso de aparelhos/equipamentos eletrônicos em salas de aula para fins não pedagógicos no Estado do Paraná.	Art. 1º Proíbe o uso de qualquer tipo de aparelhos/ equipamentos eletrônicos durante o horário de aulas nos estabelecimentos de educação de ensino fundamental e médio no Estado do Paraná (PARANÁ, 2014, p. 1).

Lopes e Pimenta (2017) discutem o uso do celular em sala de aula e como resultado desse estudo, afirmam que apesar de ainda ser um tema polêmico e que divide opiniões, não há como negar a crescente tendência do uso das NTICs na educação e que o necessário é a promoção do diálogo entre a escola, os alunos e os docentes acerca do uso do celular no processo de ensino-aprendizagem.

Orrico e Monteiro (2018), partindo da aprovação do Projeto de Lei 860/2016, que autorizou o uso de celulares nas escolas estaduais do Estado de São Paulo, antes proibido, discutiram formas de utilizar o celular com finalidades pedagógicas. Para cumprir o objetivo proposto, eles apresentam cuidados necessários para integrar o uso do celular numa proposta pedagógica e também trazem sugestões do seu uso em atividades de língua portuguesa e por fim, reforçam que para a utilização dos celulares em sala de aula é necessário a participação dos entes públicos, docentes e de pais/ou responsáveis quando se referir ao uso por alunos menores de idade.

Apesar da proposição de estudos como os apresentados, o uso do celular como recurso no processo de ensino-aprendizagem foi intensificado com o cenário trazido pela pandemia do Covid-19, uma vez que o processo de ensino-aprendizagem passou a ser estruturado com o uso das NTICs. Assim, diversas instituições no Brasil e no Mundo implementaram e têm estimulado o uso do celular pelos docentes e alunos para fins educacionais.

Diante do exposto, pode-se dizer que ele está passando de vilão para mocinho no processo de ensino-aprendizagem, com isso, pensar em propostas que promovam a formação docente na utilização dessa tecnologia como recurso educacional, tornou-se não apenas importante, mas também urgente. Assim, apresentam-se como passo inicial nessa caminhada, quatro aplicativos que podem ser utilizados.

7.5. Como utilizar o celular no processo de ensino-aprendizagem?

Uma das maneiras de utilizar o celular como recurso educacional no processo de ensino-aprendizagem, é por meio de aplicativos ou como comumente denominados APP. Eles são softwares desenvolvidos para serem instalados e utilizados em dispositivos eletrônicos móveis, como o celular, tablet e outros. Os aplicativos estão disponíveis em lojas virtuais, entre essas merece destaque a Google Play Store, de distribuição digital de aplicativos, jogos, filmes, programas de televisão, músicas e livros, desenvolvido e operado pela Google e a APP Store, serviço de distribuição digital de aplicativos desenvolvido e operado pela Apple Inc.

Alguns estudos têm apresentado o uso de aplicativos no processo de ensino aprendizagem, tais como o de Gomes e Lopes Neta (2016), que tem como objetivo demonstrar o uso do "Math x Math numa escola pública em turmas do 6º ano, os autores argumentam que a utilização do aplicativo teve como proposta facilitar a compreensão das operações de forma mais dinâmica e a obtenção do raciocínio lógico, tornando assim, a base aritmética dos alunos mais consistente.

Vieira et al. (2019), dizem que em razão do desinteresse discente pelo estudo de química, novas metodologias de ensino têm sido incorporadas na práxis docente com o intuito de amenizar esse quadro (...) entre elas o uso de aplicativos com um viés pedagógico é uma estratégia que pode ser utilizada para aumentar a motivação discente. Diante disso, realizaram uma pesquisa exploratória com professores de química acerca da inserção de aplicativos com conteúdo de química como ferramenta didática para melhoria do processo de ensino-aprendizagem desta disciplina. Os resultados demonstram que os docentes têm interesse em utilizar os aplicativos no processo de ensino-aprendizagem. E partindo desse resultado, os autores apresentam aplicativos para serem utilizados nas aulas de química.

Seguindo essa lógica do uso de aplicativos no processo educacional, em seguida, apresentam-se quatro aplicativos. Destaca-se que o aplicativo Cousera é apresentado com o intuito de contribuir para a formação docente. Já os aplicativos Mindly, PowToon e Edmodo são apresentados com o objetivo de serem utilizados no processo de ensino-aprendizagem.

7.5.1. Cousera

O Cousera é um aplicativo que pode ser utilizado em celulares, tablets e computadores, e tem como proposta disponibilizar diversos cursos online de forma gratuita de mais de diversas universidades de países no mundo, entre elas estão Harvard, Stanford, Cambridge, Universidade de Jerusalém, Universidade de São Paulo, entre outras. Os cursos disponibilizados são cursos de inúmeras áreas como: Educação, Biologia, Empreendedorismo, Negócios, Liderança, Aprendizado de Máquina, Gamificação, Matemática, Psicologia, entre outros.

Destaca-se que no aplicativo é possível fazer cursos em línguas que o usuário desconhece, uma vez que ele conta com o recurso de legenda. Outro aspecto é que o aluno pode fazer o curso no seu ritmo, já que o período para término do curso é prolongado.

Principais aspectos do Cousera:

1. Cursos on-line gratuitos de mais de 115 das melhores universidades e instituições de ensino do mundo.
2. Acesso a cursos das melhores Instituições de Ensino do mundo;
3. Mais de oitocentos cursos em mais de 25 áreas disciplinares, de matemática à música e medicina;
4. Disponibiliza uma lista de cursos baseada em seus interesses;
5. Recurso de legenda, possibilitando fazer cursos em outras línguas;
6. Cursos autorritmados que permitem a você aprender em seu próprio ritmo.

7.5.2. Mindly

O Mindly é um aplicativo que disponibiliza recursos para a criação de mapas mentais. Assim, fornece a possibilidade a docentes ou estudantes em criar mapas conceituais, ou mapas de conceitos, ou seja, diagramas que indicam relações entre conceitos, ou palavras, ou conteúdos e compartilhá-los. Também fornece a possibilidade de transformar os recursos criados em PDF, OPML ou Text, facilitando com isso a impressão ou compartilhamento de diferentes maneiras.

Principais aspectos do Mindly:

1. Criar mapas mentais.
2. Hierarquia infinita de elementos;
3. Anexar anotações, imagens, ou ícones em algum elemento;
4. Esquema de cores para os elementos;
5. Exportar mapa mental para arquivo PDF, OPML ou Text;
6. Compartilhamento com outras pessoas.

7.5.3. PowToon

O PowToon é um aplicativo de comunicação visual, que oportuniza seu usuário, independente do nível de conhecimento, se inicial ou avançado a criar animações, vídeos e apresentações. Com isso, os docentes têm em mãos um recurso que dará a eles a possibilidade de criar atividades, tarefas e materiais de aula de forma interativa, lúdica e dinâmica. A de se destacar que após a criação o docente poderá compartilhar as animações, vídeos e apresentações criadas, de diferentes maneiras, como no YouTube, WhatsApp, Facebook, entre outros. Assim, torna viável e muito útil a criação de animações dos mais diversos temas.

Principais funcionalidades do PowToon

1. Criar vídeos e animações;
2. Animações pré-prontas;
3. Compartilhar as animações nas redes sociais;
4. Criar diversos personagens;
5. Fazer o upload de imagens e vídeos diretamente de seu telefone ao PowToon Estúdio;
6. Gravar uma locução em seu telefone e enviá-lo para o PowToon Estúdio;
7. Compartilhar suas criações com outros usuários.

7.5.4. Edmodo

O Edmodo é um aplicativo que fornece a possibilidade aos docentes estruturarem uma sala de aula virtual. Com *layout* que se assemelha ao das redes sociais, em especial ao do Facebook, o seu uso tem aumentado. Contudo, apesar da sala de aula criada pelo docente ser restrita e condicionar o acesso a ele por meio do uso de login e senha é possível que pais e responsáveis acompanhem o progresso de seus filhos.

Outro aspecto a destacar desse aplicativo é que ele pode ser utilizado no celular, *tablet* e computador. A interação entre docente e discente é realizada por meio do compartilhamento de tarefas, questionários, fotos, enquetes, músicas, textos, vídeos, mensagens e materiais de aula. Assim, torna o aprendizado disponível a qualquer hora e em qualquer lugar. É possível também que o docente meça o progresso de seus alunos com análises e relatórios personalizados.

Principais funcionalidades do Edmodo:

1. Criar salas de aulas virtuais.
2. Conectar-se e colaborar com alunos e colegas professores;
3. Promover e prosseguir com debates fora do horário escolar;
4. Publicar e receber tarefas, enquetes e muito mais;
5. Avaliar o progresso e o desempenho dos alunos com um boletim de acompanhamento;
6. Enviar e compartilhar arquivos, fotos e vídeos.

Diante das funcionalidades que o Edmodo possui, ele se assemelha a plataformas educacionais, como o Moodle e Google Classroom.

7.5.5. Adaptando o uso de diversos aplicativos

Ao observar as funcionalidades dos aplicativos citados, nota-se que eles podem ser adaptados para o uso no processo de ensino-aprendizagem. Assim, em virtude da diversidade e abundância de aplicativos disponíveis, estimula-se que os docentes, busquem aplicativos e façam essa adaptação.

A ação sugerida demonstra sua importância ao observar que no período de enfrentamentamento da pandemia da Covid-19, em que o processo de ensino-aprendizagem realizado de maneira presencial foi suspenso, instituições de ensino, docentes, pais e alunos, estão utilizando o celular como principal meio para viabilizar esse processo. Essa escolha pelo celular em boa parte se deve ao fato de ele ser uma das NTICs mais utilizada, outro ponto que favoreceu essa escolha, é a simplicidade e facilidade no uso do celular, com isso, torna a experiência do usuário prazerosa.

Assim, o exposto nesse capítulo, surge apenas como um passo inicial na formação docente no uso do celular como recurso educacional. Todavia, é importante dizer que devem ser dados novos passos a cada dia com o objetivo de formar e fornecer os insumos necessários para que os docentes possam promover um processo de ensino-aprendizagem de qualidade estruturado no uso das NTICs. Para isso se faz necessário proposição e implementação de Políticas Públicas Educacionais que promovam o uso das NTICs no contexto educacional.

7.6. Para saber mais

e-book: CELULAR DE VILÃO A MOCINHO NA APRENDIZAGEM ESCOLAR: Ferramentas educacionais que vão transformar esse aparelho em um instrumento EXTRAORDINÁRIO em suas aulas.

Resumo: Este e-book apresenta diversos aplicativos de celular que docentes podem utilizar no processo de ensino-aprendizagem nas áreas tecnológicas, Automação, Elétrica, Eletroeletrônica e Mecatrônica; Alimentos e Bebidas; Automotiva e Mecânica; Celulose e Papel; Construção Civil; Meio Ambiente; Gestão e Logística; Refrigeração e Climatização; Segurança do Trabalho; Tecnologia da Informação; Telecomunicações; Têxtil e Vestuário.

Disponível em: https://bit.ly/3hYdV5C

Livro: Good Reception: Teens, Teachers and Mobile Media in a Los Angeles High School.

Resumo: O livro apresenta como o uso de dispositivos móveis pode transformar a aprendizagem nas escolas.

Livro: Metodologias ativas para uma educação inovadora: uma abordagem teórico-prática.

Resumo: O livro apresenta uma coletânea de estudos acerca do uso das metodologias ativas em sala de aula na educação básica e no ensino superior.

Referências

ANATEL, Agência Nacional de Telecomunicações. **Telefonia Móvel - Municípios atendidos,** 2020. Disponível em: <https://www.anatel.gov.br/setorregulado/component/content/article/115-universalizacao-e-ampliacao-do-acesso/telefonia-movel/423-telefonia-movel-municipios-atendidos>. Acesso em: 23 ago. 2020.

ANATEL, Agência Nacional de Telecomunicações. **Panorama Setorial de Telecomunicações Julho/2020,** 2020. Disponível em: <https://www.anatel.gov.br/dados/relatorios-de-acompanhamento/2020>. Acesso em: 23 ago. 2020.

ANATOLYEVNA, G. V.; BUTT, S.; THAKUR, G.R.; ZAHEER, S.; Kra, Y. F. M.; BAAH, N. K.; BAFFOUR, B. K.; USMAN, M. USING MOBILE TECHNOLOGY IN MODERN TEACHING. **International Journal of Mechanical Engineering and Technology**, vol. 9, n. 09. set. 2018. Disponível em: <http://www.iaeme.com/ijmet/issues.asp?JType=IJMET&VType=9&IType=9>. Acesso em: 24 jul. 2020.

BATES, A. W. **Educar na era digital**: design, ensino e aprendizagem. São Paulo: Artesanato Educacional, 2016.

BELLONI, Maria Luiza. **Educação a distância**. São Paulo: Editores Associados, 1999.

BRASIL, Congresso Nacional. **PROJETO DE LEI N.º 2.246-A, DE 2007**. Brasília, DF, 2007. Disponível em: <https://www.camara.leg.br/proposicoesWeb/prop_mostrarintegra?codteor=514264&filename=Tramitacao-PL+2246/2007>. Acesso em: 20 ago. 2020.

BRASIL, Ministério da Educação. **Plano Nacional de Educação (PNE)**. Brasília, DF, 2014. Disponível em: <http://pne.mec.gov.br/18-planos-subnacionais-de-educacao/543-plano-nacional-de-educacao-lei-n-13-005-2014>. Acesso em: 20 ago. 2020.

BRASIL, Ministério da Educação. **Programa Nacional de Tecnologia Educacional (ProInfo)**. Brasília, DF, 2017. Disponível em: <https://www.fnde.gov.br/programas/proinfo>. Acesso em: 20 ago. 2020.

CARVALHO, F. A. L.; SAMPAIO, A. P. L. Análise sobre o Proinfo a partir de uma perspectiva bibliográfica. **Revista Sítio Novo**, Palmas, vol. 4, n. 01. jan./mar. 2020. Disponível em: <http://sitionovo.ifto.edu.br/index.php/sitionovo/article/view/234>. Acesso em: 24 jul. 2020.

CETIC, Centro Regional de Estudos para o Desenvolvimento da Sociedade da Informação. **TIC Domicílios - 2019**, 2020. Disponível em: <https://cetic.br/pesquisa/domicilios/indicadores/>. Acesso em: 25 ago. 2020.

COSTA, L. M. Programa Nacional de Tecnologia Educacional (ProInfo) - Expansão, democratização e inserção das tecnologias na Rede Pública. **Revista QUANTA Comunicação e Cultura,** Resende, vol. 1, n. 01. 2015. Disponível em: <https://www.aedb.br/publicacoes/index.php/comunicacao/article/view/4>. Acesso em: 25 jul. 2020.

DISTRITO FEDERAL, Governo do Estado. **Lei nº 4.131, de 02 de maio de 2008**. Brasília, DF, 2008. Disponível em: <https://www.sinprodf.org.br/wp-content/uploads/2011/03/lei-n%C2%BA-4.131-de-02-de-maio-de-2008.pdf>. Acesso em: 20 ago. 2020.

FGV, Fundação Getúlio Vargas. **Brasil tem 424 milhões de dispositivos digitais em uso, revela a 31ª Pesquisa Anual do FGVcia,** 2020. Disponível em: <https://portal.fgv.br/noticias/brasil-tem-424-milhoes-dispositivos-digitais-uso-revela-31a-pesquisa-anual-fgvcia>. Acesso em: 24 ago. 2020.

GSMA, GSMA Intelligence. **Economia Móvel na América Latina,** 2019. Disponível em: <https://www.gsma.com/latinamerica/pt-br/resources/

economia-movel-na-america-latina-2019/>. Acesso em: 24 ago. 2020.

IBGE, Instituto Brasileiro de Geografia e Estatística. **Pesquisa Nacional por Amostra de Domicílios Contínua - PNAD,** 2019. Disponível em: <https://educa.ibge.gov.br/jovens/materias-especiais/20787-uso-de-internet-televisao-e-celular-no-brasil.html>. Acesso em: 23 ago. 2020.

LOPES, P. A.; PIMENTA, C. C. C. **O uso do celular em sala de aula como ferramenta pedagógica: Benefícios e desafios,** vol. 3, n. 01. 2017. Disponível em: <https://periodicos.ufpe.br/revistas/cadernoscap/issue/view/2638/showToc>. Acesso em: 24 jul. 2020.

MARTINS, R. X; FLORES, V. F. A implantação do Programa Nacional de Tecnologia Educacional (ProInfo): revelações de pesquisas realizadas no Brasil entre 2007 e 2011. **Revista Brasileira de Estudos Pedagógicos**, Brasília, vol. 96, n. 242. jan./apr. 2015. Disponível em: <https://www.scielo.br/scielo.php?script=sci_arttext&pid=S2176-66812015000100112>. Acesso em: 24 jul. 2020.

MARTINS, R. X; FLORES, V. F. Era uma vez o Proinfo... diferenças entre metas e resultados em escolas públicas municipais. **Revista Horizontes**, Itatiba, vol. 35, n. 02. 2017. Disponível em: <https://revistahorizontes.usf.edu.br/horizontes/article/view/319>. Acesso em: 24 jul. 2020.

MIRANDA, G. L. Limites e possibilidades das TICs na educação. **Revista de Ciências da Educação**, Lisboa, n. 03, mai./ago. 2007. Disponível em: <http://sisifo.ie.ulisboa.pt/index.php/sisifo/article/view/60/76>. Acesso em: 21 jul. 2020.

MORAN, J.; MASSETTO, M. T.; BEHRENS M. A. **Novas tecnologias e mediações pedagógicas**. Campinas: Papirus, 2012.

ORRICO, C. A.; MONTEIRO, D. C. **Uso do celular em sala de aula com finalidade pedagógica: construção de saberes de uma nova perspectiva,** vol. 14, n. 02. jul./dez. 2018. Disponível em: <https://periodicos.fclar.unesp.br/tes/article/download/10775/7841>. Acesso em: 24 jul. 2020.

PARANÁ, Governo do Estado. **Lei Estadual nº 18.118/2014-PR, de 24 de Junho de 2014**. Paraná, PR, 2014. Disponível em <http://comunicacao.mppr.mp.br/modules/noticias/article.php?storyid=11862#:~:text=Lei%20Estadual%20n%C2%BA%2018.118%2F2014%2DPR%2C%20de%2024%20de,Art>. Acesso em: 20 ago. 2020.

RIO DE JANEIRO, Governo do Estado. **LEI Nº 5222, DE 11 DE ABRIL DE 2008**. Rio de Janeiro, RJ, 2007. Disponível em: <http://alerjln1.alerj.rj.gov.br/CONTLEI.NSF/c8aa0900025feef6032564ec0060dfff/f4ec6ce30c8857488325742b006b42cc?OpenDocument>. Acesso em: 20 ago. 2020.

RODRIGUES, R. B. **Novas Tecnologias da Informação e da Comunicação**. Recife: IFPE, 2016.

SANTOS, D. D.; BORUCHOVITCH, E. e BEHAR, P. A. Competências socioemocionais, metacognição e tecnologia educacional. *In*: LEITE, C. R. M. *et al.* (org.). **Educação baseada em evidências**: Análises, Sugestões e Propostas. Rio de Janeiro, RJ: Rede CpE, 2019, p. 37-46.

SÃO PAULO, Governo do Estado. **Lei nº 12.730, de 11 de outubro de 2007**. São Paulo, SP, 2007. Disponível em: <https://governo-sp.jusbrasil.com.br/legislacao/130341/lei-12730-07>. Acesso em: 20 ago. 2020.

SERAFIM, Maria Lúcia; SOUSA, Robson Pequeno. **Multimídia na Educação**: o vídeo digital integrado ao contexto escolar. In SOUSA, Robson P.; MOITA, Filomena M.; CARVALHO, Ana B. (Orgs.) Tecnologias digitais na educação. Campina Grande: Eduepb, 2011.

SOUZA, L. C. A TIC na Educação: uma grande aliada no aumento da aprendizagem no Brasil. **Revista Eixo**, Lisboa, Vol. 5, n. 01, jan./jun. 2016. Disponível em: <http://revistaeixo.ifb.edu.br/index.php/RevistaEixo/article/view/315/197>. Acesso em: 21 jul. 2020.

VALENTE, J. A.; ALMEIDA, M. E. B. Políticas de Tecnologia na Educação no Brasil: Visão Histórica e Lições Aprendidas. **Revista Arquivos Analíticos de Políticas Educativas**, Vol. 28, n. 94, jan./jun. 2020. Disponível em: <https://doi.org/10.14507/epaa.28.4295>. Acesso em: 21 ago. 2020.

VELLOSO, F. C. **Informática:** conceitos básicos. Rio de Janeiro: Elsevier, 2011.

ZAHEER, S.; BUTT, S.; ANATOLYEVNA, G. V.; SALMANI, H. Do Mobile Technology in the Classroom Really Improve Learning Outcomes? **International Journal of Evaluation and Research in Education (IJERE)**, vol. 7, n. 03. set. 2018. Disponível em: <https://files.eric.ed.gov/fulltext/EJ1198642.pdf>. Acesso em: 24 jul. 2020.

Capítulo 8

Usando elementos de games em contextos educacionais: uma revisão de literatura

Paulo José Góes Daltro
daltro@unb.br

Gardênia da Silva Abbad
gardenia.abbad@gmail.com

Programa de Pós-Graduação em Administração (PPGA) – Universidade de Brasília (UnB) Brasília – D.F. - 70910-900

Resumo

O objetivo deste estudo é identificar na literatura como os trabalhos científicos abordam a utilização de elementos de jogos em contextos educacionais. Para atingir esse objetivo, conduziu-se uma revisão sistemática da literatura abrangendo publicações disponíveis nos bancos de dados do Portal de Periódicos CAPES, no período de 1999 a 2020. Trata-se de uma pesquisa descritiva com abordagem qualitativa, do tipo revisão sistemática para o levantamento dos conceitos principais e obras clássicas sobre o tema, além de discutir as lacunas existentes na literatura e apresentar sugestões para pesquisas futuras. Os resultados encontrados revelam que a produção científica sobre o tema envolve medidas de aprendizagem como aquisição e retenção de conhecimentos e habilidades e medidas afetivas, tais como engajamento e motivação. Foi possível identificar a necessidade de uma melhor compreensão de como utilizar elementos de games no planejamento instrucional, de forma que os efeitos esperados possam refletir resultados que correspondam aos investimentos feitos pelas organizações.

Palavras-chave: *Treinamento, Educação, Games, Gamificação, Aprendizagem.*

8.1 Introdução

O objetivo dos games, quando utilizados como técnica instrucional, não é exclusivamente entreter o jogador, o que pode ser considerado um valor adicionado, mas fazer uso de sua qualidade divertida para a formação e educação de pessoas. Os jogos permitem realizar tarefas de tal maneira que requerem ao indivíduo, para realizá-las no jogo, os mesmos processos cognitivos necessários para o desempenho da tarefa no mundo real. O aumento na popularidade dos games ao longo do tempo atraiu a atenção dos pesquisadores para o fenômeno da gamificação.

Apesar da crescente popularidade da gamificação em contextos educacionais, ainda há pouco consenso sobre seus efeitos na melhoria dos resultados de aprendizagem dos estudantes. Pesquisas empíricas têm sido conduzidas e relatam achados inconclusivos, que variam também em investigações de medidas afetivas, como motivação e engajamento. Nesse estudo, foram minuciosamente analisadas seis metanálises para traçar um panorama dos últimos vinte anos de pesquisas empíricas quantitativas revisadas em estudos que permitem comparação de efeitos entre grupos ensinados com estratégias gamificadas ou com métodos instrucionais tradicionais.

Como resultado da revisão sistemática desenvolvida, foram selecionadas seis metanálises e quarenta e um artigos empíricos para análise. Inicialmente, serão apresentadas as principais contribuições das metanálises, tendo em vista que esses trabalhos representam uma síntese de pesquisas já realizadas sobre o tema. Juntas, as seis metanálises estudadas abrangem uma revisão das pesquisas desenvolvidas entre 1999 e 2020.

8.2 Desenvolvimento

A primeira metanálise apresentada, conduzida por Lee (1999), buscou identificar evidências da efetividade do uso da simulação como método instrucional. Essa metanálise foi incluída na amostra por representar uma iniciativa precursora no âmbito da sistematização de conhecimentos relativos à utilização de ambientes simulados com fins educacionais, na qual desdobram-se as perspectivas conceituais da gamificação.

Os jogos atuam como uma plataforma em que as simulações ocorrem, e por isso, a característica que distingue as simulações dos jogos simulados é que elas são baseadas na realidade, mas podem também incorporar aspectos comuns de jogos, tais como regras e competição (BELL *et al.*, 2008; HAYS, 2005). É importante distinguir esses diferentes artefatos, tendo em vista que o treinamento baseado em jogos traduz-se como um tipo particular de treinamento baseado em simulação, em que as simulações ocorrem no contexto de um jogo sério (*serious games*), comumente utilizado para fins de capacitação (GROSSMAN *et al.*, 2015).

Estudos anteriores apresentaram experimentos que foram conduzidos com o objetivo de avaliar o valor instrucional da simulação. Contudo, os resultados mostraram-se imprecisos porque os autores utilizaram diferentes tipos de simulação nas investigações e focaram apenas no tamanho do efeito (DEKKERS; DONATTI, 1981; KULIK *et al.*, 1980; KULIK *et al.*, 1983). Esses trabalhos não foram incluídos nesta revisão de literatura dado que o tamanho do efeito, de maneira isolada, não apresenta conclusões precisas e suficientes sobre as circunstâncias em que os estudantes aprendem mais ou menos, quando comparados com os grupos de controle, em condições experimentais.

A metanálise desenvolvida por Lee (1999) selecionou 19 estudos com o objetivo de investigar a efetividade da simulação instrucional, mediante o uso de duas formas distintas de simulações: simulação pura e simulação híbrida, na qual os estudantes primeiro finalizam um módulo instrucional com aula expositiva tradicional e depois, a prática ocorre com a simulação em dois modos de instruções diferentes: (1) apresentação: método de descoberta de novos conhecimentos, utilizadas para suplementar a aula expositiva; e (2) prática: utilizada para prover estudantes com um número maior de exemplos reais de aplicação.

Neste estudo, os trabalhos foram selecionados por meio dos seguintes critérios: (1) fornecer informações quantitativas suficientes que permitissem o cálculo dos tamanhos de efeito; (2) conter grupo controle; (3) não ter apresentado sérias falhas metodológicas. Todos os estudos foram realizados com estudantes de várias idades. Como métricas comumente adotadas em metanálises, foram identificadas as seguintes variáveis dependentes: ano do estudo, fonte, tamanho da amostra, tema, conteúdo instrucional, modo da simulação e estudo com grupo controle e o tamanho dos efeitos produzidos: desempenho acadêmico e atitude, variável que representou a maneira como os indivíduos se sentiam em relação à instrução simulada.

Os principais resultados constatados por Lee (1999) revelam que 66% dos estudantes que tiveram aulas com simulação superaram os demais (d = 0,41) em relação aos grupos de controle, em termos de aprendizagem. Embora o rendimento acadêmico tenha apresentado maior tamanho de efeito, isso não significou dizer que os estudantes reagiram favoravelmente ao ambiente instrucional com simulação (d = –0,40).

Ademais, os resultados encontrados indicaram que as simulações devem ser usadas de modo suplementar aos métodos instrucionais tradicionais, tais como as aulas expositivas, mas não recomendadas para o ensino de novos conhecimentos. Assim, as simulações podem ser úteis como um método instrucional único, caso combinem apresentação e prática. A apresentação seria prover o estudante com um amplo número de exemplos e orientações, em um método misto que deve abranger também as aulas expositivas (LEE, 1999).

Sete anos mais tarde, tendo sido observada uma falta de consenso na literatura sobre o uso da tecnologia educacional e seus efeitos nos resultados de maior ganho cognitivo para os aprendizes, Vogel *et al.* (2006) conduziram uma metanálise com o objetivo de investigar qual método de ensino (jogos e simulações interativas ou métodos tradicionais) é mais efetivo e em quais circunstâncias isto acontece. Os autores defendem a ideia de que o hábito de jogar permite que o cérebro trabalhe mais eficientemente, permitindo ao aprendiz absorver mais material cognitivo, além de serem mais motivadores e interativos do que os métodos tradicionais (JU; WAGNER, 1997; KAFAI, 2001; RIEBER, 1996). Nesta metanálise, o jogo é definido como uma atividade que tem objetivos, é interativa, gratificante e provê *feedback*. O conceito de simulação interativa diz respeito a atividades que interagem com o usuário, oferecendo opções para escolher parâmetros da simulação e observar a sequência recém-criada em vez de simplesmente selecionar uma simulação pré-gravada (VOGEL *et al.*, 2006).

Os autores identificaram que as pesquisas previamente conduzidas (BAYRAKTAR, 2001; CHAMBERS *et al.*, 2002; CHRISTMANN; BADGETT, 2003; COHEN; DACANAY, 1992; FLETCHER-FLYNN; GRAVATT, 1995; KULIK, 1994; KULIK; KULIK, 1986; LOWE, 2001) relataram pequenos, mas positivos tamanhos de efeito, apoiando, preferencialmente, a utilização de jogos desenvolvidos em computadores (*computer games*), em relação aos métodos tradicionais de ensino.

VanSickle (1986) constatou uma pequena vantagem nos jogos (*simulation games*) para produzir atitudes positivas em relação ao assunto estudado, quando comparados aos métodos tradicionais, e que o uso de jogos em situações de ensino-aprendizagem resultou em maiores ganhos cognitivos, quando comparados a outros métodos de ensino, mas não sobre os métodos tradicionais (aulas expositivas). Alguns anos depois, um artigo de revisão sobre jogos, que abrange os anos de 1984 a 1991, relatou que dos sessenta e sete artigos incluídos, trinta e oito não encontraram diferenças entre os jogos de computador e os métodos tradicionais, vinte e dois favoreceram o uso de jogos, cinco tiveram grupos de controle questionáveis e também favoreceram jogos, e apenas três favoreceram os métodos tradicionais (RANDEL *et al.*, 1992).

Embora alguns estudos tenham mostrado diferenças significativas favorecendo jogos ou simulações interativas sobre os métodos tradicionais de ensino (LAFFEY *et al.*, 2003; MCGARVEY, 1986), outros estudos encontraram resultados opostos (COSTABILE *et al.*, 2003; KIM *et al.*, 2002) e alguns não apresentaram diferenças entre os dois tipos de ensino: jogos e simulações *versus* métodos instrucionais tradicionais (BREWSTER, 1996; MCGARVEY, 1986; ROSAS *et al.*, 2003).

O estado da arte até o momento indicava diferenças nos resultados encontrados, revelando a dificuldade dos pesquisadores em estabelecer uma conclusão sobre o uso de jogos e simulações para favorecer a aprendizagem e, por esse motivo, a metanálise desenvolvida por Vogel et al. (2006) buscou demonstrar, de forma precisa, como esses métodos podem gerar efeitos na aprendizagem dos indivíduos treinados.

Os critérios utilizados pelos autores para a inclusão de pesquisas na metanálise foram: (1) estudos que identificaram ganhos cognitivos ou mudanças atitudinais nas suas hipóteses principais; e (2) relataram estatísticas avaliando aulas tradicionais *versus* jogos enquanto tecnologias instrucionais. Em seguida, os estudos foram avaliados por meio de cinco variáveis moderadoras: (1) tipo de atividade: simulação interativa ou jogo de computador; (2) idade da população; (3) gênero; (4) experiência do usuário no jogo: sozinho, em grupo, em duplas ou em trios; e (5) características do jogo: nível de realismo e nível de controle do jogador.

Um total de 248 estudos foi avaliado para inclusão. No entanto, após a revisão, apenas 32 estudos realmente preencheram os requisitos e foram utilizados para a metanálise. A maioria dos artigos encontrados não fornecia informações suficientes para determinar se os *games* e as simulações interativas demonstraram ser mais eficazes, ou continham falhas metodológicas que os impediram de participar da amostra.

Os resultados encontrados neste estudo revelaram uma confiabilidade de 84% na amostra (d = 0.74). Os dados analisados sugeriram que, globalmente, maiores ganhos cognitivos foram observados em indivíduos que utilizaram jogos e simulações interativas, que demonstraram ser mais eficazes do que os métodos tradicionais de ensino. Um efeito principal para a atitude também foi encontrado, sugerindo que as atitudes dos indivíduos em relação à aprendizagem, ao usar os computadores, foram significativamente melhores do que aqueles expostos aos métodos instrucionais tradicionais.

Neste ponto, percebeu-se que os treinamentos baseados em jogos (*game--based training*), eram comumente confundidos com os treinamentos baseados em simulação (*simulation-based training*), assim como o uso de elementos de jogos (*gamification*) com o uso de simuladores em treinamentos. O uso intercambiável destes termos nos estudos (*game*, *serious games*, *simulation games* e *computer games*) gerou uma certa imprecisão conceitual na área.

Para esclarecer estas diferenças, após identificar também que não havia diretrizes claras sobre quais características dos jogos podiam favorecer a aprendizagem (BELL *et al.*, 2008; TENNYSON; JORCZAK, 2008), a metanálise desenvolvida por Sitzmann (2011) buscou demonstrar quais características dos *games* são essenciais para fortalecer os resultados de aprendizagem. Para tanto, o estudo apresenta os efeitos dos jogos, quando comparados aos métodos tradicionais, sobre os resultados de treinamentos, nos seguintes domínios: (1) afetivo: motivação, reação e autoeficácia; (2) comportamental: esforço; (3) cognitivo: conhecimento declarativo e retenção; e (4) habilidades: conhecimento processual e transferência.

Esta metanálise abrangeu os estudos publicados no período entre 1976 e 2009. Para serem incluídas na amostra, as pesquisas deveriam considerar a aprendizagem como o principal objetivo da aplicação dos *games*. As buscas iniciais resultaram em 4.545 estudos. Uma revisão dos resumos limitou a lista a 264 potencialmente relevantes, dos quais 40 preencheram os critérios de inclusão: (1) ter relatado resultados que permitissem o cálculo estatístico das médias de grupo e desvios-padrão, correlação, teste *t* ou teste *F* univariados; (2) dados coletados no nível individual de análise; (3) participantes adultos não deficientes; e (4) o treinamento ter facilitado a aprendizagem de conhecimentos ou habilidades relevantes para o trabalho. Adicionalmente, a autora fez uma busca em listas de referência de estudos publicados, com foco na efetividade dos *games*, o que resultou em mais 15 trabalhos, totalizando 55 estudos, o que gerou 65 amostras independentes e um total de 6.476 participantes treinados.

Foram examinadas tendências nos estudos analisados para determinar se a eficácia dos *games*, em relação ao grupo controle, diferia com base nas características: (1) dos jogos; (2) do contexto instrucional; e (3) metodológicas. Os estudos foram avaliados por meio de nove variáveis moderadoras: (1) valor de entretenimento do jogo; (2) tipo de instrução (ativa ou passiva); (3) acesso ilimitado ao jogo; (4) jogo como único método instrucional; (5) método instrucional utilizado como substituto ao *game*; (6) designação aleatória às condições experimentais; (7) rigor no delineamento do estudo (pré-teste e pós-teste ou apenas pós-teste); (8) status da publicação (publicada ou inédita); e (9) ano da publicação.

Os resultados revelaram que a autoeficácia após o treinamento foi 20% mais elevada (*d* = 0,52), o conhecimento declarativo foi 11% maior (*d* = 0,28), o conhecimento processual foi 14% (*d* = 0,37) superior e a retenção foi 9% mais alta (*d* = 0,22) para os indivíduos treinados com jogos, quando comparados aos treinados com métodos instrucionais tradicionais. O valor de entretenimento do jogo não apresentou significância para moderar a aprendizagem, ou seja, os treinados aprenderam igualmente nos jogos tanto com alto valor quanto com baixo valor de descontração. Características dos jogos e do contexto instrucional também moderaram a eficácia dos jogos. Os treinados aprenderam mais quando os jogos utilizaram metodologias ativas (*d* = 0,49), com acesso ilimitado ao jogo (*d* = 0,68) e como um complemento para outros métodos instrucionais e não como uma instrução avulsa (*d* = 0,51). A confiabilidade média do estudo foi de 0,83 (valor máx. = 1) com um intervalo de confiança de 95%.

Considera-se que esta pesquisa expande os resultados das metanálises previamente publicadas por Lee (1999) e Vogel *et al.* (2006) das seguintes maneiras: (1) os estudos anteriores utilizaram uma combinação de amostras de crianças e adultos, impedindo uma estimativa precisa da eficácia deste método instrucional para ensinar a adultos habilidades relacionadas ao trabalho; (2) Lee (1999) e Vogel *et al.* (2006) examinaram tanto a aprendizagem cognitiva quanto as atitudes em relação ao treinamento. Sitzmann (2011) incluiu outros resultados de treinamento (autoeficácia, conhecimento declarativo, conhecimento processual e retenção) e examinou fatores moderadores (teóricos e metodológicos); (3) foram cinco fatores moderadores teóricos (habilidade do jogo em entreter, instruções do jogo dadas de modo ativo ou passivo, acesso ilimitado ao jogo, jogo utilizado como único método instrucional, e características dos métodos instrucionais utilizados para ensinar o grupo controle: ativos ou passivos); (4) foram verificados quatro fatores moderadores de natureza metodológica: designação aleatória às condições experimentais, rigor do desenho do estudo, status da publicação e ano da publicação também foram examinados.

Os resultados encontrados por Sitzmann (2011) apontaram uma escassez no número de pesquisas que comparou efetivamente os efeitos dos jogos sobre a motivação, esforço e reações dos treinados ao treinamento. Com relação à autoeficácia, a autora revela ter encontrado pesquisa empírica suficiente, mostrando que à medida que os indivíduos jogam, eles podem se sentir empoderados, melhorando sua autoeficácia em relação ao treinamento. Com relação à aprendizagem, a revisão demonstrou resultados que validam o uso de jogos para favorecer a aprendizagem (conhecimento declarativo, processual e retenção), mas ainda não se podem tirar conclusões sobre a transferência devido à falta de pesquisas empíricas que examinem essa relação. Ao comparar os resultados encontrados com os resultados das metanálises anteriores, é possível compreender de forma mais abrangente o valor da aplicação de tecnologias para promover treinamentos, quando devidamente empregadas, podem melhorar os resultados de aprendizagem dos indivíduos.

Por sua vez, a metanálise conduzida por Powers *et al.* (2013) buscou investigar como os videogames melhoram o funcionamento cognitivo dos indivíduos, examinando habilidades de processamento de informações (processamento auditivo, funções executivas, habilidades motoras, imagens espaciais e processamento visual), que são relevantes para o engajamento em diferentes tipos de jogos de modo que esses artefatos cognitivos sejam utilizados para recuperar e sintetizar informações de forma eficiente. Foram realizadas duas metanálises separadas. Isto foi necessário para distinguir os estudos que eram quase-experimentais no desenho de pesquisa, mas que trabalharam com amostras de jogadores que já tinham prática com jogos, daqueles estudos que eram verdadeiramente experimentais, em que os participantes foram atribuídos aleatoriamente ao treinamento com jogos e às condições de controle estabelecidas.

Nenhuma outra metanálise mediu os tamanhos de efeito dos benefícios de diferentes tipos de jogos de videogame para melhorar habilidades de processamento da informação, sendo que a maior parte dos estudos quase-experimentais não utilizou escolha secreta, ou seja, os participantes sabiam que estavam sendo recrutados para o estudo devido à sua experiência com jogos. Estudos quase-experimentais (72 estudos, 318 comparações) compararam *gamers* habituais e indivíduos de diferentes níveis de habilidades com grupos controle; e experimentos (46 estudos, 251 comparações) examinaram os efeitos do treinamento atribuído a jogos de videogame específicos, sem vieses de autosseleção e com maior capacidade de generalização. Foram incluídos nessa amostra os resultados de pesquisas realizadas entre 2009 e 2012.

Os seguintes critérios de seleção foram estabelecidos: (1) estudos quase-experimentais que utilizaram dados de relato próprio ou parental para determinar os efeitos de altas e baixas frequências de jogo nas variáveis de interesse; (2) estudos quase-experimentais em que os participantes tiveram experiência com videogame, em que o nível de habilidade esteve correlacionado com as variáveis de interesse; (3) experimentos verdadeiros comparando os participantes que receberam treinamento por videogame (seja em jogos de ação, não ação ou quebra-cabeças) com um grupo de controle sem treinamento com videogame; (4) experimentos verdadeiros que compararam um grupo de participantes que recebeu treinamento com jogos de ação, com outro grupo de participantes que recebeu treinamento com não ação ou quebra-cabeças como controle; (5) experimentos que utilizaram um tema dentro do desenho instrucional, com pré e pós-testes para avaliar os efeitos do treinamento com videogames. As informações foram levantadas por meio de questionários, onde os participantes foram solicitados a responder sobre suas experiências com videogames.

Em seguida, os participantes puderam ser então agrupados com base nas respostas coletadas. Os estudos quase-experimentais compararam jogadores habituais com *non-gamers* ou compararam indivíduos com diferentes níveis de habilidades. Os experimentos foram projetados para examinar os efeitos específicos do treinamento com jogos sobre as variáveis de interesse. São elas: (1) domínio no processamento de informações; (2) tipo de jogo; (3) tipo de grupo de controle; (4) duração do treinamento (somente para experimentos); (5) idade dos jogadores; (6) sexo dos jogadores; (7) tipo de publicação (estudos publicados ou inéditos para comparação de alto e baixo impacto); (8) ano de publicação: para avaliar se os tamanhos de efeito mudaram à medida que os videogames aumentaram em sofisticação e popularidade e à medida que os estudos sobre seus efeitos proliferaram; e (9) participação em grupos de pesquisa.

Os resultados da primeira metanálise (estudos quase-experimentais) geraram um total de 318 comparações a partir dos 72 estudos. No modelo de efeitos aleatórios, os estudos tiveram um tamanho médio de efeito ($d = 0{,}61$) com 95% de intervalo de confiança, indicando que o jogo de videogame foi significativamente associado com o aumento de habilidades de processamento da informação. O domínio de processamento de informações moderou o tamanho de efeito e os domínios de processamento auditivos e visuais mostraram efeitos médios a grandes, visto que os outros domínios mostraram efeitos pequenos. Os testes *post-hoc* mostraram efeitos significativamente maiores para o domínio do processamento visual quando comparados à imagem espacial e às habilidades motoras.

Os resultados da segunda metanálise (estudos experimentais) geraram um total de 251 comparações a partir de 46 estudos. No modelo de efeitos aleatórios, os 46 estudos tiveram um tamanho médio de efeito ($d = 0{,}48$) com 95% de intervalo de confiança. O domínio do processamento de informações, analisado no nível das comparações, moderou os tamanhos de efeito, que foram grandes para as habilidades motoras e pequenos para processos auditivos, imagens espaciais e processamento visual, mas foi não significativo para funções executivas. O tipo de grupo controle e a duração dos treinamentos falharam em moderar os resultados nos experimentos. Considerando que os estudos quase-experimentais produziram tamanhos de efeito pequenos a grandes entre os domínios, os experimentos verdadeiros renderam efeitos desprezíveis para funções executivas, que contrastaram com os tamanhos de efeito de pequeno a médio em outros domínios.

Os dois estudos que compõem a metanálise desenvolvida por Powers *et al.* (2013) indicaram efeitos significativos da experiência do videogame no processamento da informação, com efeitos moderados ao nível dos estudos e pequenos efeitos ao nível das comparações. Nos estudos quase-experimentais, os tamanhos de efeito foram moderados pela habilidade de domínio de processamento de informações, tipo de jogo, tipo de grupo controle, idade, sexo, tipo de publicação e participação em grupos de pesquisa. Nos experimentos, os tamanhos de efeito foram moderados por domínio de processamento de informações, tipo de jogo, idade e tipo de publicação.

Ainda no mesmo ano, a partir de um objeto mais específico de pesquisa, a metanálise desenvolvida por Wouters *et al.* (2013) buscou investigar se os jogos sérios são mais efetivos em termos de: (1) motivação; (2) aprendizagem; e (3) retenção do que os métodos instrucionais tradicionais. Com relação à aprendizagem, essa metanálise destacou aspectos cognitivos da aprendizagem e classificou os resultados de aprendizagem em: (1) habilidades cognitivas; e (2) conhecimento (WOUTERS *et al.*, 2013).

Tendo observado o aumento de pesquisas que buscaram investigar os efeitos dos *serious games*, os autores decidiram, por meio da metanálise, apresentar estatisticamente os resultados das pesquisas sobre os efeitos dos *serious games* na motivação e na aprendizagem. A categoria de análise utilizada foi a de comparação de mídias: comparar se as pessoas aprendem melhor com os jogos ou com outros métodos instrucionais. Na maior parte dos estudos, a aprendizagem foi medida imediatamente após o treinamento, o que pode ser considerado inapropriado para medir o nível em que os aprendizes ainda são capazes de aplicar os conhecimentos e habilidades aprendidas em longo prazo.

Essa metanálise abrangeu estudos publicados no período entre 1990 a 2012. Cento e noventa estudos foram localizados e 38 selecionados para análise com base em quatro critérios de inclusão dos relatos de pesquisas: (1) o grupo experimental ter aprendido o conteúdo por meio de *games*, quer como método de instrução único ou em combinação com outros métodos instrucionais; (2) o grupo controle ter sido treinado com métodos instrucionais convencionais; (3) o grupo experimental e o grupo controle terem recebido o mesmo conteúdo da aprendizagem; (4) o estudo ter relatado informações que permitissem o cálculo do tamanho de efeito (médias, desvios-padrões e testes *t*); e (5) participantes da pesquisa sem deficiências ou necessidades especiais. No total, 5.547 foi o número de participantes envolvidos. Os tamanhos amostrais dos estudos variaram de 16 a 1.105 participantes.

Foram identificados 39 estudos que possibilitaram 77 comparações *pairwise* em resultados de aprendizagem, 17 na retenção, e 31 na motivação para aprender com *games*. Apesar de considerar estudos realizados após 1990, 54% desses estudos foram conduzidos entre 2007 e 2012. Foram considerados três fatores metodológicos que potencialmente podiam influenciar o tamanho do efeito médio ponderado e o impacto das características do estudo: fonte de publicação, designação aleatória de participantes nas condições experimentais e desenho experimental (pré e pós-teste ou apenas pós-teste).

Aspectos instrucionais e contextuais que pudessem moderar a efetividade dos jogos foram adicionados, tais como: contexto em que o *game* foi utilizado e o tamanho do grupo: desempenho do indivíduo *versus* desempenho do indivíduo no grupo. Essas duas variáveis foram adicionalmente incluídas em relação à metanálise conduzida por Sitzmann (2011). Os autores adicionaram também duas outras variáveis que ainda não tinham sido exploradas nas metanálises anteriores: (1) número de sessões de treinamento com *games*; e (2) momento em que os efeitos na aprendizagem foram medidos (imediato ou posterior).

Para motivação, foram utilizadas as mesmas variáveis moderadoras para explorar se os fatores contextuais e situacionais tiveram impacto no apelo motivacional dos jogos e em que medida isto ocorreu. Por último, as variáveis que representaram o nível de realismo e a narrativa do jogo foram adicionadas, visto que os resultados de pesquisas sobre os efeitos da utilização de narrativas nos jogos sérios para fomentar a aprendizagem e o engajamento dos jogadores ainda eram imprecisos. O *d* de Cohen foi utilizado como medida de tamanho do efeito, sendo que as diferenças entre grupos experimentais e controle nas variáveis dependentes (motivação, aprendizagem e retenção) foram padronizadas usando o desvio padrão ponderado ($d = (M_E - M_C)/(((s^2_E \times (n_E - 1)) + (s^2_C \times (n_C - 1)))/(n_E + n_C - 2))$.

Quando as médias e/ou desvios-padrão não estavam disponíveis nos estudos incluídos na amostra, foram utilizadas fórmulas para estimar o tamanho do efeito com base nos dados do teste *t* ou do teste *F* univariado, por meio de comparação de variâncias ou de médias ajustadas ou ainda do *gain score*, calculado pela diferença do resultado em grupo e resultado individual. Utilizou-se o modelo de efeitos aleatórios para as análises principais e moderadoras, com intervalos de confiança de 95% em relação aos tamanhos médios ponderados. Para calcular os tamanhos de efeito, criou-se um programa no MS Excel usando as fórmulas fornecidas por Ellis (2010) e Borenstein *et al.* (2009).

Os resultados indicaram que os jogos sérios foram mais eficazes em termos de aprendizagem ($d = 0{,}29$) e retenção ($d = 0{,}36$), mas não foram mais motivadores ($d = 0{,}26$, $p > 0{,}05$), quando comparados aos métodos instrucionais convencionais. Uma possível explicação é que as condições do jogo que limitam o sentimento de controle ou a liberdade de ação podem prejudicar a motivação intrínseca dos indivíduos (DECI; KOESTNER; RYAN, 2001).

Os resultados apresentados pelos autores corroboram com os demais estudos que demonstraram maior eficácia dos jogos sérios sobre os resultados de aprendizagem, quando comparados a outros métodos instrucionais (SITZMANN, 2011; VOGEL *et al.*, 2006). Adicionalmente, as análises sobre os efeitos da aprendizagem revelaram que os estudantes treinados com jogos aprenderam mais quando: (1) o jogo foi suplementado com outros métodos de instrução; (2) múltiplas sessões de treinamento foram entregues; e (3) os jogadores trabalharam em grupos. Cabe ressaltar que o efeito benéfico dos *games* foi maior com métodos instrucionais mistos do que apenas com métodos passivos (WOUTERS *et al.*, 2013).

Em comparação aos métodos instrucionais convencionais, os *games* produzem ganhos de aprendizagem mais elevados, independentemente de serem apresentados sozinhos, ou complementados com outros métodos instrucionais, mas os aprendizes aprendem mais quando os *serious games* são suplementados com outros métodos instrucionais. Múltiplas sessões produzem ganhos de aprendizagem mais elevados em *games* do que em métodos convencionais. Além disso, a comparação entre grupos revela que múltiplas sessões são mais eficazes do que apenas uma sessão de treinamento, visto que, quando comparados aos métodos instrucionais tradicionais, a efetividade dos *games* em termos de aprendizagem ocorre apenas depois de múltiplas sessões, quando o jogador se familiariza com o jogo.

Os resultados revelaram também que ambos os que jogaram individualmente e aqueles que jogaram em grupo, aprenderam mais do que o grupo controle, mas os estudantes que jogaram em grupo aprenderam mais do que aqueles que jogaram sozinhos. Foi feita análise moderadora para aprendizagem e motivação apenas porque os valores encontrados foram baixos para retenção (Q_{total} = 8,68, df = 16, p > 0,05).

Os resultados encontrados para retenção revelam que os ganhos cognitivos não devem ser unicamente atribuídos à originalidade do material instrucional, porque estes ganhos podem persistir em longo prazo (SITZMANN, 2011). O efeito calculado pela retenção demonstra (d = 0,36) que os jogos sérios possibilitam a manutenção de conhecimentos prévios, sobre os quais os estudantes podem se basear para construir novos conhecimentos durante sua trajetória de aprendizagem, pois, na medida em que se engajam no jogo, os aprendizes vão ficando mais acostumados aos ambientes complexos de aprendizagem.

Por último, os jogos com o uso de narrativas demonstraram ser menos eficazes do que os jogos sem narrativas, quando comparados aos métodos instrucionais tradicionais, demonstrando que o uso de narrativas nos jogos requer que os jogadores utilizem de forma demasiada sua capacidade cognitiva para processar a informação narrativa, que não necessariamente estará diretamente relacionada ao conteúdo da aprendizagem veiculado no treinamento.

É plausível dizer que a falta de apelo motivacional é um reflexo do fato de que o mundo do desenho de jogos e do desenho instrucional ainda não estão integrados, exemplo disso é que os questionários ainda são o método mais comumente utilizados para medir motivação. Medir estados afetivos como motivação e diversão por meio de questionários após o jogo, pode enfraquecer os resultados, dado que a motivação do jogador durante o jogo pode diminuir após o término da interação (POWERS *et al.*, 2013).

Por fim, tendo observado a crescente incorporação de mecânicas de jogos por empresas e instituições de ensino e o consequente aumento no número de publicações sobre o uso da gamificação como um método instrucional capaz de motivar os estudantes e melhorar a aprendizagem, os autores chineses Bai, Hew e Huang (2020) conduziram uma metanálise com o objetivo de examinar os efeitos da gamificação sobre os resultados de aprendizagem em diversos ambientes educacionais.

Alguns aspectos enriquecem, metodologicamente, esta metanálise em relação às anteriormente apresentadas: (1) o estudo examina especificamente comparações feitas por intervenções que efetivamente compararam práticas gamificadas e não gamificadas, incluindo estudos com grupos distribuídos intencionalmente e aleatoriamente para identificar possíveis efeitos causais das estratégias gamificadas no desempenho acadêmico dos estudantes; (2) os autores analisaram fatores moderadores dos efeitos da gamificação no desempenho dos estudantes; (3) foram incluídos diversos tipos de contextos educacionais (primários, secundários e superiores), sem restrições relativas à linguagem em que a instrução ocorreu, desde que os resultados estivessem disponíveis em inglês nos artigos selecionados.

Para serem incluídos na amostra, os estudos quantitativos necessitavam apresentar os resultados de investigações empíricas que utilizaram pelo menos um elemento de jogo na prática gamificada com uma ou mais comparações entre os resultados de aprendizagem obtidos com métodos instrucionais tradicionais e gamificados, avaliados por provas (exames finais) ou pós-testes. Para os estudos qualitativos, foram considerados os seguintes critérios: (1) estratégias gamificadas que utilizaram pelo menos um elemento de jogo claramente descrito no estudo; (2) coletas de dados realizadas por meio de perguntas subjetivas e/ou entrevistas e análise de dados sobre percepções dos estudantes com a gamificação (BAI; HEW; HUANG, 2020).

Ao todo, foram selecionados vinte e quatro estudos com abordagem quantitativa que, juntos, totalizaram 3.202 participantes em trinta intervenções gamificadas independentes e trinta e dois estudos qualitativos para compor as categorias temáticas relacionadas à diversão percebida pelos estudantes com a gamificação. Em seguida, informações relativas aos elementos de jogos utilizados, recompensas oferecidas (tangíveis ou intangíveis) e resultados estatísticos dos desempenhos de estudantes (médias e desvios padrão) foram extraídas dos estudos selecionados.

Os cálculos de tamanho de efeito foram obtidos por meio do modelo de efeitos aleatórios, já que os escores médios dos estudos foram estimados em diferentes populações. A representação dos efeitos neste estudo deu-se por meio do *g* de Hedges, calculado pela diferença média ajustada e padronizada entre os grupos investigados, com base nos desvios padrão ponderados. Essa medida foi adotada pelos autores devido aos tamanhos amostrais variados encontrados nos estudos analisados. O *g* de Hedges e o *d* de Cohen, utilizado pelos pesquisadores nas metanálises anteriores, são medidas similares que possuem o objetivo de determinar o quanto um grupo, geralmente experimental, difere de um grupo de controle em intervenções empíricas de pesquisa (BAI; HEW; HUANG, 2020).

Adicionalmente, uma análise de heterogeneidade permitiu observar uma inconsistência nos resultados dos estudos analisados. Logo, para identificar possíveis razões para a variabilidade dos tamanhos de efeito, os autores conduziram uma análise moderadora de variáveis como tamanho da amostra, disciplinas ensinadas, duração da intervenção, tipo de intervenção, atividades individuais ou em grupos, quantidade e tipos de elementos de games utilizados nos estudos. Para analisar a percepção dos estudantes sobre a gamificação, os autores utilizaram a técnica de análise temática de conteúdo, que consistiu na execução dos seguintes passos: (1) exploração de dados; (2) composição de códigos iniciais; (3) busca por temas; (4) revisão dos temas; (5) definição e nomeação dos temas; e (6) síntese qualitativa dos resultados obtidos.

Os resultados encontrados por Bai, Hew e Huang (2020) revelam que os estudos selecionados foram conduzidos em contextos educacionais diversos, com estudantes do ensino primário, secundário e superior (graduação e pós-graduação) em disciplinas variadas tais como ensino de línguas, ciência da computação e artes, com intervenções que variaram entre menos de uma semana até 16 semanas de duração (semestre letivo). A maioria dos estudos utilizou múltiplos elementos de *games* em uma combinação de pontos, medalhas e quadros de liderança.

Foi possível perceber um efeito positivo global significativo para a gamificação (*g* de Hedges = 0,504 IC [0.284–0.723], p < 0.001) com 95% de intervalo de confiança. Os estudantes que aprenderam por meio de estratégias instrucionais que incluíram elementos de *games* tiveram resultados de aprendizagem melhores quando comparados àqueles ensinados com métodos instrucionais não gamificados. Não foram encontradas diferenças significativas na heterogeneidade do número (quantidade) e dos diversos tipos de elementos de jogos utilizados, tampouco para os diferentes níveis educacionais investigados.

Também não foram observadas diferenças significativas entre as disciplinas ensinadas, tipos de intervenção, atividades instrucionais ou entre os tipos de recompensas utilizadas. No entanto, os tamanhos de efeito variaram significativamente com o tamanho da amostra, revelando que intervenções com menos sujeitos apresentaram tamanhos de efeito mais elevados do que intervenções com mais sujeitos (Q_{total} = 10,597, df = 2, p = 0,005) e com a duração da intervenção (Q_{total} = 16,987, df = 5, p = 0,005) revelando que ações instrucionais mais curtas têm tamanhos de efeito maiores quando comparadas com as ações mais longas.

A análise qualitativa do estudo revelou quatro motivos principais, considerados pelos estudantes, como fatores de diversão ou prazer com a gamificação: (1) fomenta o entusiasmo com a aprendizagem; (2) fornece *feedback* sobre o desempenho dos estudantes; (3) atende às necessidades de reconhecimento; e (4) pode promover a definição de metas a serem alcançadas. Por outro lado, os autores apresentam também duas razões principais para a percepção negativa dos alunos com a gamificação: (1) falta de utilidade adicional; e (2) possibilidade de causar ansiedade e inveja entre os estudantes.

Em suma, a tabela 8.1 apresenta uma síntese dos objetivos, variáveis e resultados encontrados pelas metanálises investigadas.

Tabela 8.1. Resultados das metanálises sobre o uso de elementos de Games em contextos educacionais.

Autores	Objetivos	Variáveis	Resultados
Lee (1999)	Identificar evidências da efetividade do uso da simulação como método instrucional em termos de rendimento acadêmico e atitude em relação ao uso da simulação.	Ano, fonte, tamanho da amostra, tema, conteúdo instrucional, tipo de simulação (pura e híbrida), tipo de instrução (apresentação e prática) e estudo com grupo controle.	66% dos estudantes que tiveram aulas com simulação superaram os demais, mas não demonstraram uma atitude mais positiva em relação à simulação do que os demais. Simulações devem ser usadas de modo suplementar à instrução tradicional, não sendo apropriadas para o ensino de novos conhecimentos (sem aulas expositivas). Pode ser útil como método instrucional único, caso combine apresentação e prática.

Vogel *et al.* (2006)	Investigar qual método de ensino é mais efetivo: jogos e simulações interativas ou métodos instrucionais tradicionais.	Tipo de atividade, idade; gênero; usuário (joga sozinho, em grupo, em duplas ou em trios); características do jogo (nível de realismo, nível de controle do jogador).	Maiores ganhos cognitivos foram observados em indivíduos que utilizaram jogos e simulações interativos, que demonstraram ser mais eficazes do que os métodos tradicionais de ensino (d = 0,74). As atitudes dos indivíduos em relação à aprendizagem ao usar os computadores eram significativamente melhores do que daqueles que utilizaram métodos instrucionais tradicionais.

Sitzmann (2011)	Determinar o efeito do uso de jogos de simulação nos resultados de treinamento.	Autoeficácia, conhecimento declarativo, conhecimento procedimental e retenção, habilidade do jogo de entreter; instruções do jogo dadas de modo ativo ou passivo; acesso ilimitado ao jogo; jogo de simulação utilizado como único método instrucional; métodos instrucionais utilizados para ensinar o grupo controle, se ativos ou passivos; aleatoriedade nas condições experimentais; *status* de publicação.	Autoeficácia após o treinamento foi 20% mais elevada (*d* = 0,52), o conhecimento declarativo foi 11% maior (*d* = 0,28), o conhecimento processual foi 14% (*d* = 0,37) superior e a retenção foi 9% maior (*d* = 0,22) para os treinados quando ensinados com jogos de simulação do que para os demais. O valor de entretenimento do jogo não apresentou significância como variável moderadora da aprendizagem. Os treinandos aprenderam mais quando jogos utilizaram metodologias ativas (*d* = 0,49), com acesso ilimitado ao jogo (*d* = 0,68) e utilizado como um complemento para outros métodos instrucionais e não como uma instrução avulsa (*d* = 0,51).

Powers *et al.* (2013)	Investigar como os videogames melhoram o funcionamento cognitivo dos indivíduos, examinando habilidades de processamento de informações.	Domínio do processamento de informações, tipo de jogo, grupo controle com métodos não gamificados, duração do treinamento, idade, sexo, *status* de publicação.	Os estudos tiveram um tamanho médio de efeito (d = 0,61; d = 0,48) indicando que o jogo de videogame foi significativamente associado com o aumento de habilidades de processamento da informação. Foi possível observar efeitos significativos da experiência com videogames no processamento da informação, com efeitos moderados no nível dos estudos e pequenos efeitos ao nível das comparações com métodos tradicionais.

Wouters *et al.* (2013)	Investigar se os jogos sérios são mais efetivos em termos de motivação, aprendizagem e retenção do que os métodos tradicionais.	Idade, contexto em que o jogo está sendo utilizado, tamanho do grupo, número de sessões de treinamento gamificado, momentos em que os efeitos na aprendizagem foram medidos.	Os jogos sérios foram mais efetivos em termos de aprendizado ($d = 0{,}29, p < 0{,}01$) e retenção ($d = 0{,}36, p < 0{,}01$), mas não foram mais motivadores ($d = 0{,}26, p > 0{,}05$) do que os métodos instrucionais convencionais (aulas expositivas). Os estudantes treinados com jogos aprenderam mais quando o jogo foi ofertado juntamente com outros métodos de instrução, múltiplas sessões de treinamento foram entregues e os jogadores trabalharam em grupos. O efeito benéfico é maior em métodos instrucionais mistos do que em métodos passivos.

Bai, Hew e Huang (2020)	Examinar os efeitos da gamificação sobre os resultados de aprendizagem em diversos ambientes educacionais.	Tamanho da amostra, disciplinas ensinadas, duração da intervenção, tipo de intervenção, atividades individuais ou em grupos, quantidade e tipos de elementos de *games* utilizados nos estudos.	Tamanho de efeito médio positivo para o efeito da gamificação sobre a aprendizagem (g de Hedges = 0,504 IC 95% [0,284-0,723], p < 0,001). Os estudantes que aprenderam com intervenções que utilizaram elementos de jogos tiveram melhores resultados em termos de desempenho acadêmico.

8.3 Considerações Finais

Algumas diferenças podem ser percebidas entre as seis metanálises apresentadas. A primeira metanálise (LEE, 1999) destaca dois tipos de simulação utilizadas (pura e híbrida) em dois métodos instrucionais diferentes (apresentação e prática), revelando que o uso de simulações foi mais efetivo em termos de rendimento acadêmico do que os métodos instrucionais tradicionais. Adicionalmente, os resultados encontrados por Vogel *et al.* (2006) revelaram que os jogos e simulações interativas foram mais eficazes do que os métodos instrucionais tradicionais em termos de ganhos cognitivos para os aprendizes.

Sitzmann (2011) revelou efeitos positivos no uso de jogos de simulação nos resultados de treinamento para autoeficácia, conhecimento declarativo, conhecimento processual e retenção. Os resultados encontrados por Powers *et al.* (2013) também demonstram resultados positivos no uso de jogos (videogames) para aprimorar o processamento de informações pelos indivíduos. Por sua vez, Wouters *et al.* (2013) encontraram resultados positivos para a aprendizagem e a retenção, mas não para a motivação, o que pode ser considerado um resultado divergente das teorias estudadas que confirmam o potencial motivador dos *games*, tais como curiosidade, desafio, fantasia, competição, autonomia e competência (MALONE, 1981; RYAN; DECI, 2000; RYAN; RIGBY; PRZYBYLSKI, 2006).

Por fim, a metanálise desenvolvida por Bai, Hew e Huang (2020) foi incluída na amostra por representar uma iniciativa recente no âmbito da sistematização de conhecimentos relativos à utilização de elementos de jogos com fins educacionais. Nesse trabalho, os autores sugerem várias direções futuras de pesquisa, tais como: estudos longitudinais que avaliem intervenções com duração mais longa, para que conclusões empíricas possam ser relatadas acerca de efeitos em longo prazo da gamificação.

Pesquisadores da área devem aprimorar o rigor metodológico de seus estudos sobre a gamificação em contextos educacionais, além de investigar aspectos relativos aos objetivos educacionais e aos resultados esperados de aprendizagem do indivíduo após as intervenções gamificadas para conseguir definir se a gamificação é um recurso interessante no contexto educacional e quais elementos de jogo têm evidências de melhora no desempenho acadêmico dos estudantes.

As seis metanálises selecionadas neste estudo abrangem o período de 1999 a 2020, e juntas, apresentam uma síntese das principais evidências empíricas sobre a utilização de elementos de jogos em contextos educacionais. Por meio da revisão conduzida neste trabalho, foi possível identificar, quantitativamente, ao longo dos últimos vinte anos, em que medida a gamificação pode favorecer a aprendizagem e a motivação dos indivíduos. Adicionalmente, este estudo apresentou também as variáveis que têm sido estudadas na literatura como moderadoras dos tamanhos de efeito encontrados nas metanálises.

Referências

BAI, HEW, HUANG. Does gamification improve student learning outcome? Evidence from a meta-analysis and synthesis of qualitative data in educational contexts. **Educational Research Review**, v. 30, 2020.

BAYRAKTAR, S. A meta-analysis of the effectiveness of computer-assisted instruction in science education. **Journal of Research on Technology in Education**, v. 34, n. 2, p. 173–188, 2001.

BELL, B. S.; KANAR, A. M.; KOZLOWSKI, S. W. Current issues and future directions in simulation-based training in North America. **International Journal of Human Resource Management**, v. 19, n. 8, p. 1416–1434, 2008.

BORENSTEIN, M.; HEDGES, L. V.; HIGGINS, J. P.; ROTHSTEIN, H. R. **Introduction to meta-analysis.** Sussex: John Wiley & Sons, 2009.

BREWSTER, J. Teaching abnormal psychology in a multimedia classroom. **Teaching of Psychology**, v. 23, n. 4, p. 249–252, 1996.

CHAMBERS, R.; WAKLEY, G.; IQBAL, Z.; FIELD, S. **Prescription for learning:** techniques, games, and activities. Oxford, UK: Radcliffe Publishing, 2002.

CHRISTMANN, E. P.; BADGETT, J. L. A meta-analytic comparison of the effects of computer-assisted instruction on elementary students' academic achievement. **Information Technology in Childhood Education Annual**, v. 2003, n. 1, p. 91–104, 2003.

COHEN, P. A.; DACANAY, L. S. Computer-based instruction and health professions education: A meta-analysis of outcomes. **Evaluation & the Health Professions**, v. 15, n. 3, p. 259–281, 1992.

COSTABILE, M. F.; DE ANGELI, A.; ROSELLI, T.; LANZILOTTI, R.; PLANTAMURA, P. Evaluating the educational impact of a tutoring hypermedia for children. **Information Technology in Childhood Education Annual**, v. 2003, n. 1, p. 289–308, 2003.

DECI, E. L.; KOESTNER, R.; RYAN, R. M. Extrinsic rewards and intrinsic motivation in education: Reconsidered once again. **Review of Educational Research**, v. 71, n. 1, p. 1–27, 2001.

DEKKERS, J.; DONATTI, S. The integration of research studies on the use of simulation as an instructional strategy. **The Journal of Educational Research**, v. 74, n. 6, p. 424–432, 1981.

ELLIS, P. D. **The essential guide to effect sizes:** Statistical power, meta-analysis, and the interpretation of research results. New York, NY: Cambridge University Press, 2010.

FLETCHER-FLYNN, C. M.; GRAVATT, B. The efficacy of computer assisted instruction (CAI): A meta-analysis. **Journal of Educational Computing Research**, v. 12, p. 219–242, 1995.

GROSSMAN, G.; HEYNE, K.; SALAS, E. Game- and simulation-based approaches to training. *In*: KRAIGER, K.; PASSMORE, J.; DOS SANTOS, N. R.; MALVEZZI, S. (Eds.). **The Wiley Blackwell handbook of the psychology of training, development, and performance improvement**. Sussex, UK: John Wiley & Sons, 2014. p. 205–224.

HAYS, R. T. The effectiveness of instructional games: A literature review and discussion. **Naval Air Warfare Center Training Systems**. Div. Orlando Fl. 2005.

JU, E.; WAGNER, C. Personal computer adventure games: their structure, principles, and applicability for training. Acm Sigmis Database: The Database for Advances in Information Systems, v. 28, n. 2, p. 78–92, 1997.

KAFAI, Y. B. The educational potential of electronic games: from games-to-teach to games-to-learn [web]. Disponível em: http://culturalpolicy.uchicago.edu/conf2001/papers/kafai.html. Acesso em: 01 jan. 2004.

KIM, J. H.; KIM, W. O.; MIN, K. T.; YANG, J. Y.; NAM, Y. T. Learning by computer simulation does not lead to better test performance than textbook study in the diagnosis and treatment of dysrhythmias. **Journal of Clinical Anesthesia**, v. 14, n. 5, p. 395–400, 2002.

KULIK, J. A. Meta-analytic studies of findings on computer-based instruction. **Technology assessment in education and training**, v. 1, p. 9–34, 1994.

KULIK, J. A.; BANGERT, R. L.; WILLIAMS, G. W. Effects of computer-based teaching on secondary school students. **Journal of Educational Psychology**, v. 75, n. 1, p. 19, 1983.

KULIK, J. A.; KULIK, C. L. C.; COHEN, P. A. Effectiveness of computer-based college teaching: A meta-analysis of findings. **Review of Educational Research**, v. 50, n. 4, p. 525–544, 1980.

KULIK, C. L. C.; KULIK, J. A. Effectiveness of computer-based education in colleges. **Aeds Journal**, v. 19, n. 2-3, p. 81–108, 1986.

LAFFEY, J. M.; ESPINOSA, L.; MOORE, J.; LODREE, A. Supporting learning and behavior of at-risk young children: Computers in urban education. **Journal of Research on Technology in Education**, v. 35, n. 4, p. 423–440, 2003.

LEE, J. Effectiveness of computer-based instructional simulation: a meta-analysis. **International Journal of Instructional Media**, v. 26, n. 1, p. 71–72, 1999.

LOWE, J. Computer-based education: Is it a panacea? **Journal of Research on Technology in Education**, v. 34, n. 2, p. 163–171, 2001.

MALONE, T. W. Toward a theory of intrinsically motivating instruction. Cognitive Science, v. 5, p. 333–369, 1981.

MCGARVEY, L. Microcomputer use in kindergarten and at home: design of the study and effects of computer use on school readiness. Paper presented at the Annual Meeting of the American Educational Research Association, San Francisco, CA (April), 1986.

POWERS, K. L.; BROOKS, P. J.; ALDRICH, N. J.; PALLADINO, M. A.; ALFIERI, L. Effects of video-game play on information processing: a meta-analytic investigation. Psychonomic Bulletin & Review, v. 20, n. 6, p. 1055–1079, 2013.

RANDEL, J. M.; MORGLOBRIS, B. A.; WETZEL, C. D.; WHITEHILL, B. V. The effectiveness of games for educational purposes: A review of recent research. **Simulation & Gaming**, v. 23, n. 3, p. 261–276, 1992.

RIEBER, L. P. Seriously considering play: Designing interactive learning environments based on the blending of microworlds, simulations, and games. **Educational Technology Research and Development**, v. 44, n. 2, p. 43–58, 1996.

ROSAS, R.; NUSSBAUM, M.; CAMILLE, P.; MARIANOV, V.; CORREA, M.; FLORES, P.; . . .; RODRIGUEZ, P. Beyond Nintendo: design and assessment of educational video games for first and second grade students. **Computers & Education**, v. 40, n. 1, p. 71–94, 2003.

RYAN, R. M.; DECI, E. L. Intrinsic and extrinsic motivations: Classic definitions and new directions. **Contemporary Educational Psychology**, v. 25, n. 1, p. 54–67, 2000.

RYAN, R. M.; RIGBY, C. S.; PRZYBYLSKI, A. The motivational pull of video games: A self-determination theory approach. Motivation and Emotion, v. 30, p. 347–365, 2006.

SITZMANN, T. A meta-analytic examination of the instructional effectiveness of computer-based simulation games. **Personnel Psychology**, v. 64, n. 2, p. 489–528, 2011.

TENNYSON, R. D.; JORCZAK, R. L. A conceptual framework for the empirical study of games. *In*: O'NEIL, O. F.; PEREZ, R. S. (Eds.), **Computer games and team and individual learning.** Amsterdam, The Netherlands: Erlbaum, p. 3–20, 2008.

VANSICKE, R. L. A quantitative review of research on instructional simulation gaming: A twenty-year perspective. **Theory & Research in Social**

Education, v. 14, n. 3, p. 245–264, 1986.

VOGEL, J. J.; VOGEL, D. S.; CANNON-BOWERS, J.; BOWERS, C. A.; MUSE, K.; WRIGHT, M. Computer gaming and interactive simulations for learning: A meta-analysis. **Journal of Educational Computing Research**, v. 34, n. 3, p. 229–243, 2006.

WOUTERS, P. J. M.; VAN NIMWEGEN, C.; VAN OOSTENDORP, H.; VAN DER SPEK, E. D. A meta-analysis of the cognitive and motivational effects of serious games. **Journal of Educational Psychology**, v. 105, n. 2, p. 249–265, 2013.

Capítulo 9

Web-Fóruns na Produção de Conhecimento na Formação Profissional

Silviane Barbato
barbato@unb.br

Danilo Prata
dprata@unb.br

Laboratório de Pesquisa e Inovação – Ágora Psyché – Instituto de Psicologia – Universidade de Brasília – Brasília – D.F.

Resumo

Este capítulo tem por objetivo discutir sobre as relações entre comandas e os tipos de interação promovida em fóruns no Moodle e no Facebook, em disciplina da psicologia para licenciaturas. Em processos de aprendizagem híbrida (blended learning), fóruns são organizados com diferentes objetivos. O fórum polêmico foi criado como ferramenta de atividade de resolução de problemas coletiva que mobiliza princípios de desenvolvimento moral e ético na educação, promovendo relações entre teorizações e práticas futuras. O tema é escolhido utilizando reportagens publicadas em jornais de circulação nacional e sites, sendo objeto de discussão por mais de três semanas. As reportagens são disponibilizadas para leitura dos estudantes e indica-se, na comanda do fórum, perguntas ou temas desencadeadores da discussão, solicitando-se ao menos uma mensagem com posição pessoal e outras duas em que os participantes argumentam as postagens de colegas. Não há participação de professores e monitores nas discussões. Na perspectiva da pedagogia dialógica, o fórum produz experiências polifônicas em cronotopos abertos, promovendo mudanças em posicionamentos na construção da identidade docente, preparando os estudantes para futuras tomadas de decisão profissional.

Palavras-chave: *Web-fóruns, Aprendizagem Colaborativa, Reflexividade, Atuação Profissional.*

9.1. Introdução

Web-fóruns são utilizados em discussões de diferentes tipos. Em plataformas de aprendizagem têm sido utilizados em diferentes processos de ensino-aprendizagem na educação básica e na formação profissional inicial e continuada, em modos de ensino híbrido e a distância. O fórum é ferramenta de intercâmbio e reflexividade entre pares, tanto para promover encontros entre estudantes, como em situação de apresentação inicial em disciplina ou curso, discussão de temas centrais a serem estudados, espaço de comunicação de dúvidas e esclarecimentos, como para estudo dirigido e outras formas de organização e desenvolvimento de estudos que impliquem discussão coletiva.

Como atividade de discussão em resolução de problemas, os fóruns dependem do planejamento de comanda que possibilite a produção de contexto de socialização que promova a construção de conhecimento coletivo inovador.

Os web-fóruns oportunizam espaços para novas formas de interação que favorecem a multimodalidade colaborativa (SONNTAG, 2012), conforme os objetivos da atividade planejada e o Ambiente Virtual de Aprendizagem (AVA) em que é realizada a atividade coletiva. Essas interações são produzidas com a utilização de modos comunicativos orais, escritos, gráficos, sonoros, inter e hipertextuais, conjunta e separadamente, em que a participação e o foco de reflexividade-atuação de cada interlocutor se alterna entre o fazer só e o fazer coletivo, o estudante-diferentes equipamentos-meio digital-coletivo, entre pares, estudante-ambiente virtual de aprendizagem, estudantes-conhecimento, reflexividade-metacognição-criação. Os usos de tecnologias em resolução de problemas colaborativas, nos diferentes espaços híbridos de formação educacional, expandem a reflexividade e potencializam formulações de conexão entre o abstrato e o concreto, entre teoria e prática, promovendo o desenvolvimento da agencialidade, por meio da aprendizagem em/para atuações presentes e futuras (ILYENKOV, 2007).

O espaço intersubjetivo (BERALDO; LIGORIO; BARBATO, 2017) em fóruns, quando orientado ao desenvolvimento de atuações reflexivas, ou agencialidades, promove a negociação e modificação de significados e fazeres durante a realização das atividades hibridizadas - com elementos da presencialidade e virtualidade. A comunicação multimodal, que utiliza diferentes meios de escrita, imagens paradas e em movimento, fala, sonoridades, *links* e *hiperlinks*, potencializa e inova o uso e funções de ferramentas mediacionais na educação *on-line* (KAPTELININ; NARDI, 2006).

Na comunicação multimodal híbrida, a interação é mediada por possibilidades de escrita em relação em *continuum* com a oralidade, ou seja, pode se aproximar aos gêneros textuais da oralidade, no desencadeamento de diferentes níveis de abstração, generalização e transferência de conhecimento. Nesse processo, elementos semânticos-discursivos se adequam a própria interação na relação entre interlocutores, o ambiente virtual e o conhecimento (DOURLENS; RAMDANE-CHERIF; MONACELLI, 2013; BERALDO,

2017; PRATA, 2019). Assim, a apropriação de novas ferramentas gera usos diferenciados da linguagem, outras formas de produção de conhecimento na interação no espaço comum, produzido na negociação entre (*inbetween*, BUBER, 2006) os participantes durante a atividade.

Na aprendizagem colaborativa, a resolução de problemas depende do engajamento coletivo em tarefa para a qual os estudantes não foram preparados diretamente. Tendo em vista que a resolução do problema colocado depende da negociação de conhecimentos entre os participantes do fórum, o processo reflexivo provoca tensões entre o que é conhecido e o que se coloca como novidade ou obstáculo da atividade, partindo da definição inicial do problema, posicionamentos pessoais e pontos de vista gerais, objetivos e estratégias comunicados inicialmente. As tensões promovem a negociação de significados e lógicas de pensar podendo compor propostas de novas definições, adição de elementos e raciocínios por meio de descrição, narração em argumentações e contra-argumentações, que orientam as modificações nas reflexividades coletivas-individuais. As sugestões de solução são geradas por mudanças em perspectivas sobre o problema, vinculadas ao jogo entre sequências de mensagens cronológicas e aninhamentos operacionalizados ao longo da discussão.

No processo de colaboração, as dinâmicas das diferentes vozes dos estudantes expressas na escrita, imagens, vídeos e hipertextos adicionados geram tensões em polifonia em que há movimentos em tessituras entre acordos, desacordos e ambivalências esclarecidas ou não. Nessas negociações de significados, concordâncias e discordâncias produzem as esferas comuns, o chão semiótico comum que possibilita a construção de conhecimentos por composição e por ajustes na compreensão do raciocínio dos colegas, quando há quebra de comunicação, ou seja, quando não há compreensão de algum ponto de vista colocado pelos interlocutores.

As tensões na tessitura geram novidades que podem ser sumarizadas pelos participantes, resolvidas ou deixadas reverberar. As ações de sumarização, por sua vez, podem iluminar feixes de raciocínios que levam o grupo de participantes a reavaliações das discussões ou mesmo ao desenvolvimento de aplicações não exploradas anteriormente. Esse encontro coletivo das experiências, com práticas e estratégias comunicativas preferenciais concretizam processos dialógicos que favorecem a independência intelectual (ILYENKOV, 2007), em agencialidades mediadas por valores colaborativos, produzidas em atuações reflexivas.

Os fóruns, geralmente, visam: (a) à verificação tradicional da aprendizagem, funcionando como atividade avaliativa de conferência de conhecimentos adquiridos, obtendo-se interações tradicionais do tipo Iniciação ou Pergunta colocada pelo professor com o enunciado ou comanda com o problema, Resposta pelo estudante sobre o problema proposto, *Feedback* ou Avaliação por parte do professor (modelo I-R-F, ou Pergunta-Resposta-Avaliação, P-R-A); e (b) favorecer processos de aprendizagem coletiva e aprendizagem colaborativa, como nos casos de produção conjunta orientadas à solução de problemas. O desenvolvimento de fóruns de discussão pode contar ou não com a participação direta do professor ou monitor como interlocutores e tem sido aplicado na educação básica (LIGORIO; VAN VEEN, 2006) e no Ensino Superior (CESARENI; LIGORIO; PONTECORVO, 2001). Fóruns polêmicos foram aplicados no Ensino Médio (BERALDO, 2017) e no Ensino Superior (BARBATO; CAIXETA, 2014; PRATA, 2019).

Os fóruns podem ocorrer em atividades síncronas, com participação *on-line* conjunta, com limitação de tempo à interação; e em atividade assíncrona, que fica aberta por período estendido de duas, três semanas ou mais. As atividades que oportunizam reflexões por tempo estendido, geram pedagogias em cronotopos abertos, ou seja, em que há alternância entre on-line-off-line, síncrono-assíncrono, relacionada à participação na discussão do fórum. Nas dinâmicas pedagógicas com tempos-espaços abertos, os estudantes alternam reflexões individuais com foco no problema proposto, com outras atividades não relacionadas e diferentes tipos de engajamento em conversas e discussões com colegas, amigos e outros interlocutores, enfocadas novamente no problema. Entende-se que as dinâmicas que provocam diferentes tipos de alternâncias orientam diferentes relações entre raciocínios e processos de imaginação, possibilitando exercícios de pensamento a partir de diferentes perspectivas do problema proposto e das contribuições para sua solução, podendo gerar crítica, metacognição e criação, inovação.

Dependendo dos objetivos a serem atingidos, os professores e pesquisadores que planejam os fóruns podem optar por fazer o fechamento com a sumarização das respostas e solução do problema ou orientações para próximos passos ou atividades a soluções possíveis, assim como podem optar por não fechar ou sumarizar o processo de discussão. Neste último caso, ao não oferecer a palavra final sobre o assunto, o professor opta por deixar o impacto da atividade no coletivo reverberar gerando possibilidade de formulação de pontes entre teoria e prática na resolução de problemas futuros.

Nem toda operação de aprendizagem precisa receber o fechamento do professor, pois a palavra final de autoridade presente na interação é geralmente processada como finalização da atividade (ILYENKOV, 2007), tornando-se monológica, de mando, com o fechamento de diálogos possíveis, inclusive entre estudantes que finalizam a busca de novos conhecimentos relacionados ao aprendido.

Os fóruns polêmicos propostos na formação de professores e pesquisadores envolvem problema concreto que mobiliza crenças e valores com impacto moral e ético, ficam abertos por um período estendido de duas ou três semanas e não contam com fechamento, síntese ou participação processual e final do professor ou monitor. Sem a contribuição de formadores, observou-se a ampliação das formas tradicionais de produção de conhecimento por incrustação, com aninhamento de argumentos concordantes e discordantes, em sequências de mensagens em fóruns coletivos colaborativos assíncronos com foco na resolução de problemas (BARBATO; BERALDO, 2020).

O impacto em experiência que mobiliza crenças e valores provoca conflito cognitivo-emocional inicial que promove posicionamento pessoal com possibilidade de abertura à mudança em colaboração. Em fórum produzido em projeto de pesquisa multicêntrico, por exemplo, com a participação de 18 mestrandos, em colaboração entre três universidades federais, sendo duas da região Norte e uma da Centro-Oeste, enunciou-se apenas que se tratava de atividade de reflexão temática sobre povos, etnias e sua trajetória em diferentes espaços e que esperava-se ao menos uma participação individual e um comentário argumentativo à mensagem de colega.

Apesar de ser a primeira vez que os estudantes participavam de fórum no Moodle, a produção coletiva de conhecimento resultou em 34 mensagens, sendo centrada no tema proposto e em outros 6 nós de forte interação, e outros nós com menos interações. No recorte apresentado na ilustração 9.1, após análise, identificou-se que os argumentos e contra-argumentos foram compostos com foco no par luta-resistência relacionado à preservação da vida, da cultura, da terra e da floresta, assim como com posicionamentos coletivos contra os processos de marginalização e invisibilidade, e com sugestões de solução orientada à conquista de direitos básicos, da vida bem vivida, com dignidade, e com acesso às diferentes etnias aos serviços públicos, sobretudo, indígenas, que vivem na região Norte.

Ao interagir com o outro em atividades que provocam algum tipo de impacto, os estudantes produzem relações entre conhecimentos teóricos e suas aplicações, construindo identidade profissional (GONZÁLEZ; CASTRO; CARLUCCI, 2014). Na resolução ou discussão sobre temas e situações-problemas, os interlocutores têm oportunidade de refletir sobre o tema, seu ponto de vista e dos outros enquanto criam soluções, em negociação de conhecimentos. Nesse processo, ocorrem *affordances*, definidas neste texto como processos que possibilitam a modificação mútua entre o humano, a máquina e os conhecimentos substantivos e procedimentais, em interconexão em atividade específica e situada. As ferramentas utilizadas em atividades em ambientes específicos convidam o agente a atuar (WITHAGEN; ARAÚJO; DE POEL, 2017) e esse processo possibilita a atualização da agencialidade, ou seja, da atuação reflexiva.

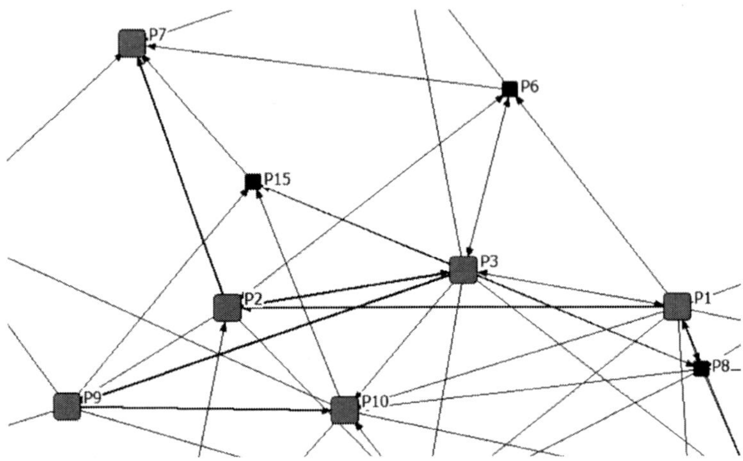

Ilustração 9.1 – Grafo UCINET de interação em fórum multicêntrico.

Buscando-se compreender os processos de produção de conhecimentos em fóruns, este capítulo tem por objetivo discutir sobre as relações entre comandas e os tipos de interação, promovidas em fóruns no Moodle e no Facebook, em disciplina da graduação oferecida pela área de psicologia do desenvolvimento e escolar as licenciaturas. A seguir, apresenta-se a análise de interações, com o uso do UCINET, de 2 atividades de web-fóruns.

9.2. Atividades colaborativas nos web-fóruns – no Moodle e no Facebook

Os web-fóruns sobre formação profissional de professores foram desenvolvidos em dois Ambientes Virtuais de Aprendizagem – AVA distintos: um no Moodle e outro no Facebook (PRATA, 2019). Os fóruns foram aplicados na mesma turma presencial de disciplina da psicologia oferecida às licenciaturas, como atividades voluntárias de discussão e colaboração, em processo de aprendizagem híbrida (*blended learning*).

Na proposta, os web-fóruns foram planejados como ferramenta de discussão de temas de educação que envolvem princípios de aprendizagem colaborativa na produção de conhecimento, promovendo relações entre teorizações e práticas futuras sobre ser professor. Textos on-line e/ou impressos e vídeos sobre o tema foram disponibilizados aos estudantes e nos enunciados iniciais foram propostos temas desencadeadores da discussão seguidos por perguntas. Solicitou-se ao menos uma mensagem com posição pessoal e duas, em que os participantes argumentassem as postagens de colegas. A seguir são apresentadas as duas propostas de web-fóruns.

Participaram 47 graduandos, sendo 39 calouros do curso de Licenciatura em História, cinco do curso de Licenciatura em Química, dois de Licenciatura em Física e um de Licenciatura em Computação. A comanda proposta no início do web-fórum na plataforma de aprendizagem do Moodle solicitava aos estudantes que explorassem as características da escola do presente e o que esperavam ser a escola do futuro, propondo dialogar como seriam os profissionais e estudantes que nelas atuariam.

O texto *A escola que queremos*[1] e o vídeo *A escola sem paredes – Escola Municipal Amorim Lima*[2] foram recursos mediadores dessa discussão compondo a comanda da atividade elaborada pelo professor. O Professor, em seguida, introduziu perguntas que desencadearam a discussão, incentivando os estudantes a tecer comentários que relacionam o que estudaram com a problematização: quais características da escola do presente e o que se espera para a escola do futuro? Que características ela terá? Como são os profissionais que atuam nessas escolas? E os estudantes? (PRATA, 2019, p. 59).

No segundo web-fórum, organizado no Facebook, a discussão coletiva on-line foi baseada em texto discutido presencialmente *O desenvolvimento da pessoa e o ensino-aprendizagem* (PEDROZA, 2005). Os graduandos foram convidados a produzir publicações e interagir no ambiente virtual com a temática *o que significa ser professor na contemporaneidade*. O enunciado inicial na página do grupo no Facebook foi "Veja estas notícias sobre a Reforma do Ensino Médio! Se posicione como futuro(a) professor(a) e nos comentários deste post comente um ou mais textos, sobre o que esta mudança trará para a carreira docente. (PRATA, 2019, p. 60)"

1 Disponível em https://www.portaleducacao.com.br/conteudo/artigos/pedagogia/a-escola-que-queremos-ou-o-que-queremos-da-escola/56718

2 Disponível em http://www.sala.org.br/index.php/tv/entrevistas/1203-a-escola-sem-paredes-amorim-lima

Enquanto que no web-fórum realizado no Moodle, obteve-se 45 postagens, que geraram 22 laudas de texto, no Facebook, 48 postagens, com 10 laudas de texto. As postagens foram extraídas pelo próprio sistema Moodle utilizando comandas + *Relatórios* + *Participação no curso* + *Fórum 1* + *mensagem e visualização* e editados por meio do editor *Excel* do *Windows*. Para que se identificassem as relações entre a comanda da tarefa e os tipos de interações geradas em cada ambiente de web-fórum, foram geradas planilhas que demonstravam o nível de interação entre os estudantes respondendo à comanda da atividade elaborada pelo professor, ou às postagens dos demais participantes. Estas planilhas foram transformadas em arquivos de formato *.txt* pelo bloco de notas do *Windows* sendo destacadas duas ações: o ato de postar uma mensagem e o ato de interagir com as postagens dos pares no respectivo fórum. As publicações foram ordenadas de forma a se identificar quem respondeu ao comentário de quem, por matriz binária.

A escolha destas ações de postar e interagir como indicadores de relação no recorte do estudo – quem respondeu ao comentário de quem e quantidade de mensagens publicadas por estudante – se justifica pela característica da ferramenta utilizada: o fórum – que foi planejado como atividade pedagógica com cronotopo aberto, permitindo uma ou mais entradas de estudantes a qualquer momento durante o período de tempo de realização da tarefa, possibilita publicações de mensagens e permite a interação entre estudantes, por meio de respostas a comentários em sequência temporal cronológica com aninhamentos, em assincronicidade.

A forma de extração de dados foi selecionada pelas *respostas aninhadas*, pois neste formato, o estudante escolhe comentário ou série de comentários publicados anteriormente por colega(s) para orientar sua participação. A ilustração 9.2 possibilita visualização a nível estrutural das interações:

Para os dados das atividades do Facebook considerou-se como indicadores de interatividade nesta rede social: a) o ato de publicar algum conteúdo; b) as repostas aos conteúdos publicados, representados pelo *emojicons* e, c) o ato de responder a uma publicação. Esses indicadores são característicos da própria rede social, que permite aos sujeitos publicar, responder por *emojis* e comentar conteúdos diversos.

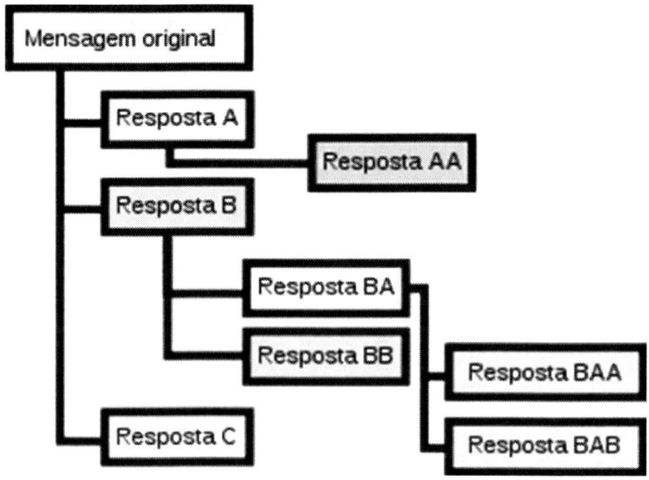

Ilustração 9.2 - Aninhamento de postagens do recorte pelo tipo de extração.

Para extração dos comentários e respostas foi utilizado o programa *online Crazy Comment Export Toll* (Ferramenta de Exportação de Comentários Loucos), disponível no domínio https://liechtenecker.at/crazy-comment-export/ que exporta todos os comentários das postagens do Facebook para o formato de arquivo *CSV*. Esta ferramenta forneceu o URL do usuário do Facebook, o número de respostas sobre o comentário, o nome do usuário, o texto do comentário e a data. Neste texto, não foram consideradas as informações sobre a URL dos usuários. Uma vez extraídas, as planilhas foram trabalhadas manualmente na formulação de matrizes binárias, tal qual foram aplicados com os dados exportados do Moodle, em que se considerou a interação entre participantes conforme a resposta e/ou comentário.

Para inclusão de dados de interação no UCINET foi seguido o modelo de matrização binária – de 0 e 1 –, que considerou comentários escritos com uso de *emojicon* como conexões entre postagens de estudantes que foram assinaladas com 1. Quando não há conexões diretas, assinalou-se 0 (zero). As análises quantitativas no UCINET fornecem informações sobre interação em níveis de centralidade, influência e poder das postagens em cada atividade. O quantitativo de dados nas atividades virtuais consistiu na transcrição/ descrição das postagens contextualizadas no conjunto total de postagens de cada atividade em cada ambiente virtual.

As matrizes binárias criadas foram inseridas no UCINET e receberam codificação P1, P2, P3, P4, sucessivamente, conforme a ordenação temporal das postagens nas plataformas. A análise de rede social pelo UCINET, no recorte, incluiu medidas de centralidade e densidade da rede de interações com cálculos estatísticos multivariados. O programa *NetDraw* integrado ao UCINET foi utilizado para diagramas de desenho de redes sociais de interação (Grafo).

O poder é um conceito central para análise de redes sociais, para mensurá-lo foi realizado o cálculo de grau de centralização (*Centrality Degree*), a fim de se obter a relação entre centralidade e o poder. Eventualmente, integrantes da rede com o mesmo grau de centralização nos grafos podem apresentar diferentes propriedades em termos de influência e poder. Para diferenciar estas propriedades utiliza-se o cálculo *Bonacich-Power-beta-centrality,* ou centralidade beta ou índice de centralidade, tomando um coeficiente beta negativo de -0,5 para obter uma entrada com a análise relacionada ao poder produzido por cada participante em cada rede de atividade.

Para medir o grau de intermediação entre as postagens foi utilizado o cálculo da centralidade de intermediação ou *Betweenness Centrality*, em que quanto mais pessoas fazem conexões com outra, em uma rede social, mais poder possui a mensagem comentada, definindo-se que as redes são formadas por interlocutores e suas conexões. Além do foco integral da rede, pode-se mensurar sua densidade, compreendida pela soma dos laços existentes dividida pelo número de conexões possíveis em uma rede. Por meio desse cálculo, obtém-se, por exemplo, a velocidade de difusão de conhecimentos, além da extensão de cada publicação dos participantes em uma determinada atividade.

O web-fórum do Moodle é apresentado na ilustração 9.3. A atividade foi do tipo reflexivo-responsiva, no modelo pergunta-resposta-avaliação, que evidenciou a relação entre as posições mundo-escola-presente<-> mundo-escola-futuro.

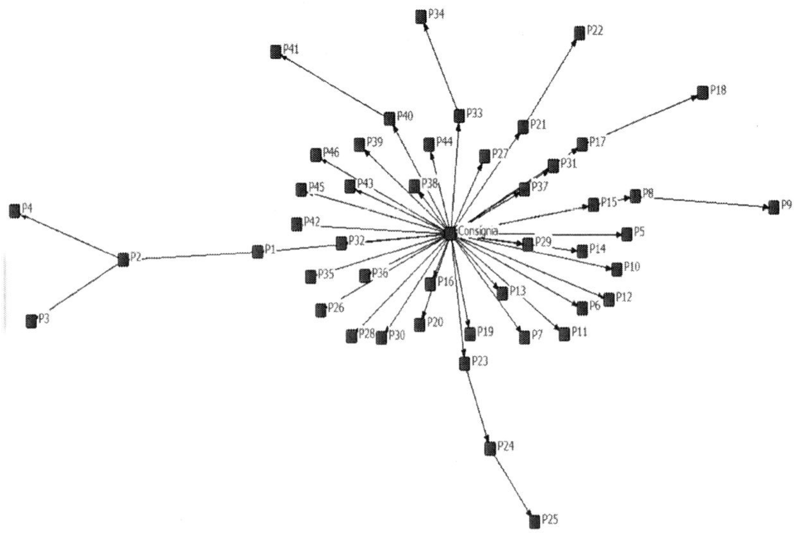

Ilustração 9.3 - Rede de interações por publicações no web-fórum do Moodle.

O formato circular do grafo indica que a maioria dos comentários está ancorada na comanda da atividade elaborada pelo professor. Há poucas postagens que geraram potencial para que outro estudante realizasse conexões com os colegas, como se pode observar em P1, P8, P15, P17, P21, P23, P33 e P40. Essas postagens apresentam-se interligadas pelos sentidos da escola por meio das argumentações que correlacionam (a) métodos ultrapassados (b) mudanças metodológicas são necessárias; e, (c) precisa investir em formação dos professores. Embora haja uma considerável quantidade de vínculos (linhas/laços) percebe-se que todos eles constituem fluxos unidirecionais (setas), sendo que a maioria é originada da comanda, com exceção de P2, P9, P18, P23 P24, P34 e P41, cujos sentidos de escola se orientam a (a) métodos ultrapassados; (b) mudanças necessárias; e, (c) professores são parte da mudança, que partem de outras postagens de outros estudantes em polifonias.

Destes, apenas P2 e P23 geraram interação. P2, cujo significado da escola é (a) métodos ultrapassados, gera mais duas postagens distintas e o P24, com significado de escola (b) professor como parte da mudança; possibilita a resposta de seu interlocutor na postagem P25, com significado orientado a (c) mudanças são retrocessos. Percebe-se que o fórum gerou colaboração por adição quando as publicações se relacionam à mensagem do professor, e colaboração por composição de argumentos concordantes quando se relacionam às respostas produzidas por pares.

O cálculo do grau de centralização indicou que o maior grau de saída foi concentrado na comanda da atividade (0,783 ou 36 saídas), sendo que o segundo maior grau foi com P2 (0,043 ou 2 saídas). Nesse modelo de desenho da tarefa, a produção de conhecimento permanece centrada na orientação do enunciado inicial da atividade, os participantes seguem estratégias comunicativas próximas às tradicionais como PRA, em que os estudantes respondem/publicam-esperam ser avaliados.

No entanto, sendo um fórum desenvolvido com uso de comunicação multimodal, sobretudo por meio de escrita formal, mas que pode aproximar-se da informalidade da oralidade por estar na internet, com adição de hipertextos e imagens, em pedagogia com cronotopo aberto, com alternância on-line – off-line, em sincronia-assincronia, observa-se o desdobramento dos argumentos com a convergência às postagens de alguns colegas e com a expansão do argumento inicial. A expansão pode ocorrer, por exemplo, por meio de deslocamento temático com a composição com outros elementos que podem formar e contrapor o argumento inicial, com uso de imagens, intertextualidade e hipertexto, transformando-o.

O índice de centralidade indica que os comentários apresentam o mesmo índice de centralidade, ou seja, existem semelhanças nas propriedades de conteúdo em termos de influência e poder, que são apresentados em polifonia, ou seja, a partir de composição em temas e lógicas de pensar comum entre os participantes. Com exceção da comanda da atividade postada pelo professor, percebe-se que a maior parte dos comentários está centrada no grau beta de 1,000, com normatização de 1,092 o que indica que a influência e o poder nestes comentários são equivalentes, na produção de significados sobre mudanças que ocorrerão nas escolas-presente > escola-futuro. Em contrapartida, há comentários, que possuem variação do beta entre 0,750, com normatização de 0,819; e outros com 0,500 com normatização de 0,546. Isso indica que há diferenças entre as propriedades no conteúdo das postagens, um maior poder em termos de influência que está relacionado à possibilidade de geração de interação, seja por colaboração adição ou composição ou justaposição.

O grau de intermediação que considera a importância de cada postagem na sua intermediação, ou seja, se um comentário anterior recebeu ou gera interferência em nível de importância de argumentação dos comentários próximos. O grau de intermediação entre as postagens P2, P1, P23, P24, P17, P33, P8, P40 e P21 apresentaram, respectivamente, valores normatizados decrescentes que expressam o controle da comunicação durante a discussão no fórum, pois compartilham os sentidos de escola (a) métodos ultrapassados, enfocando melhorias nos métodos de ensino; (b) mudanças necessárias, enfocando mudanças na infraestrutura e compreensão de ensino-aprendizagem; e, (c) professores são parte da mudança, enfocando mudanças que valorizem a profissão docente. Isso nos permite interpretar a possiblidade que esses comentários atuaram como pontes na comunicação em colaboração, gerando convergência entre as mensagens, por polifonias ou elementos em comum em sua composição. O modelo de comanda proposta para disparar a atividade nesta tarefa de discussão no fórum gerou baixa interatividade.

Observou-se que, embora o planejamento da atividade fosse orientado à produção colaborativa reflexivo-responsiva, as interações, no web-fórum, no Moodle, se concretizaram orientadas a responder e comentar a iniciativa do professor, com cerca de 10 interações vinculadas aos pares, ampliando as possibilidades de colaboração e resolução do problema proposto, produzidas em posicionamentos "eu-professor", orientadas para agente de mudanças na escola e parte da mudança na escola, e "outro-estudante" orientadas por contra-argumentações, com diferenciações valorativas negativas sobre a escola.

Esses resultados indicam, também, que a construção no início da disciplina/ nas – duas primeiras semanas da disciplina de formação de professores –, foi direcionada por adição de informações, promovendo pouca negociação de significados em argumentações. Há na relação entre ser estudante e tornar-se professor um fazer que está centrado no professor da disciplina e na construção de conhecimento em colaboração baseado na composição e justaposição de conhecimentos e posições-pessoais <> posições-outro <> posições-mundo orientadas, sobretudo, a demonstrar conhecimento, ensaiando modificações por acréscimo de informação. A relação entre os pares de interlocutores é elaborada por polifonias sutis de composição dos argumentos em que as vozes se relacionam somando informações uma a outra por meio das respostas ao enunciado inicialmente pelo professor e, às vezes, compondo com o colega.

Na atividade de discussão em web-fórum no Facebook o sentido coletivo de ser professor está ancorado no fazer do professor. Percebe-se que as dinâmicas discursivas foram modificadas tendo em vista o planejamento realizado, em relação à instrução da atividade presencialmente. A atividade interativa se tornou mais complexa possivelmente pelo domínio que os estudantes têm das ferramentas e procedimentos das plataformas sociais.

A mudança pode ter ocorrido também por mudança na comanda da atividade, visto que no web-fórum desenvolvido no Moodle os enunciados foram apresentados de forma tradicional, direcionados à discussão sobre a escola, enquanto que no Facebook focaram em atividades teórico-práticas relacionadas ao fazer docente. Isto sinaliza que os tipos de instrução e o domínio de ferramentas disponíveis nos ambientes modificam as formas de interação nos ambientes virtuais, assim como, pode sinalizar que o domínio da ferramenta comunicacional, social, utilizada, também, pode influenciar as possibilidades de interações produzidas.

No Facebook, os estudantes participaram utilizando mais os recursos multimodais, produzindo publicações textuais, visuais, audiovisuais e hipertextuais nos comentários às postagens ou simplesmente *emojicons*. A dinâmica interativa manteve-se relacionada a comanda da atividade elaborada pelo professor adicionando-se outros 11 nós de convergência, indicando mudanças na produção de interpretações e nos posicionamentos eu-estudante-presente <> eu-professor-futuro expandidos para outro-estudante-futuro e outro-professor-presente, exposta essa relação pela ilustração 9.4.

A centralização indicou grau médio normatizado de saída é 0.1231, e grau médio normatizado de entrada é 0.6012, indicando que algumas postagens receberam maiores interações (entradas) como P8, P14, P15, P16, P21, P31, P35, P36, P39, P42 e P43, todos com mais de 11 fluxos (flechas/setas) cada uma. Estando eles em posição mais central na rede, as interações ocorrem por atos de comentar com desenvolvimento de argumentação, ou acionar botões de *emojicons* que sinalizam atos de identificação de um estudante com a postagem do outro.

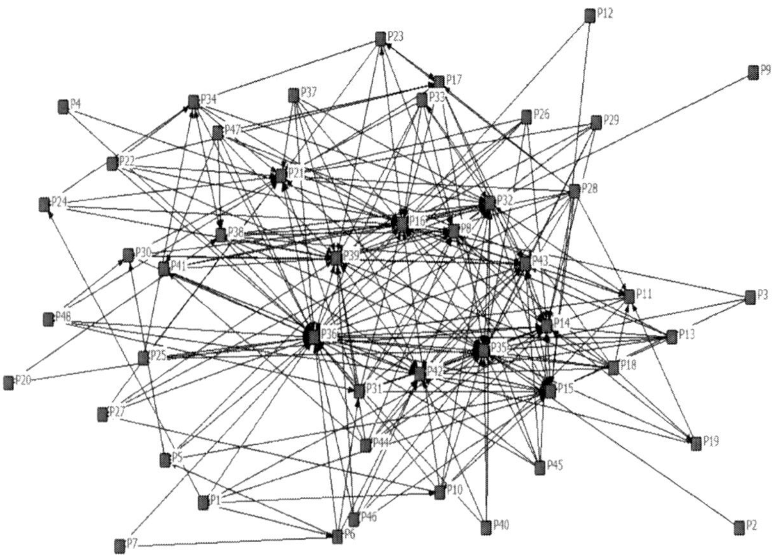

Ilustração 9.4 - Grafo Interacional por publicações em web-fórum no Facebook.

Essas postagens apresentam sentidos referentes ao outro-professor, como (a) detentor de conhecimentos, centrado no professor; (b) empático, valorizando a relação professor-aluno; (c) mediador, na transição de conhecimentos; (d) formador de pessoas, no saber crítico; e, (e) incentivador de aprendizagem, por meio de motivações. Já aqueles comentários que realizaram mais interações (saídas) são P13, P16, P18, P28, P29, P31, P32, P36, P38, P42, P44 e P47, todos com mais de sete (7) vínculos cada em que a colaboração ocorreu (pode ser no plural) produzindo conhecimentos sobre o fazer docente, negociaram com os sentidos convencionalizados coletivamente.

Esse conjunto de postagens compartilha os sentidos da posição outro-professor como aquele que (a) empático; (b) incentivador de aprendizagens; (c) com vocação para docência, com sentido de inclinação para dar aulas; (d) sensível a diferenças, no sentido de reconhecer dificuldades e particularidades de aprendizagem; e, (e) formador de pessoas. Pode se observar que há uma expressiva quantidade de vínculos e a maior parte dos fluxos são bidirecionais, indicando que há compartilhamento no poder e influências nessa atividade e sinalizando polifonias sobre ser professor em seu ofício, como fundante da identidade profissional, em que os estudantes ora indicam o professor como o outro ora se posicionam como professores.

O índice de centralidade indicou que as postagens que possuem maior poder e influência são P8, P14, P15, P16, P21, P31, P35, P36, P39, P42 e P43 o que representa um compartilhamento da posição de centralidade na rede, e nos orienta a compreender que nos argumentos dessas publicações há elementos que geram maior interatividade e estão relacionados aos sentidos vinculados ao outro-professor como: (a) detentor de conhecimentos; (b) empático; (c) mediador; (d) formador de pessoas; e, (e) incentivador de aprendizagem, com sentido semelhante ao discurso coletivo.

O grau de intermediação indicou que as postagens P16, P32, P36, P35, P11, P34, P38, P39 e P10 tiveram maior intermediação dos argumentos, pois compartilharam conexões que os posicionaram como centrais na rede de interações por produzirem similaridades ou se adequarem às interpretações coletivas sobre o ser professor na contemporaneidade. Ou seja, produzem significados de atuações do professor como *mediador*, com sentido de aquele que media conhecimentos, oportunizando as modificações de conceitos do senso comum, cotidianos, em conceitos científicos. A interação entre as postagens dos estudantes indica uma maior possibilidade de colaboração na produção de conhecimentos, que também pode ser facilitada pelo domínio que tinham das interações no Facebook, e os tipos de operações comunicativas que a plataforma possibilita.

A densidade dessa rede nessa atividade é de 0.113%, com número total de vínculos de 256, desvio padrão de 0.317% e grau de centralidade é de 5.333. Dessa forma, a possibilidade de posicionar-se reflexivamente acerca da prática, viabiliza o estabelecimento de interações, à medida que os significados são produzidos, e os estudantes vão lendo as postagens, dialogando com os demais participantes e interagem por meio de escrita de comentários ou outros dispositivos disponíveis no ambiente virtual, produzindo conhecimento sobre formas de reflexividade, usos e funções dos conhecimentos, em atos de identificação profissional.

O grafo (ilustração 9.4), em formato retangular, apresenta as postagens P21, P39, P36, P16, P8, P32, P43, P14, P15, P35 e P42 compartilhando espaço central na rede. Essas postagens partilham em comum os sentidos do outro-professor relacionados àquele que (a) detém o conhecimento no sentido de aquele quem sabe mais; (b) media conhecimentos no sentido de quem promove estratégias de ensino-aprendizagem; (c) integra realidades, no sentido de adaptar os conhecimentos populares aos científicos; (d) instiga curiosidade nos alunos, no sentido de utilizar estratégias de ensino; e, (e) é otimista quanto à profissão, no sentido de fazer o que se gosta.

As postagens que recebem quantidade maior de interações horizontalizaram a centralização do grafo. Nas postagens periféricas no grafo há, também, vínculos de interatividade, o que indica uma maior conexão entre estudantes neste tipo de tarefa de produção coletiva de conhecimento em situação de aprendizagem colaborativa. A grande quantidade de vínculos (linhas ou laços) entre as postagens indica o fortalecimento da interação entre os estudantes na realização da atividade. Percebe-se que a maioria dos vínculos possui fluxos (setas) bidirecionais, o que indica reciprocidade ou tensão, que direciona a interação entre os estudantes autores das postagens.

Os grafos elaborados por meio do UCINET nas ilustrações 9.3 e 9.4 possuem formatos diferentes para cada atividade realizada pelos licenciados. À primeira vista, o grafo elaborado a partir das interações na Ilustração 9.4 apresenta-se mais complexo e o elaborado na Ilustração 9.3 com menos interatividade. Os dois grafos obtidos são os mais comuns nas análises de interações na realização de atividades em mídias sociais, sendo que o *layout* (ALEJANDO; NORMAN, 2005) do grafo da Ilustração 9.3 é geométrico enquanto aquele da Ilustração 9.4 é direcionado por força (*force-directed*).

Comparando-se os grafos, fez-se a seguinte interpretação: na Ilustração 9.3 percebe-se abstração relacionada ao fazer responsivo, em que os participantes orientam seus posicionamentos como estudante em resposta ao enunciado que foi elaborada pelo professor da atividade. Por esse modelo, a centralidade da ação está na tarefa o que é representado pelos fluxos (setas) das interações, que são em sua maioria unidirecionais, partindo da comanda da atividade. Na Ilustração 9.4, percebe-se a argumentação relacionada ao fazer interacional, que direciona o licenciando para além do ato responsivo, com orientação à interação. A maior frequência de vínculos (linhas) entre as postagens e a distribuição da centralidade do grafo entre diferentes postagens indica que há um jogo de poder e influência que é compartilhado e colaborativo na construção de conhecimentos, tornando a atividade democrática.

A maior parte dos fluxos (setas) é bidirecional, o que indica que há uma forte colaboração entre os estudantes na realização responsiva a esse tipo de atividade. A reciprocidade em interagir um com o outro, decorreu de aproximações e distanciamentos que marcaram os argumentos na produção dos conteúdos que direcionam as ideias acerca do fazer pedagógico do professor. A composição final de produção de conhecimentos ocorreu por composição, adição e justaposição de ideias e sentidos. É importante considerar-se, também, que os dois web-fóruns foram realizados em momentos diferentes, ao longo do semestre de realização da disciplina, quando os estudantes avançam na compreensão dos conteúdos, lógicas reflexivas e de atuação, estando em momentos diferentes da reflexividade sobre o ensinar-aprender ao longo do desenvolvimento humano, relacionando os princípios da psicologia, na complexidade das atividades.

Tensões foram geradas em ambos os modelos de interação expostos nas atividades, indicando que houve alternância de posicionamentos no diálogo, ou seja, quando permanecem como eu-estudante respondendo ao questionamento problema enunciado e quando escolhem interagir com outras publicações, manifestando vínculo por concordância, discordância ou rejeição do comentário do outro, identificando-se como eu-professor. As tensões nas transições entre esses posicionamentos-eu ocorreram por embates relacionados aos diferentes pontos de vistas, em consonância ou dissonância, em que a produção de conhecimento reverbera possibilidades de aplicação futuras por meio de sugestões de atividades e ações que construíram os sentidos na produção de conhecimento em aprendizagem colaborativa (VOLOCHINOV, 2004).

No embate que ocorre entre diferentes pontos de vista nas análises do tema e do enunciado inicial do professor, os processos de negociações de significados são compostos por conceituações, lógicas de pensar, argumentações com desencadeamento de ambivalências que podem ou não ser resolvidas (ANTWERPEN; OSTER, 2019), assim como por possibilidades comunicativas e o quanto os interlocutores dominam as ferramentas dos ambientes virtuais em que os web-fóruns ocorrem.

9.3. Considerações Finais

A crise gerada pela pandemia da Covid-19 levou professores e estudantes, em todo o mundo, ao distanciamento social e à suspensão temporária e readaptação de atividades de ensino-aprendizagem nas instituições educacionais, incluindo aquelas abertas, a distância ou on-line. Os desafios advindos desse contexto impulsionaram a reflexão sobre o uso de tecnologias digitais nos processos de formação profissional inicial e continuada, também, durante eventos de desastres naturais, e períodos pandêmicos e pós-pandêmicos.

Nas práticas educacionais contemporâneas, as mudanças se dão, dentre outros aspectos, pelo aporte das tecnologias para operacionalização do ensino. Em situações de ensino híbrido e em eventos em que há necessidade de distanciamento social, a mediação dos processos de formação continuada com o uso das tecnologias ganha destaque principalmente por possibilitar a continuidade educacional com o uso de diferentes ferramentas e estratégias. Novas formas de interação para a comunidade de aprendizagem possibilitam alternâncias em atividades, em tempo-espaços síncronos-assíncronos, on-line-off-line.

A expansão de usos dos processos comunicacionais multimodais modifica a própria tecnologia, as maneiras de produção de cultura e as relações sociais. Ao passo que apresentam organização capilarizada das experiências de/na utilização de novas modalidades tecnológicas que se sustentam na instantaneidade e temporalidades de circulação das informações, alterando substancialmente a percepção das relações entre produção de conhecimento, atividades individuais<>coletivas e diferentes temporalidades, possibilitando inovação nas resoluções de problemas. As novas relações entre virtualidades e presencialidades certamente estão gerando novas metodologias de ensino dialógico orientadas à produção de conhecimentos e suas aplicações.

Os fóruns de discussão na internet podem promover a aprendizagem com atualização de conhecimentos em interação em diferentes etapas dos processos educacionais, incluindo a formação profissional inicial e continuada. Os processos interacionais dialógicos, em ambientes virtuais, canalizam condições diferenciadas de socialização próprias da cibercultura, orientando o desenvolvimento de novas formas de pensar e analisar os problemas postos, expandidos por meio da discussão, com usos de estratégias comunicativas multimodais, em aprendizagem colaborativa na internet. A apropriação de novas metodologias, como web-fóruns em diferentes plataformas *on-line*, propostos neste capítulo, gera novas atuações, modificando o planejamento, desdobramento, avaliação e revisão de planejamentos em situações diversificadas de ensino-aprendizagem.

O enfrentamento de obstáculos relacionados ao problema posto e/ou ao uso das ferramentas tecnológicas em cada plataforma podem gerar condições de reverberação do conhecimento produzido durante a formação em situações profissionais futuras. A aplicação de diferentes tipos de análise a atividades centrais de cada disciplina produz informações ao docente quanto ao desenho metodológico, suas relações ao enunciado inicial (ou comanda), interações e conhecimentos produzidos. Para avançar na compreensão de como são modificadas as interações com uso de diferentes comandas no Moodle e no Facebook, neste capítulo, foi utilizado o software UCINET que possibilitou a apresentação estrutural das redes de interações. Esses tipos de análise facilitam o exame crítico do que ocorreu no coletivo e se os objetivos de ensino-aprendizagem foram ou não atingidos, gerando possibilidades de modificação do planejado.

As experiências de comunicação em disciplina híbrida (*blended learning*) em discussões de temas de impacto, resolvidas em colaboração no coletivo, oportunizam a reflexão continua sobre os processos de ensino-aprendizagem, suas formas de funcionamento e aplicações em atuação profissional. Os diálogos entre pares, que ao alternarem posicionamentos orientados por um tema, criam perspectivas inovadoras na produção conceitual em lógicas de raciocínio diferenciadas. Esses processos, assim como a escolha do que será foco da aprendizagem, a forma que toma a comanda da atividade e as estratégias que mediam a resolução de problemas no coletivo, com adição de ferramentas, modificam as relações diversificadas entre conhecimentos abstratos e aplicados, entre teoria e prática, potencializando as atuações reflexivas em atuações futuras.

Referências

ALEJANDRO, V.A.O.; NORMAN, A.G. **Manual introdutório a analise de Redes Sociais:** medidas de Centralidade. Universidade Autônoma Del Estado de México, Centro de Capacitacion y Evaluacion para El desarrollo Rural S.C., junho, 2005.

ANTWERPEN, N.; OSTER, C. Postmodern Thought and the Self: An Interpretative Phenomenological Analysis. **Human Studies**, v. 43, p. 107–127, 2020. DOI: https://doi.org/10.1007/s10746-019-09534-2.

BARBATO, S.; BERALDO, R. (2020). Polemic Forums in blended learning as new strategies for a borderless Higher Education. *In*: DI GESU. G.; GONZÁLEZ, MF. (Org.). **Seemingly borderless. Teaching online courses in higher education**. NY: Springer's Series Cultural Psychology of Education, 2020.

BARBATO, S.; CAIXETA, J. E. Novas tecnologias e mediação do conhecimento em atividades colaborativas no ensino superior. **Linhas Críticas**, v. 42, p. 383-483, 2014. Disponível em http://www.scielo.br/pdf/paideia/v14n28/10.

BERALDO, R.M. F. **Dinâmicas de intersubjetividade em atividades colaborativas em contexto mediado por fórum on-line no ensino médio**. 2017. Tese (Doutorado em Psicologia) - Universidade de Brasília, Brasília, 2017.

BERALDO, R. M. F.; LIGORIO, M. B.; BARBATO, S. Intersubjectivity in primary and second education: a review study. **Research Papers in Education**, p. 1-22, 2017. DOI: <http://dx.doi.org/10.1080/02671522.2017.1302497>.

BUBER, M. **I and Thou**. Translated by Ronald Gregor Smith. Edinburgh: T. & T, Clark, 2006.

CESARENI, D.; LIGORIO, M. B.; PONTECORVO, C. Discussione e argomentazione in un fórum universitário. **Rivista TD 24**, v. 3, p. 55-65, 2001.

DOURLENS, S.; RAMDANE-CHERIF, A.; MONACELLI, E. Multi levels semantic architecture for multimodal interaction. **Applied Intelligence**, v. 38, p. 586–599, 2013. DOI: https://doi.org/10.1007/s10489-012-0387-3

GONZÁLEZ, M. F.; CASTRO, J. T.; CARLUCCI, A. P. Identidade profissional na formação docente em contextos virtuais. **Linhas Críticas**, v. 20, n. 42, 2014.

ILYENKOV, E. Knowledge and Thinking. **Journal of Russian and East European Psychology**, v. 45, n. 4, p. 75-80, 2007. Disponível em http://www.tandfon-line.com/doi/pdf/10.2753/RPO1061-0405450407.

LIGORIO, M. B.; VAN VEEN, K. Constructing a successful crossnational virtual learning environment in primary and secondary education. **AACE Journal**, v. 14, n. 2, p. 103-128, 2006.

KAPTELININ, V.; NARDI, B.A. Do We Need Theory in Interaction Design?. *In*: NARDI, B.; KAPTELININ, V.; FOOT, K.; (Eds). **Acting with Technology:** Activity Theory and Interaction Design. MIT Press, Cambridge, Massachusetts, London, England, 2006.

PEDROZA, R. L. S. O desenvolvimento da pessoa e o ensino-aprendizagem, *In*: PULINO, L. H. C. Z.; BARBATO, S. B. (Eds.). **Aprendizagem e a prática do professor**. São Paulo/Brasília: Moderna/EdUnB, 2005.

PRATA, D. N. **Interações de Estudantes em Formação Docente Mediadas por Atividades em Ambientes Virtuais**. 2019. Tese (Doutorado em Psicologia) – Universidade de Brasília, Brasília, 2019.

SONNTAG, D. Collaborative multimodality. **KI-Künstliche Intelligenz**, v. 26, n. 2, p. 161-168, 2012. Disponível em: <https://link.springer.com/article/10.1007/s13218-012-0169-4>.

VOLOCHINOV, V. N. **Marxismo e filosofia da linguagem:** problemas fundamentais do método sociológico em ciência da linguagem. Tradução de Michel Lauhud e Yara Frateschi Vieira. 11. ed. São Paulo, 2004.

WITHAGEN, R.; ARAÚJO, D.; DE POEL, H.J. Inviting affordances and agency. **New Ideas in Psychology**, v. 45, p. 11-18, 2017.

Capítulo 10

O Jogo FGA em Marte - Contribuição para a Formação de Pesquisadores Juniores em Engenharias

Maria Vitória D. Ferrari
vitferrari@gmail.com

Raquel N. Blumenschein
raquelblum@terra.com.br

João Paulo P. S. Santana
joaopaulofga@gmail.com

Josiane do Socorro A. S. O. Campos
josianc@unb.br

Laboratório do Ambiente Construído, Inclusão e Sustentabilidade (LACIS) – Campus Universitário Darcy Ribeiro – Asa Norte – Brasília – D.F. – 70842-970

Resumo

Este capítulo objetiva apresentar a experiência pedagógica de um curso remoto síncrono e assíncrono durante os três primeiros meses de Pandemia no Distrito Federal. Seu intuito foi contribuir na formação de autonomia na aprendizagem para pesquisadores juniores com atividades de pesquisa e uso de ferramentas de acesso livre na internet. A execução se fundamentou em métodos de aprendizagem ativa. Seus resultados principais foram a percepção que o diálogo para todas as fases de atividades de ensino pode levar ao sucesso e ensinar como aprender de forma lúdica faz diferença no incentivo do aluno a se dedicar em busca do conhecimento. Os objetivos foram cumpridos e o curso foi avaliado pelos alunos com êxito de modo positivo. Após o jogo, os participantes têm condições de desenvolver as suas atividades como discentes com sucesso. Os proponentes conseguiram apontar as dificuldades e superá-las.

Palavras-chave: *Educação 4.0, Aprendizagem ativa, Autonomia, Jogos Colaborativos, Pedagogia da autonomia.*

10.1. Notas Introdutórias

As atividades de produção na indústria 4.0 requerem profissionais formados em uma educação de qualidade com novas habilidades e competências. A quarta revolução industrial é entendida como a convergência e sinergia entre as tecnologias. É a fusão entre o mundo digital, o mundo físico e o mundo biológico, que somos nós (SCHWAB, 2018).

Diante das mudanças na educação requeridas pela indústria 4.0, algumas observações podem ser feitas com a reflexão de experiências educacionais. Além das atividades práticas que permitem ao estudante exercitar a gestão de processos e pessoas, empreendedorismo, além de desenvolver competências como colaboração, criatividade, transdisciplinaridade, responsabilidade e ética. Como provocar as mudanças nas práticas educativas no ensino superior? Como incentivar professor e aluno a inovarem?

A educação 4.0 está diretamente relacionada à 4º revolução industrial que usa o ambiente de aprendizagem digital. A produção é incorporada com internet das coisas (IOT), o Big Data e com a inteligência artificial (IA). Ela se fundamenta no pensar a criação de tudo no ambiente virtual, antes mesmo de construir a fábrica. Os engenheiros ocupantes dos novos postos de trabalho precisam usar as ferramentas de habilidades de criatividade, negociação, estratégia e análise. Para tanto, o processo de educação precisa ser inovador (SOUZA et al, 2020).

A análise da evolução do perfil didático-pedagógico do professor-engenheiro no Brasil indica que não houve mudanças, ou foram lentas. O método de ensino-aprendizagem é caracterizado por práticas da linha tradicional, em que predominam as aulas expositivas, práticas laboratoriais e provas como instrumento de avaliação. Do mesmo modo, o parque industrial no país ficou estacionado na reprodução de bens e consumo. Todavia, o mercado brasileiro exige uma formação técnico-científica fundamentada na visão ética e humanística, que favoreça o entendimento e geração de novas tecnologias, com um senso crítico e criativo. Essas competências profissionais são estimuladas em países desenvolvidos com educação de nível superior globalizada (MOLISANI, 2016).

Nas Diretrizes Curriculares Nacionais (DCNs) moldam os cursos de ensino superior. Inclusive os cursos de engenharia. As DCNs se modificaram ao longo do tempo. A DCN nº 2 de 2019 cita que o importante é "aprender a aprender" (BRASIL, 2019).

Além da DCN do curso, o conceito relativo à aprendizagem foi descrito e usado como principal consequência da sociedade do conhecimento a necessidade de uma aprendizagem ao longo de toda vida que são, concomitantemente, do conhecimento e da formação continuada (DELORS, 1998).

Aprender de uma forma colaborativa e ativa é desafiador nos cursos de engenharia. Existe a escolha entre motivar o aluno a aprender e "vencer" os programas de conteúdos preestabelecidos nas disciplinas. Conseguir ministrar a dosagem na medida certa no tempo estipulado em sala de aula é "alcançar o nirvana".

Outro ponto a ser considerado é a construção crítica de conhecimento com aplicação à realidade do aluno. Essa prática propicia a construção do pensamento para modificações sociais propalado pelos autores da escola crítica de educação.

Nessa situação de exceção e isolamento social houve a interrupção de aulas presenciais nas universidades que provocou um desequilíbrio educacional nas universidades e se fizeram necessários novos aprendizados com as demandas de aulas remotas em 2020. Um dos problemas pedagógicos atualmente na Universidade de Brasília é a transição de aulas presenciais para aulas remotas síncronas para grandes turmas mantendo a motivação e a qualidade do ensino. Esse quadro requer que o professor se adapte, amolde o plano de ensino, aprenda a lidar com tecnologias de comunicação e informação, adote novas posturas e abordagens pedagógicas e por fim, proponha novas estratégias motivacionais. Como agir? Como fazer isso?

Nos primeiros meses de isolamento social pela pandemia da Covid 19 foi ministrado um curso. O design foi próprio e exclusivo. Seu intuito foi contribuir na formação de autonomia na aprendizagem para pesquisadores juniores com atividades de pesquisa e uso de ferramentas de acesso livre na internet.

Este capítulo apresenta os resultados desta experiência pedagógica de um curso remoto síncrono e assíncrono durante os três primeiros meses de Covid no Distrito Federal, de março a junho de 2020.

10.2. Teorização da Prática Pedagógica e Educativa

As premissas do método de Paulo Freire consideram que o conteúdo a ser aprendido deve estar relacionado ao cotidiano do estudante. Isso facilita o aprendizado e leva ao desenvolvimento de novas habilidades. A motivação para o despertar do aluno para o aprendizado de novos conhecimentos e as suas aplicações vão além da escola tradicional chamada de educação bancária, de banco, onde o professor "deposita" no aluno aleatoriamente o conteúdo, o conhecimento, sem contextualização ou significado com a sua realidade e seu cotidiano (FREIRE, 1987). A educação por meio da chamada escola crítica conduz o aluno à reflexão de si e do mundo que o cerca, com possibilidade de mudanças em sua visão de mundo (SAVIANI, 2008). As mudanças podem ser estimuladas por meio das competências do aluno de engenharias.

Competência "como um conjunto de elementos heterogêneos combinados que estão em interação dinâmica. Entre estes elementos distinguimos habitualmente os conhecimentos, saber-fazer, comportamentos, faculdades mentais ou cognitivas: também podemos admitir qualidades ou talentos pessoais" (MARBACH, 1999. p. 15-16.). Onde pode-se traduzir com destaque os saberes (conhecimentos), o saber-fazer (habilidades), comportamentos (atitudes), faculdades cognitivas e as qualidades pessoais.

A pessoa competente é " [..] sabe atuar com relevância em um determinado contexto, escolhendo e mobilizando um duplo equipamento de recursos: recursos pessoais (conhecimento, [..]recursos emocionais...) e recursos de rede (bancos de dados, redes documentais, [..])." (BOTERF, 1999, p.38).

As competências descritas nas DCNs para engenharia (BRASIL, 2019, 2020) exigem a aprendizagem ativa como forma de promover uma educação mais centrada no aluno. Conceitualmente aprendizagem ativa é um processo em que os alunos estão engajados nas atividades que os levam a refletir sobre as suas ideias e como as estão executando. É preciso ter avaliação sobre o grau de entendimento e do modo como se manuseia os conceitos. A concretização do conhecimento se dá pela participação (MICHAEL, 2006).

As redes de comunicação facilitam as aulas por meio digital, gravadas e disponível na internet, podem dar acesso à educação para as pessoas marginalizadas. Essas aulas podem ajudar no desenvolvimento do pensamento crítico e no aumento das capacidades dos alunos exigidas no século XXI. Um ambiente de aprendizado bem projetado pode combinar métodos convencionais com inovações tecnológicas para aumentar a acessibilidade e a eficiência do sistema educacional (SHUKLA, T. et al, 2020).

O ensino híbrido em salas de aulas presenciais e salas virtuais constituem a base da educação atual. Não existe uma única forma de aprender, pois a aprendizagem é um processo contínuo. Ele acontece de diferentes formas em diferentes espaços. Logo, na literatura acadêmica tem várias definições para ensino híbrido. Em geral, elas convergem para dois modelos de aprendizagem: o modelo presencial, em que o processo ocorre em sala de aula, como vem sendo realizado há tempos, e o modelo *on line* que utiliza tecnologias digitais para promover o ensino. Entende-se que esses dois ambientes de aprendizagem tornam-se gradativamente complementares (BACICH, NETO TANZIN e TREVISAN, 2015).

O espaço digital é um ambiente para as Tecnologias de Informação e Comunicação (TICs). Elas fornecem, difundem e dão oportunidade de acesso ao conhecimento em qualquer lugar e em qualquer momento. Torna possível também as mesmas oportunidades com a participação e o aprendizado ao longo da vida. Inspirada por uma visão humanística da educação baseada em direitos humanos e justiça social. Os notáveis avanços nas TICs e a rápida expansão da conectividade à Internet tornaram o mundo cada vez mais interconectado e tornaram essencial o conhecimento e a familiaridade com as TICs para toda a diversidade de humanos (LIBÂNEO, 2001; UNESCO, 2013).

O tempo, espaço e estratégia de aprendizagem constituem o piso concreto do processo de ensino. As mais diversas modalidades são determinadas pelas características: presencial, remoto síncrono e remoto assíncrono com interação do aluno em tempo real ou em tempos diferentes nos mesmos ou diferentes espaços físicos. Podemos citar dois exemplos. O primeiro, a sala de aula convencional com mesmo tempo e espaço físico com teoria pedagógica tradicional e aula expositiva sem a interação do aluno. O último, a sala de aula com ensino remoto síncrono com espaços físicos diferentes com transmissão em tempo quase real com teoria pedagógica crítica com técnicas pedagógicas que exigem a interação do aluno. Logo, o que faz a diferença é a estratégia de ensino adotada (YU et CHEN, 2016).

A interação e diálogo entre os alunos condicionados pelo preceito de cooperação leva o aluno a praticar o difícil exercício de trabalhar em equipe. Cooperação significa que os estudantes trabalham juntos para alcançar objetivos compartilhados. Nas situações cooperativas na sala de aula, os indivíduos devem buscar resultados que sejam benéficos para si e para todos os outros grupos membros ao mesmo tempo. A aprendizagem cooperativa é o uso instrucional de pequenos grupos para que os alunos trabalhem juntos para maximizar suas próprias capacidades de aprendizagem. A avaliação da aprendizagem cooperativa se fundamenta em normas (PEREZ-POCH, 2019).

A aprendizagem cooperativa com motivação leva o aluno aprender brincando, com leveza e liberdade de expressão e ação com seus colegas e professor. A aprendizagem é mais significativa quando motivamos os alunos intimamente, quando eles acham sentido nas atividades que propomos, quando se promove as suas motivações, quando se engajam em projetos em que trazem contribuições, quando há diálogo sobre as atividades e a forma como são realizadas (MORAN, 2013).

Na sala de aula em ambiente de aprendizagem digital os professores desempenham importantes papéis ou funções: 1) Pedagógico – facilitador/planejador, por meio da definição dos objetivos, dos conteúdos das estratégias que serão adotadas com os alunos; 2) Social – facilitador/entretenedor, relacionado à responsabilidade que o professor tem de criar condições para que se estabeleça um clima amigável entre os alunos e entre os alunos e o professor; 3) Gerente – relacionado à administração, conduzindo as situações inusitadas, sendo claro quanto às atividades professores e alunos, as regras acadêmicas, prazos limites e as normas do curso às quais todos estão sujeitos; 4) Técnico – visa dar segurança para que os alunos sintam-se confortáveis para o uso da tecnologia empregada (GAROCE et SANTOS, 2012).

No processo de aprendizagem nota-se que as dificuldades principais dos alunos em se adaptarem ao ensino superior são: os alunos raramente fazem plano de estudo, usam técnicas de memorização eficientes, estudam em locais adequados, têm a rotina de horários e tempo diários para estudar. O índice de reprovação de cerca de 40% ou superior na modalidade de ensino presencial é um dos principais motivos de abandono no ciclo básico (SOUZA et al, 2020).

Nas DCNs de 2019 estão elencadas as competências esperadas dos alunos, no Artigo 3º são descritas algumas como as capacidades de: visão holística e humanista, reflexão, crítica, cooperação, ética, criatividade, análise, pensamento sistêmico e multi e transdisciplinar, entre outras. No entanto, esta realidade é bem diferente (BRASIL, 2019).

Como ensinar estudantes a estudarem sozinhos? Como motivá-los a descobrir os caminhos e ferramentas do aprendizado? A terem liberdade de escolhas no processo de aprendizado, além dos livros didáticos?

A educação no decorrer da vida se fundamenta em: 1) *Aprender a conhecer* -possibilidade de estudar, em profundidade com foco em alguns poucos assuntos. Esta dedicação exclusiva é um modo de aprender a aprender com intuito de ter boa especialidade; 2) *Aprender a fazer* - competência que torna a pessoa apta a enfrentar situações diversas e interação em equipe de trabalho; 3) *Aprender a conviver* - compreensão do outro e a percepção das interdependências baseado no respeito ao outro e a necessidade da convivência, 4) *Aprender a ser* - autonomia, discernimento e responsabilidade pessoal segundo as especificidades individuais de cada um (DELORS, 1998).

Ensinar é ir além da transferência de conhecimentos e conteúdos. "Não há docência sem discência, as duas se explicam e seus sujeitos, apesar das diferenças que os conotam, não se reduzem à condição de objeto, um do outro." (FREIRE, 1996. p. 12). Existe uma interação entre quem ensina e quem aprende, ambos aprendem. Para tanto, se faz necessário uma pedagogia fundada na ética, no respeito à dignidade e à própria autonomia do educando (FREIRE, 1996). No livro pedagogia da autonomia, Freire dá pistas aos professores para atuarem com esperança de mudanças para uma sociedade mais justa em um mundo em que a educação é também um aparelho ideológico. Ainda é atualíssimo o discurso de Freire "creio que nunca precisou o professor progressista estar tão advertido quanto hoje em face da esperteza com que a ideologia dominante insinua a neutralidade da educação" (FREIRE, 1996, p. 98).

O estudante é levado à reflexão do seu cotidiano, a pensar no seu mundo. Para tanto, ele é conduzido a aprender a pensar o seu agir no mundo, é a tomada de posição crítica diante das decisões. O aluno deve ter autoria na sua educação com poder de decisão, participação e suas consequentes responsabilidades. Caso contrário, a escola se resume em adestradora do pensamento estudantil (FREIRE, 1987, 1996).

O professor é o agente social que reproduz ideologia e influencia no modo de pensar e agir do aluno como profissional, tornando-o obediente e produtivo ou reflexivo. É missão do professor provocar uma atitude participativa, pois "a participação possibilita à população um aprofundamento do seu grau de organização e uma melhor compreensão do Estado, influindo de maneira mais efetiva no seu funcionamento" (GADOTTI, 2004).

O conteúdo é importante, mas não deve se sobrepor a ética. A ética está vinculada à liberdade de autonomia. O professor é responsável por conduzir o aluno à emancipação. Neste contexto "a educação progressista busca a autonomia da pessoa como resultado do processo que provém da experiência de refletir, decidir, escolher, posicionar-se, assumir-se, aprender e ensinar, continuamente." (ROSCHILD, 2012, p.12).

10.3. O Projeto de Formação para Pesquisadores Juniores e o Jogo FGA em Marte

A pandemia da Covid-19, em março de 2020, no Distrito Federal levou à paralisação das atividades acadêmicas na Universidade de Brasília. Com o intuito de dar formação básica aos egressos foi ofertado um curso no período de três meses no Distrito Federal.

Esse curso foi remoto síncrono e teve como objetivo desenvolver autonomia, independência no processo educativo e também as habilidades descritas nas Diretrizes Curriculares de Engenharia nº2/2019 e autonomia e Freire com o tema gerador Jogo em Marte. Ele foi uma atividade do projeto de extensão Clube de Ciências – formação para Pesquisadores Juniores.

Para operacionalizar o curso foi elaborado um Termo de Referência (TR) que trata das atividades a serem realizadas por objetivos e a justificativa de todo o processo. Ao contrário dos outros arquivos que foram disponibilizados, o TR traz uma linguagem mais explicativa, com o intuito de descrever e explicar as etapas do curso.

O TR foi dividido em duas etapas e o cronograma de atividades. Na primeira etapa foi explicado como realizar o levantamento e a organização dos subsistemas da cadeia produtiva que cada aluno trabalharia. Na última etapa constam as orientações do relatório científico.

O curso teve inscritos trinta alunos da disciplina de Engenharia e Ambiente da Faculdade do Gama. A turma foi composta por novos e antigos egressos dos cursos de engenharia de Energia, Software, Automotiva, Eletrônica e Aeroespacial.

O primeiro encontro teve dezesseis participantes, dois monitores e a professora. Os encontros primeiramente seguiram no regime de duas horas, acontecendo nas segundas e quartas-feiras, horário da disciplina de engenharia e ambiente, no entanto os participantes pediram a alteração para ter mais tempo entre um encontro e outro, de forma ao desenvolvimento do curso ser realizado nas segundas e sextas-feiras. O último encontro teve a presença de 33,75% dos participantes inscritos.

A metodologia empregada teve como foco o desenvolvimento das habilidades dos participantes por meio de pequenos cursos teóricos e práticos, de forma a proporcionar formação básica de pesquisa em engenharia para os alunos. Foram fornecidos oito treinamentos de curta duração com foco em pesquisa científica, aulas teóricas que envolvem metodologia de estudo e de aplicação, além dos encontros focados no auxílio de dificuldades.

Os treinamentos ministrados foram: 1) Metodologia de Organização de Banco de Dados; 2) Pensamento e construção de metodologia científica; 3) Levantamento de dados e pesquisas na internet;4) Análise de dados; 5) Sistema IBGE de Recuperação Automática (SIDRA); 6) Redação para artigo científico; 7) Construção de Gráficos e, 8) Metodologia de Apresentação Científica.

A metodologia lúdica utilizada se baseou no formato de jogos de RPG. RPG é a sigla para Role-Play Game, um tipo de jogo em que os jogadores assumem o papel de personagens imaginários em um mundo fictício. O RPG tem uma concepção de práticas cooperativas e não competitivas entre os participantes (JACKSON, 1994).

A aventura é narrada por um mediador, em geral chamado de Mestre. Ele descreve tudo o que ocorre nos cenários, manda os jogadores executarem as suas ordens nas missões, avalia e apresenta o resultado das ações dos personagens (JACKSON, 1994).

O mestre declarou as missões a serem executadas pelos jogadores. As missões foram apresentadas para os jogadores, e estes deveriam cumprir cada uma para adquirir uma certa quantidade de pontos de experiência. Estas missões foram traduzidas para o jogo por forma de atividades avaliativas, dentre estas estavam um banco de dados, um relatório de levantamento e um relatório de análises. O intuito foi de que a partir de um entendimento lúdico despertasse no aluno o interesse para conseguir mais pontos de experiência, que seria traduzido como notas de atividades, e construir, organizar, armazenar, modelar, avaliar e analisar o banco levantado por eles.

Foram realizadas quatro missões chamadas de missões principais, essas quatro eram: o banco de dados completo com o mínimo de 80 registros e máximo de 100; um relatório de levantamento, contendo as informações de onde vieram todas as informações, as dificuldades e facilidades encontradas e a forma de preferência adotada para a metodologia de obtenção de dados; um pequeno artigo científico sobre a análise realizada sobre os dados levantados; e por fim a apresentação em forma apresentação com recurso audiovisual.

Em cada encontro realizado foi decidido um tema a ser seguido para o próximo como por exemplo, Bem-vindos a Marte, Personagem, Festa de Carnaval em Marte, Pop Rock nas galáxias, Praia em Saturno, Halloween, Geek, Festa Junina em Vênus, Rock Metal, Baile a Fantasia, e Baile a rigor de encerramento.

O aluno deveria se fantasiar de acordo com o tema e seu personagem. No fim dos encontros houve um registro fotográfico de todos e do cenário. Os participantes comentam e selecionam os jogadores com o melhor desempenho segundo os critérios estabelecidos.

A ideia de jogo com fantasias foi para descontrair e deixar o ambiente mais agradável e amigável. Em plena pandemia, com as lojas fechadas, os alunos recorriam a imaginação para usar apetrechos e itens de seu domicílio, às vezes hilários e inusitados. O aluno vencedor da melhor fantasia recebia o bastão do anfitrião. O anfitrião é o responsável pela criação do cenário e por receber o mestre e os jogadores no próximo encontro.

No jogo, os jogadores se concentram em alguns "avatares-funções" como é chamado em RPG. Durante o curso, as classes principais a seguir foram representadas: 1) Presidente-Mestre: personagem caracterizado pela professora, onde detinha o poder de veto e decisão; 2) Acionistas-Auxiliares do Mestre: papel desempenhado pelos monitores aos quais eram responsáveis pelo auxílio e cobrar as decisões do presidente; 3) Anfitrião: era representado sempre pelo vencedor do desafio da fantasia do encontro anterior, sua função era conduzir os engenheiros para a plataforma indicada por eles, além de ter 10 minutos no início do encontro para apresentar o cenário com a finalidade de introduzir o tema novo, e; 4) Engenheiros-jogadores: era o papel representado pelos alunos restantes.

Além das missões houve também as atividades de experiências lúdicas. O objetivo foi de descontrair de atividades que exigiam total concentração e pensamento. Uma forma lúdica apresentada foi pelo quadro de "O Mestre Mandou" a qual era pedido para os participantes, em um período de 2 minutos, encontrarem em casa algum objeto. Durante esta atividade foram pedidos diversos itens que variavam de itens de engenharia, até facilidades como lápis e papel para anotar o conteúdo.

Inicialmente os alunos que quisessem participar do curso preenchiam uma ficha de inscrição com seus dados e os dados do personagem ao qual representariam. Com o fim da data de inscrição os participantes foram adicionados à plataforma Moodle onde tiveram acesso ao termo de referência do curso e a todos os arquivos que deveriam ser entregues durante o curso.

As formas de comunicação foram por e-mail, grupo de Whatsapp, Moodle e encontros virtuais em diversas plataformas (Mconf, Google Hangout, Jitsi Meets, Google Meets e Skype). As comunicações rápidas foram feitas pelo grupo de Whatsapp. Neste grupo, os alunos também foram adicionados para receberem as informações importantes para o desenvolvimento.

No total foram desenvolvidos dezesseis encontros, quatro missões, 8 temas, 9 plataformas e 8 participantes no final, todos apresentados resultados de pesquisa e de levantamento de dados e desenvolvimento de atividades de pesquisa.

Quanto à participação do total de dezesseis alunos inscritos, treze concluíram o curso e três alunos apresentaram motivos relacionados a Covid-19 para a finalização de sua participação, um participante teve de iniciar trabalhos para auxilio de dinheiro em casa, e um participante que teve vários problemas parou, porém retornou às atividades, o qual foi vencedor do jogo.

O tema FGA em Marte teve como objeto de estudo os subsistemas da Cadeia Produtiva da Indústria Civil que foram: Arquitetura, Associações, Cartografia, Certificações de Construção, Construtoras, Consultora de Materiais de Construção, Desenho Técnico, empresas de instalação elétrica, empresas de instalação hidráulica, Engenharia Civil, Fabricantes de Argamassa, Fabricantes de Cimento, Fabricantes de Concreto, Fabricantes de conduítes elétricos, Fabricantes de Conversores CC/CA solar, Fabricantes de Esquadrias, Fabricantes de Formas Metálicas, Fabricantes de Módulos Fotovoltaicos, Fabricantes de Telhas Metálicas, Fabricantes de Tintas, Fabricantes de Tubos para Hidráulica, Geodésia, Maquinário de Construção, Normas, Serralherias, Siderúrgicas, Topografia e Transporte de Materiais de Construção.

A metodologia de atividades se dividiu em três fases. Na fase I, o objetivo é a concepção de uma proposta de projeto de engenharia da Faculdade Gama, em Marte, em equipe multidisciplinar. No decorrer da realização das atividades foram encaminhadas diretrizes básicas para as equipes. Na Fase II o objetivo foi realizar a avaliação técnica e econômica do projeto de engenharia proposto pelas empresas (equipes) em um contexto de leilão de negócios. Na Fase III, chamada de "FGA – o segredo da colaboração" teve como objetivo a busca de cooperação entre as empresas/equipes rumo à formação profissional. Nessa fase todos trabalharam juntos para detalhar a proposta selecionada. A empresa/equipe que teve a sua proposta selecionada foi a primeira a coordenar os trabalhos. O rodízio de coordenação de equipes aconteceu conforme os líderes natos foram se revelando ao longo do caminho.

Na fase I os momentos foram: 1) Abertura do encontro pelo anfitrião e atividades de relaxamento – meditação, concentração e respiração; 2) Treinamentos (SIGRA/IBGE; Crítica de dados, Procedimentos para montar um Banco de Dados; Levantamento bibliográfico); 3) Avaliações dos resultados apresentados; 4) Avaliação da cooperação entre equipes; 5) Avaliação dos trajes e comportamento do avatar; e 6) Declaração das atividades de pesquisa e tema para o próximo encontro. Enquanto que na fase II foram: 1) Abertura do encontro pelo anfitrião e atividades de relaxamento – meditação, concentração e respiração; 2) Treinamentos - Como fazer uma apresentação científica; Análises de dados; Elaboração de infográficos; Elaboração de Relatórios Técnicos; e elaboração de Artigo Científico; 3)Apresentações da empresa de cada equipe com a proposta de viabilidade técnica e econômica e resultados da pesquisa pelos apresentadores das equipes, coordenado pelo professor, com tempo de apresentação de 10 minutos para cada equipe; 4) Debates para responder às perguntas dos consultores; e 5) Opinião dos consultores sobre os projetos;

As atividades consistiram em fases como planejamento das ações, mineração em bancos de dados, tratamento, organização e armazenamento desses dados em um novo banco com a finalidade de elaborar uma proposta da transmutação da Faculdade em Marte. A seguir foi feita a atividade de bolsa de negócios, onde cada equipe apresentava suas propostas à diretoria da empresa contratante e respondia às perguntas dos coordenadores das outras equipes, que além de perguntar, apontavam "as falhas" na proposta apresentada. Por último todas as equipes se juntavam em uma única empresa com engenheiros de áreas diferentes para construírem uma nova proposta fundamentada nos acertos e corrigindo falhas.

A participação dos alunos facilitou que as atividades lúdicas da experiência foram construídas em ambientes segundo as necessidades individuais das mesmas: aberturas temáticas, atividades, pódio dos campeões, bolsa de valores e outros. Também foram selecionados temas, caracterização do avatar, música. Todos os participantes deveriam estar com fantasias a caráter com o tema e seu avatar.

A principal meta foi o aprendizado profissional em trabalhar em equipe para levantar, tratar, organizar, analisar e armazenar dados em um banco de dados, contendo as informações necessárias da cadeia produtiva de edificações especiais públicas. A dimensão espacial é o território brasileiro no período temporal de 2020 com o uso de conceitos aplicados por meio das ferramentas disponíveis.

A experiência foi avaliada pelos alunos por meio da elaboração e respostas para os formulários com perguntas abertas, elaboradas pelos monitores e professor e por intermédio de relatos que foram: 1) Oportunidade de desenvolvimento de pensamento crítico; 2) Oportunidade para aprendizagem de construção e aplicação de um banco de dados; 3) Incentivo ao envolvimento de alunos em pesquisa aplicada; 4) Estímulo às habilidades de redação e documentos Técnicos e Científicos; 5) Oportunidade de Participação em treinamentos de diversas áreas aplicadas à pesquisa; 6) Diversão atrelada ao conhecimento, Desenvolvimento de atividades lúdicas que leva à motivação dos alunos; 7) Necessidade de melhoria dos ambientes virtuais de integração entre os jogadores; 8) Necessidade de aumentar o tempo de momentos de integração entre os personagens da experiência.

Durante a experiência foram testadas a funcionalidade de algumas plataformas por exemplo, *Whatsapp, Google Hangout, Kahoot, Mconf, Jitsi Meets, Google Meets* e *Skype.* Quando a plataforma escolhida pelo anfitrião apresentava problemas com travamento se migrava para o Serviço de conferência web (Mconf)

As plataformas digitais mais utilizadas foram: Mconf, o Moodle para o compartilhamento de atividades e documentos; e, por último, o Whatsapp para disponibilização de informações e comunicação entre participantes. Essas plataformas foram avaliadas pelos alunos e foram definidas cinco classes: péssimo, ruim, bom, ótimo e perfeito para cada uma delas. Na pesquisa realizada com os alunos, 37,5% consideraram o uso da plataforma Mconf como "bom". Já 62,5% dos alunos consideraram o uso da plataforma Moodle como "ótimo", e 62,5% consideraram como "Perfeita" a utilização do Whatsapp.

Nas atividades os alunos participaram atividade com poder de decisão, desde a inscrição, seleção do seu avatar, indicação de bibliografia para os debates, a escolha de metodologia de trabalho das equipes, eleição das plataformas a serem usadas e testadas nos encontros. Este "poder" foi dado com o intuito de promover a autonomia e protagonismo aos alunos participantes.

10.4. Discussões e Lições Aprendidas

A experiência foi alinhada ao PPC do curso de Engenharia de Energia, DCNs e visão da educação 4.0 para engenharia, para tentar dar encaminhamentos para a formação comportamental, conteúdos e técnicas aos alunos de engenharia. Ela foi desafiadora e levou o professor e alunos a inovarem no modo de ministrar aulas em TICs.

A capacitação profissional é a lição desafiadora com novas oportunidades e aprendizados. Ela dependeu do desenvolvimento de competência (em TICs por meio de treinamentos ofertados pelo Ministério da Educação (MEC), universidades e outros). Após o professor estar pronto para atuar em ambiente de aprendizagem digital para ser agente promotor da educação inteligente é momento de elaboração de seu plano de curso e suas aulas.

O processo pedagógico em ambiente on line, além de domínio do conteúdo, requer o conhecimento e uso de várias técnicas, desde o domínio de técnicas à capacidade de facilitar e motivar interações em grupos (FERREIRA & LACERDA SANTOS, 2009).

A preparação da aula com base nas teorias tradicional e crítica tende a prever a interação ou não dos alunos, implicando na escolha da plataforma. Se a escolha for interativa observa-se que: "[..] em um sistema de transmissão ao vivo, conteúdo normalmente é produzido enquanto está sendo transmitido. Existe um atraso muito significativo entre o momento em que um quadro é capturado e o momento em que é exibido e reproduzido no dispositivo alvo. Isto depende de técnicas diferentes, dependendo do dispositivo de destino, mas tende a ter atraso de, no mínimo, dez segundos." (RODRIGUEZ-GIL; at all, 2018. pg.4).

Logo, nas aulas interativas com transmissão ao vivo o atraso poderá ser prejudicial. Por exemplo, o uso de *Kahoot* para aplicar um quiz com quinze segundos para cada questão como exercício de fixação para obter um indicador do nível de entendimento dos alunos sobre o assunto, o atraso poderá prejudicar a performance dos alunos e interferir no resultado final. Em turmas com mais de cem alunos o fluxo de transmissão tenderá ser mais afetado. O *Kahoot* é uma ferramenta de aprendizado baseada em experiências e testes de múltipla escolha (https://kahoot.com/schools-u/) (DEBBITA et al, 2018).

No início da pandemia do Corona Vírus, em março de 2020, durante a experiência, foram registrados problemas com as plataformas de comunicação por computadores no Brasil. Além disso, as plataformas ainda não estavam preparadas para transmissões com grande número de pessoas ao mesmo tempo em um único ambiente digital.

As dificuldades enfrentadas durante a transição do *modus operandis* do ensino conduziu a uma reflexão sobre os requisitos necessários para que as aulas remotas síncronas sejam melhores. Alguns fatores considerados importantes são: 1) Fatores que dependem do professor - a. Capacitação profissional; b. Preparação, ministração e avaliação das aulas; c. Escolha da plataforma digital; d. Elaboração de Material didático; e. Definição de Monitores e Tutores; 2) Fatores que não dependem do professor - a. Equipamentos receptores; b. Capacidade da rede de transmissão; c. Ambiente de estudo do aluno; d. Saúde dos estudantes (Física e Mental); e. Utilização de um Plano de Estudo.

O plano de estudo auxilia o aluno em uma educação remota que exige dedicação, autonomia e independência. Isto demonstra seu grau de maturidade para a aprendizagem. Esses graus podem servir para avaliação (MOORE, 1993).

Embora, os encontros presenciais aconteceram no modo "sala virtual síncrona" as atividades práticas em equipe foram realizadas de modo assíncrono em ambientes da equipe ou em isolamento individual. O aluno tem autonomia sobre o levantamento bibliográfico, horários de estudos e caminho a ser percorrido. As atividades lúdicas foram um dos pontos motivadores para sua permanência no curso. A liberdade e poder dado aos alunos os motivou a se perceberem como parte principal e não coadjuvante no processo de educação. "A busca pela autonomia é fundamental para a construção de sujeitos emancipados, que são capazes de criticar a sociedade e suas estruturas, de assumir posição e responsabilidades diante de seu mundo." (ROSCHILD, 2012, p.13).

A experiência de ensinar conteúdos, provocar mudanças comportamentais e ensinar a estudar a partir de experiências em cadeia produtiva é uma vivência individual, em que a oportunidade de avaliar as atividades possibilita as próprias reflexões do que foi vivenciado. As justificativas do planejamento de cada fase foram decididas independentes das opiniões dos alunos, no entanto, cada aluno interferiu nas decisões cotidianas e obrigatoriamente nos próprios avanços, nos estudos dos conteúdos e conhecimentos técnicos de pesquisa (YU et CHEN, 2016).

A escolha de uma plataforma para transmissão interativa deve ser feita com cuidados. Os principais critérios são:

> "1) Tempo real - o atraso entre o evento real e o horário em que o usuário percebe que a latência deve ser mínima para que a interação seja suave; 2) Universalidade - os aplicativos devem ser executáveis em tantas plataformas, sistemas e redes e tão facilmente quanto possível, e, no mínimo, estar disponível em vários dispositivos (PCs, telefones celulares, tablets e ter menos requisitos técnicos para executar corretamente; 3) Segurança - os aplicativos devem ser seguros". Por isso é importante, preferencialmente, usar as plataformas oficiais das universidades (RODRIGUEZ-GIL; at all, 2018. pg.6).

Portanto, a escolha das plataformas Moodle e Teams disponibilizadas pelo Governo Federal às universidades públicas ser uma boa opção. A Escolha individual de uma banda de rede que permita maior quantidade de tráfego, considerando que a qualidade da rede é diretamente proporcional ao custo do serviço também é um requisito importante. Algumas universidades, como a FGA, dispõem de espaços para gravação das aulas assíncronas e a sala do professor para transmissão em tempo real.

Pode-se considerar como material didático tudo aquilo que o professor pode utilizar em sua prática de docência em sala de aula como experiências, ábacos, textos, imagens, que são usadas ou concebidas para práticas educativas.

Nas aulas remotas síncronas o material didático é selecionado segundo os objetivos pedagógicos de cada aula. O ideal é que o professor use e vá além de apresentações em slides, com explanação oral.

A promoção da educação com novas práticas pode levar à autonomia do aluno em diversos aspectos. A liberdade de escolha da bibliografia complementar, dos programas a serem usados promoveu a autonomia. Isto é manifestado pelos níveis de interdependência e controle sobre o processo de aprendizagem e envolve capacidades, atitudes, escolhas, decisões na sala de aula virtual, remota e síncrona como fora dela (PAIVA. 2006).

Os fatores que são independentes do professor e estão vinculados aos alunos e dizem respeito às suas condições de vida pessoal/familiar no processo de quarentena e adoção de boas práticas nos estudos.

> "É fundamental que os educadores continuem a adotar uma atitude positiva em relação aos desafios que as tecnologias apresentam, a fim de desvendar todas as possibilidades dentro do novo paradigma que se descortina. O espaço está aberto ao desenvolvimento de múltiplas experimentações, expressões e montagem de conexões em rede, que permitam novas e múltiplas formas de fazer com que a transposição midiática se dê de forma plena e com qualidade. Não há dúvidas de que, para cada uma das questões apresentadas, as possibilidades de respostas são muitas. E muito mais importante que as respostas em si é o exercício da reflexão social" (GARONCE et SANTOS, 2012. p. 13).

Quanto ao fenômeno da evasão, foi realizado o registro de presença e levantamento de motivos dos alunos para abandonar o projeto FGA em Marte. Seus resultados indicam que 55% dos alunos inscritos tiveram êxito em frequência. Os alunos que desistiram antes de realizar o projeto alegaram considerar o curso totalmente teórico, não agregar valor, ser repetitivo, e realizar muito trabalho para pouca ou nenhuma recompensa. Entende-se como recompensa, nota. Após os três primeiros encontros, os alunos observaram dificuldades para utilização das plataformas, relataram que enfrentaram o superaquecimento dos computadores/tablets, celulares, problemas técnicos nos equipamentos e falhas na conexão. Durante o projeto, 10% dos alunos entraram em contato para avisar que estavam pedindo o seu desligamento do curso por problemas com a COVID-19, e um aluno que parou de participar do projeto notificou a professora e avisou que teria que ir trabalhar como entregador de aplicativo de alimento para complementar a renda em casa, pois seus pais estavam com problemas financeiros. Mesmo assim, ele entregou os trabalhos e fez a apresentação de seus resultados. É importante avaliar todas as fases do processo educativo durante a sua execução para fazer as adequações necessárias no plano de ensino. Isto permite ultrapassar os entraves encontrados desde casos de Covid na família ao nível de desenvolvimento da turma.

É perceptível que os percalços e situações imprevistas são diversas quando a nação enfrenta uma pandemia, sem precedentes. A tolerância e a negociação entre o professor e aluno para promover a sua permanência em sala de aula contribui para uma sociedade mais humana e solidária, porém, com a observância de manter uma boa qualidade de ensino.

A boa qualidade do ensino pode ser derivada de um bom planejamento pedagógico com ações eficientes personalizadas e com o uso das TCIs. Neste contexto, entende-se que educação híbrida combina técnicas presenciais e remotas, é flexível a personalidade do aluno com variedade de recursos didáticos. Ela tem como base as inúmeras formas de aprender e ensinar em uma sociedade predominantemente heterogênea, que tem, à sua disposição, uma ampla oferta de recursos e, apesar disso, se depara com a dificuldade em conseguir que todos os atores desse processo desenvolvam todo o seu potencial. Para tanto é conveniente a elaboração de modelos pedagógicos inovadores, que enfatizem os valores e competências amplas, apontando a importância de o projeto pedagógico contemplar as chamadas aprendizagens ativas na relação que se estabelece com o conhecimento (MORAN, 2013).

A aprendizagem ativa é uma forma de encaminhar o aluno para a formação profissional. Mas de uma forma diferente da escola tecnicista de reprodução da sociedade tradicional. Nessa nova roupagem o aluno é estimulado a criticar, a desenvolver os raciocínios lógico e crítico. Ela estimula o aluno a problematizar, refletir, escolher, criar, intervir e transformar o "fazer" do trabalho pedagógico por meio da organização do ensino-aprendizagem a partir da pesquisa. É a "práxis" de ensinar com a aplicação e reflexão do teórico. As principais habilidades desenvolvidas no aluno são autonomia, criatividade, responsabilidade e iniciativa, além das competências que preveem o conhecimento específico da área pedagógica, como visão holística dos problemas, trabalho ético e em grupo, de forma inter e transdisciplinar (RICHARTZ, 2015).

10.5. Considerações Finais

Os engenheiros irão ocupar novos postos de trabalho, alguns ainda serão criados, eles precisam aprender a usar as ferramentas de habilidades de criatividade, negociação, estratégia e análise. Logo, a evolução do perfil didático-pedagógico do professor-engenheiro no Brasil no âmbito do processo de inovação é relevante para sua atuação na educação 4.0. Neste contexto, o objetivo do trabalho foi apresentar os resultados de uma experiência pedagógica de um curso remoto síncrono e assíncrono durante os três primeiros meses de Covid no Distrito Federal, de março a junho de 2020.

Seus resultados principais foram a percepção que o diálogo para todas as fases de atividades de ensino pode levar ao sucesso e ensinar como aprender de forma lúdica faz diferença no incentivo do aluno a se dedicar em busca do conhecimento. Os objetivos foram cumpridos e o curso foi avaliado pelos alunos com êxito.

Com propósito de acelerar o "fazer" e aquisição e fixação de novas habilidades mentais alguns professores adotam ou fazem a adaptação às práticas pedagógicas como as técnicas da aprendizagem ativa. Cada educador elabora as suas práticas inovadoras educacionais com derivações de design pedagógico personalizado aos seus educandos e seu contexto social.

A proposta de sala virtual remota e síncrona é uma oportunidade para se fazer descobertas de práticas educativas para a promoção de autonomia, tanto dos estudantes como dos professores, em uma proposta de aulas divertidas, participativas, criativas, democráticas com base nos conteúdos curriculares e saberes individuais.

Esse momento de pandemia é também a oportunidade de responder a um desafio que estará conosco no futuro próximo. Este estudo explorou os esforços em um curso para fazer uma transição do aprendizado presencial para o online, enfatizando as facilidades e entraves. Novas experiências desenvolvidas nesta época poderão dar as suas contribuições ao "novo" modo de ensino remoto em um "novo" modo de vida.

Referências

ASSOCIAÇÃO BRASILEIRA DE NORMAS TÉCNICAS. ***NBR 10520***: informação e documentação: citações em documentos: apresentação. Rio de Janeiro, ***2002***

BACICH, L.; NETO TANZIN, A.; TREVISANI, F. **Ensino Híbrido: Personalização e tecnologia na educação**. Porto Alegre, RS. Penso, 2015.

BOTERF, L. G. **Ingénierie des compétences**, Paris, Les Editions d'organisation, 1999.

BRASIL. CNE/CES, Conselho Nacional de Educação Câmara de Educação Superior. Resolução CNE/CP Nº 2, DE 20 DE DEZEMBRO DE 2019. Institui Diretrizes Curriculares Nacionais do Curso de Graduação em Engenharia. Diário Oficial da União, Brasília, DF. 2019, Seção 1, p. 142.

BRASIL. CNE/CES, Conselho Nacional de Educação Câmara de Educação Superior. Resolução CNE/CES 11, de 11 de março de 2002. Institui Diretrizes Curriculares Nacionais do Curso de Graduação em Engenharia. Diário Oficial da União, Brasília, DF. 2002. Seção 1, p. 32.

BRASIL. MEC. Ministério da Educação. O que é educação a distância? Brasília, DF, Disponível em: <http://portal.mec.gov.br/escola-de-gestores-da-educacao-basica/355-perguntas-frequentes-911936531/educacao-a-distancia-1651636927/12823-o-que-e-educacao-a-distancia>. Acesso em: 10 out. 2020.

DEBBITA, T.A.L.; GANAPATHY, M.; e MANJET, K. Kahoot! It: Gamification in Higher Education. **Revista Social Sciences & Humanities Journal**. Penang, Malaysia. 2018. Vol. 26. pg. 565-582.

DELORS, Jacques. **Educação: um tesouro a descobrir**. Disponível em: <https://unesdoc.unesco.org/in/documentViewer.xhtml?v=2.1.196&id=p::usmarcdef_0000109590_por&file=/in/rest/annotationSVC/DownloadWatermarkedAttachment/attach_import_cc7f4856-12e7-450d-98e8-b3caa6c4251d%3F_%3D109590por.pdf&locale=en&multi=true&ark=/ark:/48223/pf0000109590_por/PDF/109590por.pdf#%5B%7B%22num%22%3A141%2C%22gen%22%3A0%7D%2C%7B%22name%22%3A%22XYZ%22%7D%2Cnull%2Cnull%2C0%5D>. Acesso em: 12 out. 2020.

FERREIRA, D.J.; LACERDA SANTOS, G. Scaffolding online discourse in collaborative ill-structured problem-solving for innovation. **Informatics in Education**, v. 8, n. 2, p. 173–190, 2009.

FREIRE, P. **Pedagogia do Oprimido**. 17 ed. Rio de Janeiro: Paz e Terra, 1987.

FREIRE, P. **Pedagogia da Autonomia**: saberes necessários à prática educativa. 50. ed. Rio de Janeiro: Paz e Terra, 1996.

GADOTTI, Moacir; ROMÃO, José E. **Autonomia na escola**: princípios e propostas. São Paulo: Cortez, 2004.

GARONCE, Francisco; SANTOS, Gilberto Lacerda. Transposição midiática: da sala de aula convencional para o presencial conectado. **Educ. Soc. Campinas**, v. 33, n.121, p. 1003-1017, dezembro de 2012. Disponível em <http://www.scielo.br/scielo.php?script=sci_arttext&pid=S0101-73302012000400005&lng=en&nrm=iso>. Acesso em: 21 jul. 2020. DOI: <https://doi.org/10.1590/S0101-73302012000400005>.

JACKSON, S. **GURPS: generic universal role-playing system: módulo básico**. São Paulo: Devir. 1994.

LIBÂNEO, José Carlos. Pedagogia e pedagogos: inquietações e buscas. Educar em Revista, [S.l.], v. 17, n. 17, p. p. 153-173, june 2001. ISSN 1984-0411. Disponível em: <https://revistas.ufpr.br/educar/article/view/2074/1726>. Acesso em: 22 set. 2020.

MARBACH, V. **Evaluer et Remunerer les Competences**. Paris, Les Editions d'Organisation, 1999.

MICHAEL, J. Where's the evidence that actve learning works? **Adv Physiol Educ**, v. 30, p. 159–167, 2006.

MOLISANI, André Luiz. Evolução do perfil didático-pedagógico do professor-engenheiro. **Educ. Pesqui.**, São Paulo , v. 43, n. 2, p. 467-482, abr. 2017. Disponível em: <http://www.scielo.br/scielo.php?script=sci_arttext&pid=S1517-97022017000200467&lng=pt&nrm=iso>. Acesso em: 22 set. 2020. Epub 26-Set-2016. DOI: <https://doi.org/10.1590/s1517-9702201608149237>.

MOORE, M. G. Teoria da distância transacional. In: KEEGAN, D. Theoretical Principles of Distance Education. London: Routledge, 1993. p. 22-38

MORAN, J. Educação híbrida: Um conceito-chave para a educação, hoje. En T. N. Bacich (Org.), Ensino híbrido: Personalização e tecnologia na educação. **Revista Penso**. Porto Alegre, RS, 2013. p. 27-45.

PAIVA, V. L. M. O. **Autonomia e complexidade. Linguagem & Ensino**, Pelotas, v.9, n.1, p.77-127, 2006. Disponível em: <https://periodicos.ufpel.edu.br/ojs2/index.php/rle/article/view/15628/9815>. Acesso em: 20 out. 2020.

PEREZ-POCH, A. [et al.]. Cooperative learning and embedded active learning methodologies for improving students' motivation and academic results. **Revista, International journal of engineering education**. 2019. Vol. 35, n. 6A. pg. 1851-1858.

ROSCHILD, J. M. (2012). Educação e Autonomia. **Revista Thema**, 9(2). Acesso em: <http://periodicos.ifsul.edu.br/index.php/thema/article/view/146>. Acesso em: 10 out. 2020.

RODRIGUEZ-GIL L.; ORDUÑA, P.; GARCÍA-ZUBIA, J.; e LÓPEZ-DE-IPIÑA, D. Interactive live-streaming technologies and approaches for web-based applications. **Multimed Tools Appl**. Vol. 77. n, 6, 2018. pg. 6471-6502.

RICHARTZ, T. Metodologia Ativa: a importância da pesquisa na formação de professores. **Revista da Universidade Vale do Rio Verde**, 2015, Vol.13(1), pg. 296-304.

SAVIANI, Demerval. **Escola e Democracia**. Edição Comemorativa. Campinas: Autores. Associados, Coleção Educação Contemporânea pg. 112. 2008.

SCHWAB, K. A Quarta Revolução Industrial. **World Economic Forum**, Editora edipro, São Paulo, SP, 2018.

SHUKLA, T.; DOSAYA, D.; NIRBAN, V. S. e VAVILALA, M. P. (2020). Factors extraction of effective teaching-learning in online and conventional classrooms. **Revista: International Journal of Information and Education Technology**. Vol. 10 n, 6. 2020. Pg. 422-427.

SOUZA, Josiane do S.A; SOUSA, Victor M.C; FERRARI, Maria V.D; SCARDUA, Fernando P. Aprendizagem ativa em grandes turmas de engenharia: "adaptação do método dos 300". **Brazilian Journal of Development**, v. 6, p. 11892-11903, 2020.

UNESCO. (2013). **Case studies on integrating ICT into teacher education curriculum in Asia**. Bangkok: UNESCO Bangkok. 2013. ISBN:978-92-9223-432-4. Disponível em: <https://unesdoc.unesco.org/ark:/48223/pf0000223520>. Acesso em: 22 sep. 2020.

YU, L.; CHEN, S. Remote classroom, which teaches elementary and high schools in learned and unused areas: a case study in China. In: Zhang J., Yang J., Chang M., Chang T. (eds) ICT in **Education in the Global Context. Class notes on educational technology**. Springer, Singapore, 2016. Cap. 14. p. 277-292.

Impressão e acabamento
Gráfica da Editora Ciência Moderna Ltda.
Tel: (21) 2201-6662